国家开放教育汽车类（专科）专业规划教材
全国汽车职业教育人才培养工程规划教材

汽车检测技术

（第2版）

国家开放大学汽车学院组织编写
庞海东　李　丽

国家开放大学出版社·北京
人民交通出版社股份有限公司·北京

内 容 提 要

本书为国家开放教育汽车类（专科）专业规划教材、全国汽车职业教育人才培养工程规划教材之一，主要内容包括：绪论、汽车检测站、汽车外观与整车参数检测、整车技术状况检测、排放污染物检测、汽车发动机技术状况检测、汽车底盘技术状况检测、汽车电子控制系统检测。

本书可作为高等职业技术学院和高等专科学校汽车类专业的教材，也可供从事汽车营销、汽车维修的工程技术人员参考。

图书在版编目（CIP）数据

汽车检测技术/庞海东，李丽主编．—2版．—北京：国家开放大学出版社：人民交通出版社股份有限公司，2023.1（2024.7重印）

ISBN 978-7-304-11573-9

Ⅰ．①汽… Ⅱ．①庞… ②李… Ⅲ．①汽车—故障检测 Ⅳ．①U472.9

中国国家版本馆CIP数据核字（2023）第000196号

汽车检测技术（第2版）

QICHE JIANCE JISHU

庞海东　李　丽

出版·发行：国家开放大学出版社　人民交通出版社股份有限公司

电话：营销中心 010-68180820（国家开放大学出版社）

总 编 室 010-68182524（国家开放大学出版社）

营销中心 010-59757973（人民交通出版社股份有限公司）

网址：http://www.crtvup.com.cn（国家开放大学出版社）

http://www.ccpress.com.cn（人民交通出版社股份有限公司）

地址：北京市海淀区西四环中路45号　**邮编：**100039（国家开放大学出版社）

北京市朝阳区安定门外外馆斜街3号　100011（人民交通出版社股份有限公司）

经销：新华书店北京发行所

策划编辑：王　普　**版式设计：**何智杰

责任编辑：刘　慧　**责任校对：**冯　欢

责任印制：武　鹏　马　严

印刷：三河市长城印刷有限公司

版本：2023年1月第2版　2024年7月第6次印刷

开本：787mm×1092mm　1/16　**印张：**14.5　**字数：**339千字

书号：ISBN 978-7-304-11573-9

定价：39.00元

总　　序

国家开放大学汽车学院是国家开放大学的二级学院，是在北京中德合力技术培训中心与中央广播电视大学（现国家开放大学）2004 年合作开设的汽车（专科）专业基础上，经过多年的教学实践与经验积累，于 2013 年 11 月 26 日正式成立的。

2003 年，《教育部等六部门关于实施职业院校制造业和现代服务业技能型紧缺人才培养培训工程的通知》（教职成〔2003〕5 号）确定汽车运用与维修专业为人才紧缺专业，对加快培养汽车维修专业人才提出了迫切要求。

2004 年年初，《教育部关于以就业为导向深化高等职业教育改革的若干意见》（教高〔2004〕1 号）特别提出，"加快高技能紧缺人才培养……中央广播电视大学的相关专业，要从 2004 年入学的新生开始，实施两年制试点。"在这一背景下，为发展职业技术教育，快速培养紧缺人才，满足从业人员业余学习的需要，2004 年 10 月，北京中德合力技术培训中心联合汽车行业组织与中央广播电视大学签订合作协议，开办汽车（专科）专业，发挥各自优势，整合国内外优质教育资源，联合培养汽车维修专业人才。

2005 年 1 月 12 日，中央广播电视大学和北京广播电视大学批准，在北京中德合力技术培训中心建立教学点，开展联合办学试点，2005 年春季学期开始招生。

2006 年 11 月，《中央广播电视大学与北京中德合力技术培训中心联合开展汽车（专科）专业开放教育试点协议书》正式签订。中央广播电视大学将汽车（专科）专业纳入"中央广播电视大学人才培养模式改革和开放教育试点"项目统一管理，面向全国电大开设汽车（专科）专业。

2007 年 1 月 10 日，《中央广播电视大学　北京中德合力技术培训中心关于在汽车行业开展开放教育试点汽车（专科）专业工作的通知》（电校教〔2007〕1 号）提出，自 2007 年春季学期起，在汽车行业联合开展开放教育汽车（维修方向）（专科）专业和汽车（营销方向）（专科）专业试点工作。此后，在全国陆续有 40 余家省级电大开办了这两个专业，基本完成了汽车（专科）专业在全国的试点布局。

为满足教学需要，2005—2006 年，北京中德合力技术培训中心组织编写了中央广播电视大学汽车（专科）专业系列教材，共 27 本，由中央广播电视大学出版社（现国家开放大学出版社）出版发行。这套教材被定为教育部人才培养模式改革和开放教育试点教材，自使用以来，受到广大读者普遍欢迎与肯定。

2015 年，按照教育部颁布的《普通高等学校高等职业教育（专科）专业目录（2015 年）》，国家开放大学汽车学院对已开设的开放教育汽车（维修方向）（专科）专业和汽车（营销方向）（专科）专业，以及"新型产业工人培养和发展助力计划"汽车检测与维修技术（专科）专业和汽车技术服务与营销（专科）专业进行了合并，重新设置了汽车运用与维修技术（专科）专业和汽车营销与服务（专科）专业，并制定了新的专业人才培养方案。

2017—2018年，为满足专业调整后的教学需要，国家开放大学汽车学院组织编写了32本汽车类（专科）专业系列教材，由国家开放大学出版社和人民交通出版社联合出版发行。该系列教材被定为国家开放教育汽车类（专科）专业规划教材和全国汽车职业教育人才培养工程规划教材，自启用以来受到国家开放大学办学体系内外学习者的热烈欢迎和广泛好评。截至2021年年底，总计发行近30万册。其中，《汽车底盘构造与维修》于2021年荣获首届全国教材建设奖全国优秀教材（职业教育与继续教育类）二等奖。

“教育、科技、人才是全面建设社会主义现代化国家的基础性、战略性支撑。”2022年，为深入贯彻落实习近平总书记关于教育的重要论述，扎实推进习近平新时代中国特色社会主义思想进课程教材，落实立德树人根本任务，根据教育部最新颁布的《职业教育专业目录（2021）》，国家开放大学汽车学院将汽车运用与维修技术（专科）专业和汽车营销与服务（专科）专业分别更名为汽车检测与维修技术（专科）专业和汽车技术服务与营销（专科）专业；同时，对两个专业的人才培养方案进行了调整，并根据《国家开放大学教材管理办法》的相关要求，组织编者对2017—2018年出版的教材进行了再版修订。修订后的教材保留了上一版教材的既有特点，又增加了新的元素和特色：

第一，内容针对性强。在教材内容选择、深浅程度把握、编写体例等方面严格按照《教育部办公厅关于加强高等学历继续教育教材建设与管理的通知》精神和国家开放大学的教材编写要求，满足开放教育的需要。修订后，教材有机融入了课程思政元素，帮助学习者了解汽车行业从业者的岗位职责、培养行业自信。

第二，专业特色鲜明。汽车检测与维修技术（专科）专业和汽车技术服务与营销（专科）专业都是应用型专业。教材主编均为来自高校和汽车维修、营销行业企业一线的专家，他们的教学和实践经验丰富，所选内容能够强化实训环节，理论和实训部分比例适当、联系紧密，教材实用性强。修订后，教材对汽车行业发展的新技术、新结构、新标准等进行更新，切实改善内容陈旧问题。

第三，立体化资源建设。该系列教材采用融媒体技术，通过二维码引入二维、三维动画和音视频等学习资源，增加了教材的可读性、可视性、知识性和趣味性。修订后，文字教材以纸质书和电子书两种版本出版发行，并与网络课程中的讲授视频、直播课、微课、案例、复习指导（含复习指导书）等共同构成立体化的教学资源体系，满足学习者随时随地学习的需求。

第四，读者适用面广。该系列教材集合了国家开放大学出版社和人民交通出版社两大出版单位，面向国家开放大学办学体系和全社会公开发行，不但能够满足国家开放大学汽车检测与维修技术（专科）专业和汽车技术服务与营销（专科）专业的教学需要，而且适合其他高等职业院校汽车类（专科）专业师生以及汽车行业维修、销售等岗位工作人员选用。

第五，教学评一体化。该系列教材对应课程均在国家开放大学学习网上建设了网络课程。除综合实践和毕业论文外，包括形成性考核和终结性考试在内的各个教学环节都可在网上进行，有助于学习者开展自学，实现了教学评一体化。

在该系列教材的组编和修订过程中，国家开放大学就如何做出鲜明行业特色做了重要指示。北京中德合力技术培训中心承担了教材编写、审定的组织实施，以及出版、发行等环节的沟通协调工作。中国汽车维修行业协会积极调动行业资源，深入参与教材的组织编写，人民交通出版社积极提供二维、三维动画和音视频等多媒体资源。有关行业组织积极推荐主编人选，参与教材编写的组织工作。各教材主编、参编老师和专家认真负责、兢兢业业，确保教材的组编和修订工作顺利完成。没有他们辛勤的劳动付出，本套教材的编写、修订、出版、发行就不可能这么顺利进行。借此机会，对所有参与、支持、关心本套教材编辑、出版、发行的人士表示衷心感谢！

编写、修订工作恐有不尽之处，亦难免存在不足或疏漏，敬请批评指正！

2022 年 11 月

前　　言

《汽车检测技术》（第 2 版）是国家开放教育汽车类（专科）专业规划教材、全国汽车职业教育人才培养工程规划教材之一。本教材紧密结合汽车技术服务与营销（专科）专业和汽车检测与维修技术（专科）专业的教学需求，并根据继续教育、职业教育、普通高等教育的特点，列出了各项性能检测标准和技术规范，旨在培养汽车类（专科）专业学生的基本检测能力，具有实践指导作用。

自中华人民共和国成立以来，中国汽车产业从无到有、从弱到强，特别是在新时代十年的伟大变革中，取得了突飞猛进的、长足的发展，汽车的新技术、新型号层出不穷。近年来，中国汽车产业发展表现出强大韧性。党的二十大擘画了建设中国式现代化的宏伟蓝图，为中国未来发展指明了前进方向，也为中国汽车产业高质量发展提出了新要求。在新的历史时期，汽车产业需要积极探索新的产业战略和企业战略，全力推动高质量发展，与此同时，注重汽车行业人才培养，深入实施人才强国战略，努力培养造就更多“大国工匠”“高技能人才”。

汽车的动力性、经济性、行驶可靠性及安全环保性会随行驶里程的增加而下降。随着汽车保有量的迅速增长，市场需要大批既懂汽车技术服务与营销又懂汽车检测与维修技术的高等技术应用型人才来填补这一缺口。为了适应不断涌现的汽车新技术，汽车人员不但要不断学习新的理论知识、技术标准，而且要懂得现代汽车检测技术的新规范、新技术标准（包括国家标准、行业标准和企业标准）和一些检测的基本知识。

本教材主要介绍汽车检测技术的基础理论及相关知识，以不解体检测技术为主线，包括绪论、汽车检测站、汽车外观与整车参数检测、整车技术状况检测、排放污染物检测、汽车发动机技术状况检测、汽车底盘技术状况检测、汽车电子控制系统检测的内容，同时列出各项性能的检测标准。

本教材由中国人民解放军 61622 部队庞海东负责编写和审定工作，中国人民解放军 32186 部队李丽负责校对工作。

本教材在编写、修订过程中，得到许多专家和同行的热情支持，并参考和借鉴了国内外专家出版的文献，在此一并向相关人员表示感谢！

由于编者水平和编写时间有限，本教材难免存在不足或疏漏之处，恳请广大读者批评指正。

编者

2022 年 11 月

学习指南

0.1 学习目标

完成本课程的学习之后，你将达到以下目标：

1. 认知目标

（1）了解汽车检测技术及其体系，理解汽车检测技术的概念，掌握汽车检测的内容和方法，了解汽车检测技术的发展概况与发展趋势。

（2）了解汽车检测站的工作任务和具备条件，理解汽车检测站的布置方式，了解汽车检测设备的用途和使用方法。

（3）熟悉汽车外观与整车参数的检测，掌握整车性能的基本概念，熟知汽车外观检测的必要性和检测项目。

（4）掌握整车技术状况的检测项目，对整车技术状况的检测有所了解，了解汽车照明及信号装置的必要性，了解汽车照明及信号装置的一般规定与要求，能够根据汽车前照灯检测标准理解汽车前照灯的检测。理解噪声产生及其危害，熟悉机动车噪声的产生原因，了解汽车噪声的检测方法。

（5）理解废气中污染物的主要成分及其危害，了解汽车有害排放物的测量方法、试验规范与排放限值。

（6）了解汽车发动机技术状况的检测，了解汽车发动机各系统检测项目，理解发动机技术状况参数的有关概念。

（7）了解汽车底盘技术状况的检测项目，熟悉汽车底盘技术状况的检测设备，掌握汽车底盘技术状况检测的基本技能。

（8）熟悉汽车电子控制系统的检测，能正确识别汽车电子控制系统的各种检测仪器，熟悉汽车电子控制系统的检测项目。

2. 技能目标

（1）能够根据汽车检测的相关国家标准及基本规定、汽车检测技术的概念，了解汽车检测技术的内容、方法和作用。

（2）能够根据汽车检测站的类型，了解检测线的组成。

（3）能将汽车的技术检测参数用于实际的汽车外观检测项目和方法中。

（4）能够利用汽车技术状况的有关概念，了解汽车的技术状况，用相关的检测方法完成对汽车技术状况的检测；根据汽车照明及信号装置的必要性，进行汽车前照灯检测；根据噪声的产生及其危害，完成对机动车噪声产生原因的分析及检测。

（5）能够根据废气中污染物的主要成分及其危害，把汽车有害排放物的测量方法、试验规范与排放限值用于实际检测中。

（6）能够根据汽车发动机技术状况的检测方法，运用检测设备对汽车发动机进行简单的检测。

（7）能够根据汽车底盘技术状况的检测项目，运用底盘技术状况的检测设备，完成对底盘技术状况的简单检测。

（8）掌握汽车各电子控制系统的检测程序，运用汽车电子控制系统常用检测仪对汽车各电子控制系统进行简单的检测。

3. 情感目标

（1）培养自主学习的能力和团队合作精神，养成良好的工作作风。

（2）培养收集、分析学习资料的能力，以及归纳、总结、关联知识点的能力。

（3）培养分析问题、解决问题的能力。

0.2 学习内容

本书包括以下内容：

1. 绪论

本部分内容主要包括汽车检测概述、汽车检测内容与方法、汽车检测技术的发展概况等。通过对本部分内容的学习，学生能熟悉汽车检测的基本内容，掌握汽车检测的分类和方法。

2. 汽车检测站

本部分内容主要包括汽车检测站概述、汽车安全环保检测站、汽车综合检测站、汽车检测线控制系统。通过对本部分内容的学习，学生能了解汽车检测站、检测线、检测流程，理解汽车检测内容，掌握汽车检测站的任务、类型和工位设置布局。

3. 汽车外观与整车参数检测

本部分内容主要包括汽车外观检测、整车参数检测的内容。通过对本部分内容的学习，学生能熟悉汽车的外观检测方法和项目，理解整车参数检测的内容。

4. 整车技术状况检测

本部分内容主要包括汽车动力性检测、燃料经济性检测、转向轮横向侧滑量检测、制动性能检测、汽车照明及信号装置检测、汽车噪声的检测、汽车车速表的检测等。通过对本部分内容的学习，学生能理解整车技术状况的检测项目及技术要求，掌握汽车前照灯及信号装置检测的一般规定和要求，了解汽车前照灯检测的项目。

5. 排放污染物检测

本部分内容主要包括废气中污染物的主要成分、产生原因及检测评价标准，汽车有害排放物的测量方法，试验规范与排放限值等。通过对本部分内容的学习，学生能掌握废气中污染物的主要成分及其危害，了解汽车有害排放物的测量方法、试验规范与排放限值等内容。

6. 汽车发动机技术状况检测

本部分内容主要包括汽车发动机功率、气缸密封性、点火系统、燃油供给系统、润滑系统、冷却系统、异响等技术状况的检测。通过对本部分内容的学习，学生能理解汽车发动机技术状况参数检测项目，熟悉汽车发动机技术状况参数的检测。

7. 汽车底盘技术状况检测

本部分内容主要包括转向系统技术状况检测、行驶系统技术状况检测和传动系统技术状况检测。通过对本部分内容的学习，学生能掌握汽车底盘技术状况的检测项目及技术要求，熟悉底盘检测的方法。

8. 汽车电子控制系统检测

本部分内容主要包括汽车电子控制系统的检测基础、汽车电子控制系统常用检测仪器、发动机电子控制系统的检测、自动变速器系统的检测、防抱死制动系统的检测、安全气囊系统的检测、电子控制悬架系统的检测、巡航控制系统的检测、空调系统的检测等。通过对本部分内容的学习，学生能掌握与汽车电子控制系统检测有关的基础知识。

0.3 学习准备

在学习本课程之前，学生应具备汽车基础知识、汽车构造知识以及使用计算机进行网页浏览、资料下载等能力。

0.4 学习评价

1. 评价方式

本课程的学习评价采用形成性考核和终结性考试两种方式进行。其中，形成性考核在国家开放大学学习网上进行，主要检验学生的作业完成情况。终结性考试是在形成性考核的基础上，对学生的学习情况和学习效果进行的一次全面检测。

2. 评价要求

本课程的评价重点为文字教材的基本概念、基础知识和基本检测方法，各章内容均有考核要求。

3. 试题题型

本课程试题题型及其他说明详见“汽车检测技术课程考核说明”（发布于国家开放大学学习网）。

目　　录

第1章　绪　　论

导　言

本章主要介绍汽车检测技术的作用、分类，汽车检测内容与方法基础，重点内容是汽车检测内容与方法。通过对本章内容的学习，学生要了解汽车检测技术的发展概况与发展趋势，了解汽车检测技术的作用，掌握汽车检测的内容与方法。

学习目标

1. 认知目标

（1）理解汽车检测技术的基本概念。

（2）掌握汽车检测的内容和方法。

（3）了解汽车检测技术的发展趋势。

2. 技能目标

（1）完成对汽车检测技术概念的理解。

（2）将汽车检测方法用于实践中。

（3）能分析汽车检测参数的含义。

3. 情感目标

（1）初步养成自觉遵守国家标准的习惯。

（2）培养一丝不苟、严肃认真的工作作风。

（3）增强空间想象能力和思维能力，培养学习兴趣。

1.1　汽车检测概述

1.1.1　汽车检测技术及其体系

汽车检测是指为确定汽车技术状况或工作能力的检查。

汽车检测技术（广义）是汽车检测技术和汽车故障检测技术的统称。它是通过研究汽车检测方法、检测原理、检测理论以及汽车不解体（或仅卸下个别小件）条件下的检测手段，以确定汽车技术状况及其故障的一门学科。

汽车检测技术是汽车检测理论与方法的一种工程实现，包括汽车检测设备的研制、汽车检测参数的制定、汽车故障的检测和汽车技术状况的预测等多方面的内容。汽车检测技术是一门涉及机械学、电子学、控制理论、可靠性理论、测试和汽车运用技术等方面的综合性应用学科，它以汽车检测技术为基础，以汽车检测为目的，通过对汽车性能参数或工作能力的检测，依靠人工智能科学地确定汽车的技术状态，识别和判断故障，甚至预测故障，为汽车继续运行或进厂维修提供可靠的依据。

随着汽车技术的飞速发展、高新技术的广泛运用，以及汽车电子化程度的不断提高，汽车检测技术本身所包含的知识、侧重的内容、涉及的范围、利用的设备以及采取的方法均发生了很大变化，具有科学、高效、省力、准确的显著特点。

从目前应用的情况看，汽车检测技术贯穿于汽车运用、汽车维护、汽车修理以及交通安全和环境保护等各个领域，并发挥着越来越重要的作用。

1.1.2 汽车检测技术的作用

汽车在使用过程中，其技术状况变差、出现故障是不可避免的。如果能够利用汽车检测技术对汽车的运行状态做出判断，及时发现故障并采取相应对策，则汽车的可靠性可以得到很大提高，避免恶性事故发生。同时，汽车的效能可得到充分发挥，并可以减少维修费用，获得更大的经济效益。

汽车检测技术的作用主要表现在以下几个方面：

1. 汽车检测技术是实施汽车维修制度的重要保证

我国现行的汽车维修制度属于计划预防维修制度，车辆的维修必须贯彻预防为主、定期检测、强制维护、视情修理的原则。这种维修制度是根据车辆检测和鉴定的结果制定的，对车辆进行视情处理，施以不同的作业范围，这样可以减少不必要的拆卸，避免盲目维修或失修现象发生，能最大限度地发挥零件的使用潜力，大大提高汽车的可靠性和使用经济效益。然而，这一维修制度的实施，是以先进的汽车检测技术为前提的。

2. 汽车检测技术是提高维修效率、监督维修质量的重要措施

随着汽车结构的日益复杂化，汽车检测技术变得越来越重要。没有汽车检测技术，车辆的故障就不能迅速排除，车辆的技术状况就不能迅速恢复，车辆的维修质量也不能得到有效的监督。因此，汽车检测技术在汽车技术保障中处于十分关键的地位，它是提高维修效率、保证维修质量的重要措施。

3. 汽车检测技术是确保行车安全的重要手段

随着汽车保有量的增加，汽车交通事故造成人身伤亡的现象十分严重，现已成为不可忽视的社会问题。面对日益严峻的交通形势，采用现代汽车检测技术，利用先进的检测仪器加强机动车辆安全技术检测，对汽车的技术状况做出准确的判断，找出隐患并及时排除，发现问题并及时维修，这对确保汽车的行车安全非常重要。

1.2 汽车检测内容与方法

汽车检测是确定汽车技术状况的应用性技术，不仅要求有完善的检测、分析、判断手

段和方法，而且要有正确的理论指导。因此，学生必须掌握一定的基础理论知识，以便在进行汽车性能检测时选择合适的检测参数，确定合理的检测标准。

1.2.1 汽车检测相关的基本概念

（1）汽车工作性能：汽车动力性、经济性、工作可靠性及安全环保等性能的总称。

（2）汽车技术状况：定量测得的表征某一时刻汽车外观和性能参数值的总和。

（3）汽车检测：为确定汽车技术状况或工作性能对汽车进行的检查和测量。

（4）汽车故障：汽车部分或完全丧失工作能力的现象。

（5）汽车故障率：使用到某行驶里程的汽车，在单位行驶里程内发生故障的概率。

（6）汽车故障诊断：在不解体的情况下，确定汽车的技术状况，查明故障部位及故障原因的汽车应用技术。

（7）汽车故障变化规律：汽车的故障率随行驶里程变化的规律。

（8）汽车故障分析：根据汽车的故障现象，通过检测、分析和推理判断，确定故障原因和故障部位。

（9）汽车检测参数：供检测用的表征汽车、总成及机构技术状况的参数。

（10）汽车检测周期：以行驶里程或使用时间表示的汽车检测诊断的间隔期。

1.2.2 汽车检测的内容

汽车检测的内容有多种分类方式，通常按汽车构成及检测线的服务功能进行分类。

1. 按汽车构成分类

按照汽车构成不同，汽车检测分为整车检测、发动机检测和底盘及车身检测三大部分。

（1）整车检测。整车检测主要包括底盘输出功率的检测、汽车排放污染物的检测、车速表校验、汽车噪声的检测、前照灯检验、汽车防雨密封性检验、汽车外观检视 7 个方面的内容。

（2）发动机检测。发动机检测主要包括发动机功率、燃油消耗量、气缸密封性、发动机异响、起动系统、点火系统、燃油供给系统、润滑系统、冷却系统九个方面的检测内容。

（3）底盘及车身检测。底盘及车身检测主要包括传动系统技术状况、转向系统技术状况、制动系统技术状况、行驶系统技术状况、车身 5 个方面的检测内容。其中，传动系统技术状况包括离合器打滑、传动系统游动角度、传动系统机械传动效率、传动系统异响等；转向系统技术状况包括转向盘自由行程、转向力和转向角等；制动系统技术状况包括制动力、制动距离、制动减速度等；行驶系统技术状况包括前轮定位（侧滑量）和后轮定位、悬架间隙、车轮平衡等；车身检测主要是车身整形定位检测。

2. 按汽车检测线的服务功能分类

按照汽车检测线的服务功能不同，汽车检测分为安全性能检测和综合性能检测。

（1）汽车安全性能检测，即对汽车的外观、安全性能和环保性能进行全面的检测，主要包括汽车侧滑、车速表、制动、前照灯、噪声和尾气排放状况的检测。

（2）汽车综合性能检测，即对汽车的工作能力和技术状况进行全面的检测，同时对不合格项目进行诊断，从而查明故障原因和故障部位。汽车综合性能检测包括汽车的动力性、经济性、可靠性和舒适性的检测等。其中，动力性检测项目主要包括车速、加速时间、底盘输出功率、发动机功率、转矩等；经济性检测项目主要包括燃油、机油消耗情况等；可靠性检测项目主要包括异响、磨损、裂纹、变形等；舒适性检测项目主要包括悬架性能。

1.2.3 汽车检测参数

1. 汽车检测参数的概念

汽车检测参数是供检测用的，表征汽车、总成及机构技术状况的参数，它是汽车检测技术的重要组成部分。在不解体条件下直接测量汽车结构参数常常受到限制，因此，在进行汽车检测时，检测人员需要找出一组与汽车结构参数有联系并能足够表达汽车技术状况的直接或间接的检测参数，并通过对这些检测参数的测量来确定汽车技术状况的好坏。

通常，检测参数与检测对象的工作状况、外界条件有极大关系，而检测对象的工作状况和外界条件往往受测试规范的制约。

因此，测取某检测参数时，一定要注意测试规范。没有测试规范，检测参数值就没有意义。检测参数值都是对一定测试规范而言的，如测量功率是针对一定的转速、一定的节气门开度和规定的测量条件而言的；测量制动距离是针对一定的制动初速度、一定的载荷和规定的道路条件而言的。为了提高检测的正确性，必须严格掌握与规定要求一致的测试规范，应当把测试规范与检测参数看成一个整体。

2. 汽车检测参数的分类

汽车检测参数按形成的方法可分为三大类：工作过程参数、伴随过程参数和几何尺寸参数。

（1）工作过程参数是指汽车工作时输出的一些可供测量的物理量和化学量，或指体现汽车或总成功能的参数，如发动机功率、油耗、汽车制动距离等。工作过程参数可反映汽车或总成技术状况的主要信息，能显示检测对象的功能质量，是对汽车技术状况进行综合评价的主要依据，常用于汽车或总成的初步检测。

（2）伴随过程参数是指系统工作时伴随工作过程输出的一些可测量的参数，如发热、声响、振动等。伴随过程参数具有很强的通用性，能反映有关检测对象技术状况的局部信息，常用于复杂系统的深入检测。

（3）几何尺寸参数是指由各机构零件尺寸间的关系决定的参数，如间隙、自由行程、车轮定位参数等。几何尺寸参数是检测对象的实在信息，能反映检测对象的具体结构要素是否满足要求。几何尺寸参数与其他参数配合使用，无论是在初步检测阶段，还是在深入检测阶段，均可对汽车技术状况的评价或故障检测起到重要的作用。

虽然每一类检测参数都有不同的含义，但它们都是用来描述汽车或总成技术状况的状态参数。这些状态参数与汽车或总成的结构参数变化有一定的函数关系，因此可通过检测状态参数的变化来准确描述结构参数的变化，从而达到不解体检测汽车的目的。在确定汽车技术状况或判断某些复杂故障时，需采用不同类型的检测参数进行综合检测。

3. 汽车常用检测参数

根据检测参数选择原则确定的汽车常用检测参数如表 1－1 所示。

表 1－1 汽车常用检测参数

检测对象	检测参数	检测对象	检测参数
汽车整车	最高车速（km/h）； 最大爬坡度； 0→100 km/h 的加速时间（s）； 驱动轮输出功率（kW）； 驱动轮驱动力（N）； 汽车燃油消耗量（L/100 km） 侧倾稳定角（°）	点火系统	蓄电池电压（V） 次级电路电压（V） 各缸点火电压（kV） 各缸短路点火电压（kV） 各缸断路点火电压（kV） 断电器触点间隙（mm） 断电器触点闭合角（°） 各缸点火波形重叠角（°） 点火提前角（°） 电容器容量（μF）
发动机总体	额定转速（r/min） 额定功率（kW） 最大转矩（N · m） 最大转矩转速（r/min） 怠速转速（r/min） 燃油消耗量（L/h） 单缸断火（油）时功率下降率 发动机 HC、CO、NO_x 排放量 发动机颗粒物（PM）排放率（g/m^3、g/km） 柴油机烟度 R_b 值和光吸收系数 K（m^{-1}）	润滑系统	机油压力（kPa） 机油温度（℃） 理化性能指标变化量 清净性系数变化量 机油污染指数 介电常数变化量 金属微粒的含量、质量分数 机油消耗量（L/1 000 km）
曲柄连杆机构	气缸压力（MPa） 气缸间隙（mm） 曲轴箱窜气量（L/min） 气缸漏气量（kPa） 气缸漏气率 进气歧管真空度（kPa）	冷却系统	冷却液温度（℃） 散热器冷却液入口与出口温差（℃） 风扇传动带张力（N/mm） 风扇离合器接合、断开时的温度（℃） 节温器主阀门开始开启和全开时的温度（℃） 节温器主阀门全开时的升程（mm）

续表

检测对象	检测参数	检测对象	检测参数
配气机构	气门间隙（mm） 凸轮轴转角（°） 配气相位（°）	制动系统	制动距离（m） 地面制动力（N） 左、右轮制动力差值（N） 制动阻滞力（N） 制动系统协调时间（s） 驻车制动力（N） 充分发出的平均减速度（m/s^2） 产生最大制动力时的踏板力（N） 产生最大驻车制动力时的操纵力（N） 制动完全释放时间（s） 车轮制动滑移率
汽油机供给系统	汽油泵出口关闭压力（kPa） 化油器浮子室油面高度（mm） 空燃比 过量空气系数 电喷发动机喷油器的喷油量（mL） 电喷发动机各缸喷油不均匀度 电动汽油泵泵油压力（kPa） 喷射系统压力（kPa） 喷射系统保持压力（kPa） 喷射时间（ms）	转向系统	转向盘最大自由转动量（°） 转向盘操纵力（N） 最小转弯直径（m） 转向轮最大转向角（°）
柴油机供给系统	输油泵输油压力（kPa） 喷油泵高压油管最高压力（kPa） 喷油泵高压油管残余压力（kPa） 喷油器针阀开启压力（kPa） 喷油器针阀关闭压力（kPa） 喷油器针阀升程（mm） 各缸供油不均匀度 供油提前角（°） 各缸供油间隔角（°） 每一工作循环供油量（mL/工作循环）	行驶系统	车轮侧滑量（m/km） 车轮前束（mm） 前束角（°） 推力角（°） 车轮外倾角（°） 主销后倾角（°） 主销内倾角（°） 转向20°时的张角（°） 左、右轴距差（mm） 车轮静不平衡量（g） 车轮动不平衡量（g） 车轮端面圆跳动量（mm） 车轮径向圆跳动量（mm） 悬架吸收率 悬架效率

续表

检测对象	检测参数	检测对象	检测参数
传动系统	传动系统游动角度（°） 传动系统机械传动效率 传动系统功率损失（kW） 滑行距离（m） 传动系统噪声（dB） 总成工作温度（℃）	其他	前照灯发光强度（cd） 前照灯光轴偏移量（mm） 前照灯基准中心高度（mm） 车速表示值误差 喇叭声级［dB（A）］ 汽车定置噪声限值［dB（A）］ 加速行驶车外噪声限值［dB（A）］

注：HC 为碳氢化合物，CO 为一氧化碳，NO_x 为氮氧化物。

1.2.4 汽车检测参数标准

要定量评价汽车及总成的技术状况，确定维修的范围和深度，预报无故障工作里程，只凭借检测参数是不够的，还必须制定合理的汽车检测参数标准，以提供一个比较尺度。

1. 检测参数标准的概念

汽车检测参数标准是对汽车检测参数限值的统一规定，是从技术、经济的观点出发，在汽车处于某种工作能力状态下所测的检测参数界限值。

汽车检测参数标准一般应包括：检测参数的初始标准、检测参数的许用标准和检测参数的极限标准。这些检测参数标准既可以是值，也可以是范围。

检测参数的初始标准相当于无技术故障的新车检测参数的值，其往往是最佳值，可作为新车和大修车的检测标准。

检测参数的许用标准是指汽车无须维修可继续使用时，检测参数的允许界限值，它是汽车维修工作中定期检测的主要标准。当检测结果超过许用标准时，即使汽车还有工作能力，也需要进行维修，否则，汽车的技术经济性能将会下降，故障率将会上升。

检测参数的极限标准是指汽车即将失去工作能力或技术性能而变坏时所对应的检测参数值。当汽车技术状况低于极限标准后，汽车技术性能会严重下降，甚至不能继续使用。在汽车使用过程中，经常对汽车进行检测，将检测结果与检测参数极限标准进行比较，可以预测汽车的使用寿命。

2. 检测参数标准的分类

检测参数标准按来源可分为国家标准、行业标准、地方标准和企业标准 4 类。

（1）国家标准。国家标准是国家制定的冠以中华人民共和国国家标准字样的标准。国家标准由行业部委提出，由国家市场监督管理总局（原国家质量监督检验检疫总局）和国家标准化管理委员会联合发布，全国贯彻执行，具有强制性和权威性。国家标准又分为强制性标准和推荐性标准。

汽车检测参数的国家标准很多，主要与汽车行车安全、环境保护、能源消耗有关，如制动距离、噪声、排放污染物含量、汽车燃油消耗量等限值标准。使用这些参数标准进行检测时，只能从严，不可放宽，以保证检测的准确性。

（2）行业标准。行业标准是部级或国家委员会级部门制定的冠以中华人民共和国某行业标准字样的标准。行业标准一般在部委系统内或行业内贯彻执行，具有强制性和权威性。

（3）地方标准。地方标准是省级、地市级、县级部门制定并发布的标准，在地方范围内贯彻执行，具有强制性和权威性。地方标准通常是根据本地具体情况制定的，其标准内容可能比上级标准更多，其标准限值可能比上级标准更严，以满足本地区的特殊要求。

（4）企业标准。企业标准是汽车制造厂商或汽车维修企业根据自己的实际情况制定的标准。各企业的性质不同，其企业标准也有差异。

汽车制造厂商提供的标准是根据其设计要求和制造水平，为保证汽车的使用性能和技术状况而制定的。汽车制造厂商以技术文件的形式对汽车某些参数规定限值，将这些限值作为检测参数标准，主要包括汽车的使用性能参数、结构参数、调整数据，如发动机功率、汽车爬坡能力、气缸间隙、连杆轴承间隙、配气相位等标准。它们通常可通过一定的函数关系与检测参数进行换算，可以直接用检测参数限值代替检测标准。这些标准与汽车的可靠性、寿命和经济性的优化指标有关。

汽车维修企业提供的检测标准是根据其技术素质、维修要求等具体情况，为保证维修质量而制定的。其维修检测标准一般与汽车使用经济性和可靠性密切相关，其检测标准限值往往比上级标准更严，要求更高，以确保汽车维修质量并树立良好的企业形象。

3. 检测参数标准的制定

检测参数标准是评价汽车技术状况的依据，因此，科学合理地制定检测参数标准许用值，是汽车检测技术的关键问题。若检测参数标准许用值制定得不合理，则不能据此对汽车状况做出合乎实际的评价，其结果或者是过早维修造成不必要的浪费，或者是维修不及时使汽车带病运行，不能保证其技术经济指标和行驶安全性，因此应科学合理地制定检测参数标准。

制定检测参数标准是一项比较复杂的工作，既要考虑技术、经济、安全等方面的因素，又要考虑标准是否适应大多数汽车的检测，同时还应注意与国际标准接轨。第一，必须坚持从实践中来到实践中去的方针，以汽车技术状况变化和故障发生规律的研究，以及丰富的检验参数实际测试资料为基础；第二，必须掌握制定检测诊断标准的科学方法。离开了实践基础，再好的方法也是无用的，即科学方法的运用应建立在实践的基础之上。

（1）统计方法。运用统计方法确定检测参数标准许用值的基本思路是，找出相当数量的汽车，通过研究其在正常工作状态下所研究检测参数的测试值的分布情况，以适应大多数汽车为前提制定标准许用值。

（2）汽车技术状况随行驶里程平稳变化时，检测参数标准许用值的确定。平稳变化指检测参数随行驶里程的变化曲线无交错。

（3）汽车技术状况不随行驶里程平稳变化时，检测参数标准许用值的确定。实际上，影响汽车技术状况的因素很多，同时汽车的各系统间是相互联系的，因此汽车的技术状况或检测参数并不一定随行驶里程平稳变化，存在着技术状况优的汽车，其某一检测参数测试值反而劣的可能性。

（4）影响汽车行驶安全的检测参数标准许用值的确定原则。为了保证汽车行驶安全，确定影响汽车行驶安全的检测参数标准许用值时，应以足够高的可靠性为基本出发点，从而保证汽车在极其可靠的技术状况下安全行驶。

4. 汽车检测周期

汽车检测周期是指汽车检测的间隔期，用汽车行驶里程或使用时间表示。科学地确定检测周期，并对汽车检测工作进行合理组织，对于经济、可靠地保障汽车技术状况具有重要的作用。

（1）最佳检测周期。根据技术与经济相结合的原则，所谓最佳检测周期，是指汽车的技术完好率最高而消耗费用最少时汽车检测的间隔期。

（2）检测周期的确定。检测周期与检测参数标准许用值或允许变化范围有关。实际中确定汽车的检测周期时，应考虑如下问题：

①汽车是一个不等强度的复杂系统。

②汽车各个系统的重要性不同。

由于汽车是一个不等强度的复杂系统，各机构的故障间平均行驶里程一般并不相同；即使是同一总成，对于机构内的不同零件，其故障间平均行驶里程也不会相同，所以，通常取总成内故障概率最大的零部件或检测参数的故障间平均里程作为制定该总成检测周期的依据。另外，由于汽车由许多总成、机构组成，不可能对每一个总成或机构都规定一个检测周期，一般是把需要检测诊断的总成或机构，按检测周期相近的原则组合在同一级检测诊断中，对汽车执行与现行维护制度类似的分级检测诊断。

对于保证行驶安全的各个系统而言，其可靠性是第一位的，经济上的考虑则占次要地位。为使这些系统有足够高的可靠性，以保证汽车安全行驶，其检测周期常较其他系统或机构的检测周期短得多，甚至每日或隔日检测诊断。现代快速检测技术的不断完善为此提供了条件。

在大规模的汽车运输企业中，由于车辆多，汽车类型和使用年限不同，而且使用条件相差很大，因此汽车的无故障行驶里程在很宽的范围内变化。在制定汽车的检测周期时，应按车种、使用年限及使用条件分成若干类别，使每一类车的无故障行驶里程相差不大，并据此分别建立每一类车的检测周期。

1.2.5　汽车检测分类及方法

1. 汽车检测分类

现代汽车检测是指利用先进的检测设备或仪器对汽车进行的不解体检查与测试。汽车检测的目的，是为了确定在用车辆的技术状况是否正常或有无故障。若按汽车检测目的分类，则汽车检测可分为如下4类。

（1）综合性能检测。综合性能检测是指对汽车实行定期和不定期综合性能方面的检测，如对汽车动力性、安全性、燃料经济性、使用可靠性、排气污染物、噪声及整车装备状态与完整性、防雨密封性等多种技术性能的检测，其目的是在汽车不解体的情况下，确定车辆的技术状况和工作能力，评定车辆的技术等级，确保车辆具有良好的动力性、经济性、安全性、可靠性等使用性能和减少对环境的污染程度，以创造更大的经济效益和社会效益。

（2）安全环保性能检测。安全环保性能检测是指对汽车实行定期和不定期的安全运行和环保性能检测，如对制动、侧滑、灯光、排放、噪声及车速表的检测，其目的是建立行车安全和环境监控体系，强化汽车的安全管理，确保汽车具有符合要求的外观、良好的安全性能和规定范围内的环境污染程度，使汽车能在安全、高效和低污染状态下运行。

（3）汽车故障检测。汽车故障检测是指对故障汽车的检测，其目的是在不解体（或仅卸下个别小件）的情况下，查出汽车故障的确切部位和产生的原因，从而确定故障的排除方法，可提高故障的排除效率，使汽车尽快恢复正常。

（4）汽车维修检测。汽车维修检测包括汽车维护检测和汽车修理检测两类。

汽车维护检测主要是指汽车二级维护检测，它分为二级维护前检测和二级维护竣工检测两种。二级维护前检测在汽车维修企业进行，其检测目的是检测二级维护汽车的故障或实际技术状况，从而确定二级维护附加作业；二级维护竣工检测在汽车检测站进行，检测站根据二级维护竣工检测项目和检测标准检测送检汽车，其目的是监控汽车的二级维护质量，竣工检测合格的车辆方可出厂，否则应返回维修企业重新进行二级维护，直至达到二级维护竣工检测合格标准为止。

汽车修理检测主要是指汽车大修检测，它分为修理前、修理中及修理后的检测 3 种。修理前的检测，目的是找出汽车技术状况与标准值相差的程度，从而确定汽车是否需要大修或应采取何种技术措施，以实现视情修理；修理中的检测是局部检测、过程检测，目的是进行质量监控，有时还可确诊故障的具体部位和原因，从而提高修理质量及修理效率；修理后的检测在汽车检测站进行，检测站根据汽车大修质量竣工标准检测送检汽车，目的是检验汽车的使用性能是否得到恢复，以确保修理质量。

在汽车使用过程中，为了解在用汽车的技术状况，应对汽车进行适当的检测，每次检测的时机应根据最佳检测周期确定，也可与汽车的正常维护、修理周期以及汽车年检相互配合。

2. 汽车检测基本方法

汽车检测是由检查、分析、判断等一系列活动组成的。为了正确地检测汽车技术状况或故障，必须运用现代检测手段（包括外观、气味、振动、声响、感觉、仪器等）、现代科学技术和丰富的实践经验进行综合分析和判断。从完成这些活动的方式来看，现代汽车检测的基本方法有以下 3 种。

（1）人工经验检测法。人工经验检测法是指利用人工观察、经验检查、推理分析、逻辑判断进行检测的方法。检测时，检测人员凭借丰富的实践经验和一定的理论知识，利用简单工具，在汽车不解体或局部解体情况下，根据汽车在工作中表现出来的外部异常状况，通过眼看、手摸、耳听等手段，边检查、边试验、边分析，从而确定汽车故障部位和原因以及汽车的技术状况。

人工经验检测法不需专用仪器设备，可随时随地应用，它对检测人员经验的依赖性强，要求检测人员有较高的技术水平，并存在检测速度慢、准确性差及不能进行定量分析等缺点。

（2）仪器分析检测法。仪器分析检测法是指在汽车不解体的情况下，利用各种专用仪器和设备获取汽车的各种数据，并根据这些数据来进行检测的方法。检测时，检测人员利用现代检测设备对汽车、总成或机构进行测试，并通过对检测参数测试值、变化特性曲线、波形等的分析判断，定量确定汽车技术状况或确诊汽车故障部位和原因。

采用微型计算机（简称微机）控制的仪器设备能自动分析、判断、存储并打印检测结果。仪器分析检测法的特点是检测速度快、准确性高、能定量分析，但检测设备的投资大、成本高。

（3）自检测法。自检测法是指利用汽车电子控制单元（electric control unit，ECU）的自检测功能进行故障检测的方法。自检测功能就是利用监测电路来检测传感器、执行器以及微处理器的各种实际参数，并将其与存储器中的标准数据进行比较，从而判定系统是否存在故障。

当判定系统存在故障时，ECU 将故障信息以故障码的形式存入存储器，并点亮警告灯，向驾驶人发出警示信号。自检测法需要通过一定的操作方式，把汽车电控系统 ECU 存储器中的故障码提取出来，然后通过查阅相应的故障代码表来确定故障的部位和原因。

在实际检测工作中，上述 3 种方法并不相互孤立，而是相辅相成的。人工经验检测法是检测的基础，它在汽车检测的任何时期均具有十分重要的实用价值，即使是汽车专家检测系统，也是把人脑的分析、判断通过计算机语言转化成计算机的分析判断的。仪器分析检测法是在人工经验检测法基础上发展起来的检测方法，它在汽车检测中所占的比例日益增大，使用现代仪器设备检测是汽车检测技术发展的必然趋势。自检测法对于汽车电子控制系统十分有效，而且快捷、准确，这是其他方法无可比拟的。随着计算机控制技术的发展及其在汽车上的广泛应用，自检测法将会显示出更多的优势，发挥更大的作用。

1.3 汽车检测技术的发展概况

汽车检测技术是现代化生产发展的产物，它是随着汽车技术的多功能化和自动化而发展起来的。

随着汽车技术的发展，汽车的结构越来越复杂，电子化程度越来越高，因而对汽车故障的检测、排除的难度也就越来越大，人们对汽车检测不断提出新的要求，刺激着汽车检测技术向前发展。同时，不断发展的汽车检测技术，不仅减少了维修汽车所需的劳动量，提高了汽车维修的经济效益，而且能对汽车产品质量或维修质量做出客观评价，为汽车技术或维修技术的合理改进提供基础数据，促进汽车工业和汽车维修业的发展。汽车检测技术的发展远景是自动寻找故障和实现检测，提高检测的准确程度并以最少的劳动消耗实现最高的可靠性。

1.3.1 国外汽车检测技术的发展

汽车检测技术是从无到有逐步发展起来的，早在 20 世纪中叶，在一些工业发达国家就形成了以故障检测和性能调试为主的单项检测技术。进入20世纪60年代后，汽车检测技术获得了较大发展，出现了简易的汽车检测站。随着汽车工业的发展以及电子系统的广泛应用，传统的手摸、耳听，拆拆装装地进行故障检测的方法已难以适应新的要求。

为此，工业发达国家的汽车公司及机械维修设备制造厂借鉴20世纪60年代在航天、军工领域首先发展起来的机器故障检测技术，积极开发汽车检测系统，并在20世纪70年代开发出了车外检测专用设备，能对特定车辆进行多项目的检测。至此，汽车检测技术已发展成为检测控制自动化、数据采集自动化、数据处理自动化、检测结果打印自动化的综合检测技术。

自发动机电子控制装置普遍使用后，汽车电控系统的故障检测已逐渐向随车检测转变。1977年，在美国通用汽车公司的一款乘用车上采用了发动机点火控制的随车检测装置，它具有自动检测功能，能检测发动机冷却液温度、电路故障和电压下降情况。一旦有异常，微处理器就进行故障软控制，并出现"检查点火装置"字样，该检测是通过微处理器程序系统进行的，并具有储存和数据检测功能。以此为开端，福特、日产、丰田等公司陆续开发了具有自检测功能的随车检测装置（也称车载自检测系统）。

20世纪80年代，发达国家的随车检测已成为汽车电控系统故障检测的主流，不少乘用车具有故障自检测功能，有的随车检测系统还可根据其显示器的指令进行操作，来获取故障信息。而此时的车外检测专用设备更具有检测复杂故障的能力，具有汽车专家检测系统，这种专家检测系统就是模拟熟练的汽车检测专家思维的计算机程序，它将汽车专家的知识应用于检测方法之中。一些发达国家的汽车检测新技术已达到了广泛应用的阶段，在交通安全、环境保护、节约能源、降低运输成本等方面带来了明显的社会效益和经济效益。

20世纪90年代，汽车自检测技术飞速发展。车载诊断系统（on-board diagnosis，OBD）自问世以来得到了不断的改进和完善，相继出现了OBD－Ⅰ和OBD－Ⅱ。早期的OBD是世界各个汽车制造厂商独立自行设计的，各个车型之间无法共用，必须采用不同的检测系统；后来的OBD－Ⅰ采用了标准相同的16孔检测插座，但仍保留与OBD相同的故障码，各车型之间仍然无法互换，所以必须采用不同的检测系统；OBD－Ⅱ采用了标准相同的16孔检测插座、相同的故障码及通用的资料传输标准即SAE（美国机动车工程师学会，Society of Automotive Engineers）标准或ISO（国际标准化组织，International Organization for Standardization）标准，可采用相同的检测系统。

1994年，全球约有20%的汽车制造厂商已采用OBD－Ⅱ标准，到1995年，约有40%的汽车制造厂商采用OBD－Ⅱ标准，从1996年起，全球所有的汽车制造厂商全面采用OBD－Ⅱ标准。

2000年至今，国外汽车检测设备发展的重要特征是直接采用各种自动化的综合检测技术，增加难度较大的检测项目，扩大检测范围，提高对非常复杂的故障的检测与预测能力，使汽车检测与故障检测技术不断向前发展。

总的来说，工业发达国家的汽车检测技术，在管理上实现了"制度化"，在检测基础技术方面实现了"标准化"，在检测方式上向"智能化""自动化"方向发展。

1.3.2 我国汽车检测技术的发展

我国汽车检测技术起步较晚。我国着手开发汽车故障检测技术始于20世纪60年代中后期。交通运输部科学研究院和其他单位合作，成功研制出汽车综合试验台，使我国汽车检测技术的发展迈出了第一步。同时，相关科研单位和企业对检测设备进行了有组织的研制工作，先后研制开发了反力式汽车制动试验台、惯性式汽车制动试验台、发动机综合检测仪、汽车综合性能检验台（具有制动性能检测、底盘测功、速度测试等功能）。

1977年，国家为了改变汽车维修技术落后的局面，下达了“汽车不解体检验技术”的研究课题，这是中华人民共和国成立以来，国家对汽车维修科研下达的第一个国家课题，标志着我国汽车检测技术发展的新起点。但汽车检测技术真正受到重视是从20世纪80年代初开始的，当时，我国汽车保有量急剧增加，为保证车辆安全运行，减少交通事故，政府有关部门采取了一系列积极措施，在全国中等规模以上的城市，建成了许多安全性能检测站，促进了汽车检测技术的发展。

20世纪80年代，由于国产汽车没有应用微机控制，汽车检测技术发展较慢，随车检测几乎是空白，车外检测是当时我国检测技术的主流。进入20世纪90年代后，随着计算机技术在我国的快速发展以及电子控制系统在汽车上的广泛应用，汽车检测技术在我国发生了革命性的变化。

此时，汽车检测市场不仅出现了大量的检测硬件设备，同时应用计算机的汽车故障检测专家系统软件也有了长足的发展。我国自行研制生产的检测设备已由单机发展为配套设备，由单功能发展为多功能，由手工操纵发展为自动控制，并逐步开发出实用的汽车检测专家系统。

我国汽车随车检测技术也有了快速的发展，2020年7月1日起实施的《轻型汽车污染物排放限值及测量方法（中国第六阶段）》（GB 18352.6—2016）中规定：所有汽车应装备车载诊断系统（OBD）。

目前，我国已研制完成并投入使用的汽车检测设备中，用于发动机检测的主要有发动机无负荷测试仪、发动机综合测试仪、专用解码器、电子示波器、点火正时仪、排气分析仪、发动机异响检测仪、机油快速分析仪、铁谱分析仪、油耗仪、气缸漏气量检测仪等；用于底盘检测的主要有底盘测功机、制动试验台、侧滑试验台、四轮定位仪、车速表试验台、灯光检验仪、车轮动平衡机等。

目前，我国已经建成上千个汽车检测站，基本形成了全国性的汽车检测网络，汽车检测技术已初具规模。

1.3.3 对我国汽车检测技术的展望

虽然我国汽车检测技术发展很快，但与世界先进水平相比，还有一定差距。为使我国的汽车检测技术赶超世界先进水平和适应汽车技术高速发展的需要，应从汽车检测技术基础规范化、检测设备智能化和检测网络化等方面进行深入的研究。

1. 实现汽车检测技术基础规范化

我国汽车检测技术在发展过程中，普遍重视硬件技术，而忽视或轻视了难度大、投入多、社会效益明显的检测方法和限值标准等基础技术的研究。随着汽车检测技术的发展，我国应加强基础研究，完善与硬件配套的软件建设，制定定量化的检测标准，统一规范全国各地的检测要求及操作技术。

2. 提高汽车检测设备的性能和智能化水平

随着汽车检测技术的发展，汽车检测设备将向多功能综合式和自动化方向发展，而测试仪器也将趋向小型化、轻量化、测量放大一体化、非接触化、智能化。同时，还应不断地提高检测设备的性能，进一步提高检测系统的智能化水平，增加检测项目，扩大检测范围，提高检测设备的可靠性。

目前的检测设备主要针对汽车电气和电控系统的故障，只能检测汽车的部分性能和故障，而对汽车发动机及底盘机械故障的检测，还缺乏方便、实用的仪器设备，仍然以人工经验检测法为主。

随着新技术的出现和新产品的开发，在不远的将来，利用汽车检测设备检测汽车故障将会成为汽车维修领域的主流。

3. 实现汽车检测网络化

随着计算机网络技术的普及，汽车检测将实现网络化。网络化可为汽车检测提供源源不断的信息，人们可以通过互联网与世界上很多汽车公司、厂家联络，获得汽车故障检测信息，而且随时可以得到“故障检测专家系统”的高水平指导。随着可视网络技术的投入使用，远在千里之外的专家能像在现场一样，逐步指导检修人员检测和排除故障。另外，利用互联网技术，可将全国的汽车检测站连成一个广域网，便于交通管理部门随时掌握车辆的状况。

本章小结

1. 汽车检测技术是伴随着汽车技术的发展，从无到有逐步发展起来的一门应用技术。

2. 与汽车检测技术相关的基本概念有汽车检测技术及其体系，以及汽车检测参数、检测周期等。

3. 按照汽车的整体构成不同，汽车检测分为整车检测、发动机检测和底盘及车身检测；按照检测线的服务功能不同，汽车检测分为安全性能检测和综合性能检测。

4. 汽车检测参数包括工作过程参数、伴随过程参数和几何尺寸参数。

5. 汽车检测参数标准分为国家标准、行业标准、地方标准和企业标准 4 类。其中，国家标准权威性最高，行业标准不得与国家标准相抵触，地方标准不得与国家标准、行业标准相抵触。

自测题

一、单项选择题

1. 汽车检测是指确定汽车（　　）或工作能力的检查。

   A. 出现故障之后　B. 技术状况　C. 出现故障之前　D. 工作条件

2. 下列不是检测参数标准的是（　　）。

   A. 初始值　B. 许用值　C. 极限值　D. 维修值

3. 按照汽车的整体构成不同，汽车检测分为整车检测、发动机检测和（　　）。

   A. 安全性检测　B. 综合性检测　C. 底盘及车身检测　D. 仪器仪表检测

二、判断题

1. 汽车故障是指汽车部分或完全丧失工作能力的现象。（　　）
2. 汽车检测参数标准可分为国家标准、行业标准、地方标准和企业标准4种类型。（　　）
3. 汽车检测是指在解体的情况下，确定汽车的技术状况。（　　）

三、简答题

1. 汽车检测技术有哪些作用?
2. 汽车检测包括哪些内容?
3. 汽车检测参数标准分为哪几类?

第 2 章　汽车检测站

导　言

汽车检测站可实现汽车不解体整车性能检测，不仅可代表政府车辆管理部门或行业对汽车技术状况进行检测和监督，而且已成为汽车制造运输和维修企业不可缺少的重要组成部分。通过对本章内容的学习，学生要了解汽车检测站的工作任务和具备条件，理解汽车检测站的布置方式和工作程序。

学习目标

1. 认知目标

（1）理解汽车检测站的基本组成。

（2）了解汽车检测线的检测项目及工位。

（3）理解汽车检测站的布置方式。

2. 技能目标

（1）根据对汽车检测站的理解，完成对检测线的初步认识。

（2）正确掌握汽车安全环保检测站的检测项目及使用设备进行检测的方法。

（3）按照汽车检测站的工作程序，完成对汽车的综合检查。

3. 情感目标

（1）初步养成自觉遵守国家标准的习惯。

（2）培养一丝不苟、严肃认真的工作作风。

（3）增强空间想象能力和思维能力，提高学习兴趣。

2.1　汽车检测站概述

汽车检测站是综合运用现代检测技术，对汽车综合性能进行检验的检测机构。它具有现代的检测设备和检测方法，能在室内检测出车辆的各种性能参数，并能检测出各种故障，为全面、准确评价汽车的使用性能和技术状况提供可靠依据。

根据《汽车综合性能检验机构能力的通用要求》（GB/T 17993—2017）的规定，对汽车综合性能检验机构的服务功能要求如下：

（1）接受委托，对道路运输车辆技术状况及性能进行检验和评定。

（2）接受委托，对车辆维修竣工质量进行检验。

（3）接受委托，对车辆改装、改造、技术评估以及相关新技术、科研鉴定等项目进行检验。

（4）接受交通、公安、环保、商检、质检、保险、司法等部门和机构的委托，依据相关标准对车辆进行规定项目的检验与核查。

2.1.1 汽车检测站的类型

1. 按服务功能分类

按服务功能的不同，汽车检测站可分为安全环保检测站、维修检测站和综合检测站。

安全环保检测站按照国家规定的车检法规，定期检测车辆中与安全和环保有关的项目，以保证汽车安全行驶，并将污染降低到允许的限度。这种检测站往往只显示“合格”或“不合格”两种检测结果，而不作具体数据显示和故障分析，因而检测速度快，检测效率高。

维修检测站主要是从车辆使用和维修的角度，担负车辆维修前后的技术状况检测。它能检测出车辆的主要使用性能，并能进行故障分析与检测。维修检测站一般由汽车运输企业或汽车维修企业建立。

综合检测站既能承担车辆管理部门的安全环保检测，又能承担车辆使用、维修企业的技术状况检测，还能承担科研或教学方面的性能试验和参数测试。这种检测站的检测设备多，自动化程度高，数据处理迅速、准确，功能齐全，检测项目范围广且深度大，可为合理制定检测参数标准、检测周期以及为科研、教学、设计、制造和维修等部门提供可靠依据，并能承担对检测设备的精度测试等工作。

2. 按规模大小分类

按规模大小的不同，汽车检测站可分为大型、中型、小型 3 种类型。其中，大型检测站检测线多，自动化程度高，年检能力大，且能检测多种车型；中型检测站至少有两条检测线；小型检测站主要指那些服务对象单一的检测站，如规模不大的安全环保检测站和维修检测站。

3. 按自动化程度分类

按自动化程度的不同，汽车检测站可分为手动、全自动和半自动 3 种类型。

手动检测站由人工手动控制检测过程，从各单机配备的指示装置上读数，笔录检测结果或由单机配备的打印机打印检测结果，工作人员多，检测效率低，读数误差大，多适用于维修检测站。

全自动检测站利用微机控制系统，除车辆的外观检查工位仍需人工检查外，能自动控制其他所有工位上的检测过程，使设备的起动与运转、数据采集、分析判断、存储、显示和集中打印报表等全过程实现自动化。全自动检测站由于自动化程度高，检测效率高，能避免人为误判，因而获得广泛应用。目前国内外的安全环保检测站多为全自动检测站。

半自动检测站的自动化程度或范围介于手动和全自动检测站之间，一般是在原手动检测站的基础上将部分检测设备（如侧滑试验台、制动试验台、车速表试验台等）与微机联网以实现自动控制，而另一部分检测设备（如烟度计、排气分析仪、前照灯检测仪、声级计等）仍然手动操作。当微机联网的检测设备因故不能进行自动控制时，各检测设备仍可手动使用。

4. 按站内检测线数量分类

按站内检测线数量的不同，汽车检测站可分为单线检测站、双线检测站、三线检测站等多种类型。

2.1.2 汽车检测站的组成

汽车检测站主要由一条至数条检测线组成。独立而完整的汽车检测站，除检测线外，还包括停车场、清洗站、泵气站、维修车间、办公区和生活区等。

1. 安全环保检测站

安全环保检测站一般由一条至数条安全环保检测线组成。如果有两条安全环保检测线，那么其中一条为大、中型汽车通用自动检测线，另一条为小型汽车（轴质量 500 kg 或以下）的专用自动检测线。除此以外，还配备一条新车检测线，以便新车登录、检测之用。

2. 维修检测站

维修检测站一般由一条至数条综合检测线组成。

3. 综合检测站

综合检测站一般由安全环保检测线和综合检测线组成，可以各为一条，也可以各为数条。国内交通系统建成的汽车检测站大多属于综合检测站，双线综合检测站一般由一条安全环保检测线和一条综合检测线组成，如图 2－1 所示。

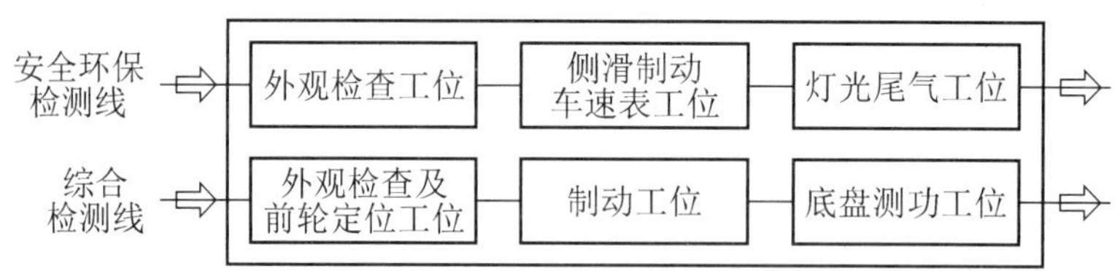

图 2－1 双线综合检测站平面布置示意图

2.1.3 检测线的组成和布置

检测线由多个检测工位组成，布置为直线通道式，检测工位按一定顺序分布在通道上。

按检测项目和功能的不同，检测线可分为安全环保检测线和综合检测线。

1. 安全环保检测线

手动和半自动的安全环保检测线，一般由外观检查（人工检查）工位、侧滑制动车速表工位和灯光尾气（废气）工位组成。其中，外观检查工位带有地沟。全自动安全环保检测线既可以由上述的三个工位组成，也可以由四工位或五工位组成。五工位一般是指汽车资料输入及安全装置检查工位，侧滑、制动、车速表工位，灯光、尾气工位，车底检查工位，综合判定及主控制室工位，如图2-2、图2-3所示。

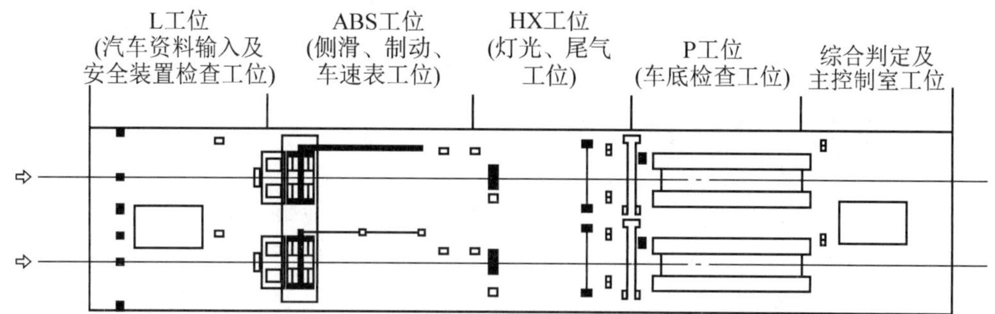

图2-2 日本五工位全自动安全环保检测线平面图

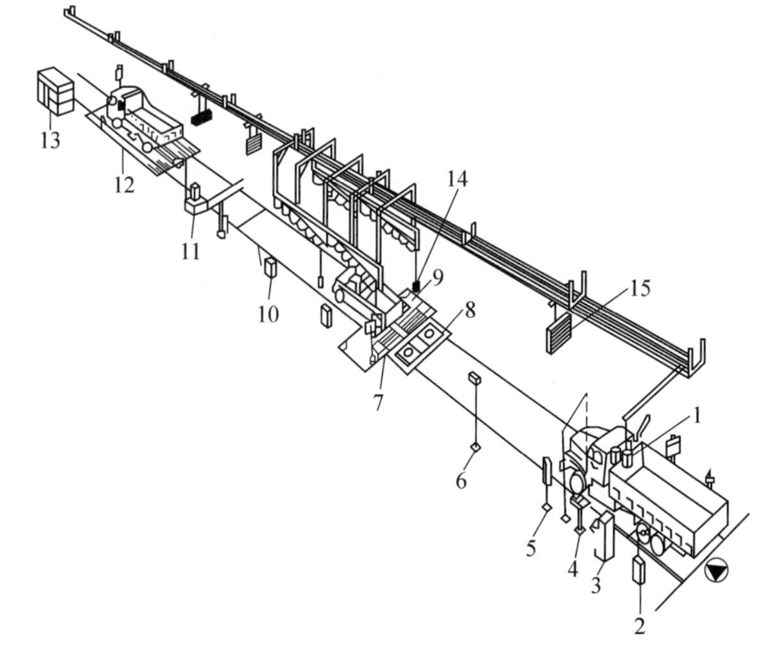

1—进线指示灯；2—烟度计；3—汽车资料登录微机；4—安全装置检查不合格项目输入键盘；5—烟度计检验程序指示器；6—电视摄像机；7—制动试验台；8—侧滑试验台；9—车速表试验台；10—排气分析仪；11—前照灯检测仪；12—车底检查工位；13—主控制室；14—车速表检测申报开关；15—检验程序指示器。

图2-3 国产五工位全自动安全环保检测线

2. 综合检测线

综合检测线有两种类型：一种是全能综合检测线，另一种是一般综合检测线。

（1）全能综合检测线。全能综合检测线设置有包括安全环保检测线主要检测设备在内的比较齐全的工位。如图2－1所示，它由外观检查及前轮定位工位、制动工位和底盘测功工位三个工位组成，能对车辆技术状况进行全面检测，必要时也能对车辆进行安全环保检测。

（2）一般综合检测线。一般综合检测线设置的工位不包括安全环保检测线主要检测设备，主要由底盘测功工位组成，能承担安全环保以外的检测项目。必要时，车辆须开到安全环保检测线上才能完成相关项目的检测。

综合检测线一般采用直线通道式布置，或者各工位横向布置成尽头式、穿过式或其他形式。

2.2　汽车安全环保检测站

汽车安全环保检测站承担机动车申请注册登记时的初次检验、定期检验和临时检验任务，还承担机动车的特殊检验，包括肇事车辆、改装车辆和报废车辆技术检验的任务。汽车安全环保检测站主要检测与安全行车相关的项目（如灯光、制动、侧滑等）及与环保相关的项目（如汽车尾气排放和噪声等）。

2.2.1　汽车安全环保检测站的条件

汽车安全环保检测站必须具备下列条件：

（1）具备检测车辆侧滑、灯光、轴重、制动、车速表、噪声等的检测设备以及其他必要的检测设备。

（2）每条检测线至少有工程师或技师技术职务的主任检验员一名，具有一定的汽车理论知识和修理经验，并能熟练地运用检测设备对机动车辆的安全性能做出正确评价的检验员若干名。

（3）有相应的停车场地、试车跑道和试验驻车制动器的坡道。要布局合理，根据国家标准设置交通标志、标线，出入口视线良好，不妨碍交通。

（4）检测厂房宽敞，通风、照明、排水、防雨、防火和安全防护等设施良好，各工位要有相应的检测面积，检测工艺布置合理，便于流水作业。

（5）必须有设备维修人员，保持检测设备经常处于良好的技术状态和精度。

2.2.2　汽车安全环保检测项目和设备

依据国家标准《机动车安全技术检验项目和方法》（GB 38900—2020）的有关规定，汽车安全环保检测站的主要检测项目如下：

（1）联网查询：利用互联网信息系统查询车辆事故、违法、安全缺陷召回等信息。

（2）车辆唯一性检查：对机动车的号牌号码和分类、车辆品牌和型号、车辆识别代号（或整车出厂编号）、发动机号码/驱动电机号码、车身颜色和车辆外形等特征进行检查，以确认送检机动车的唯一性。

（注：发动机号码/驱动电机号码包括发动机/驱动电机的型号和出厂编号。）

（3）车辆特征参数检查：对机动车的外廓尺寸、轴距、核定载人数和座椅布置等车辆主要特征和技术参数进行检查，确认与机动车国家安全技术标准、机动车公告、机动车出厂合格证、机动车行驶证等技术凭证资料的符合性。

（4）车辆外观检查：对车身外观，外观标识、标注和标牌，外部照明和信号装置，轮胎，号牌或号牌板（架），加装/改装灯具等项目进行检查。

（5）安全装置检查：对汽车安全带，应急停车安全附件，灭火器，行驶记录装置，车身反光标识，车辆尾部标志板，侧、后、前下部防护，应急锤，急救箱，车速限制/报警功能或装置，防抱死制动装置，辅助制动装置，盘式制动器，制动间隙自动调整装置，紧急切断装置，发动机舱自动灭火装置，手动机械断电开关，副制动踏板，校车标志灯和校车停车指示标志牌，危险货物运输车辆标示，驾驶区隔离设施，肢体残疾人操纵辅助装置等项目进行检查。

（6）底盘动态检验：对制动系统、转向系统、传动系统、仪表和指示器等项目进行检验。

（7）车辆底盘部件检查：对转向系统部件、传动系统部件、行驶系统部件、制动系统部件、其他部件等进行检查。

（8）仪器设备检验：对整备质量/空车质量、行车制动（空载制动率、空载制动不平衡率、加载轴制动率、加载轴制动不平衡率）、驻车制动、前照灯远光发光强度、转向轮横向侧滑量等项目进行检验。

全自动安全环保检测线应配置的主要设备有侧滑试验台、轴重仪或轮重仪、制动试验台、车速表试验台、前照灯检测仪、排气分析仪、烟度计、声级计和检测锤等，详见表2－1。

表2－1 全自动安全环保检测线主要检测项目、检测设备及其用途

检测工位	主要检测项目	检测设备	设备用途
汽车资料输入及安全装置检查工位（L工位）	汽车上部的灯光和安全装置等项目的外观检查	进线指示灯	控制进线车辆，绿灯进，红灯停进
		汽车资料登录微机	输入汽车资料，并发送给主控制微机
		工位测控微机	工位检测过程监控、数据采集处理等
		检验程序指示器	指示工位检测程序，下达操作指令，显示检测结果，引导车辆前进
		轮胎自动充气机	按设定的轮胎气压自动充气
		轮胎花纹测量器	测量轮胎花纹深度
		检测锤	检查各连接件、车架等是否松动或开裂
		不合格项目输入键盘	将车上、车下外观检查中的不合格项目报告主控制微机
		电视摄像机	供主控制室监控地沟及整个检测线的工作情况

续表

检测工位	主要检测项目	检测设备	设备用途
侧滑、制动、车速表工位（ABS 工位）	侧滑检测、轴重检测、制动检测、车速表检测	侧滑试验台	检测转向轮侧滑量
		轴重仪或轮重仪	检测各轴轴重
		制动试验台	检测各轮拖滞力、制动力和驻车制动力
		车速表试验台	检测车速表指示误差
		车速表申报开关或遥控器	当试验车速达 40 km/h 时按下此开关或遥控器，微机采集此时的实际车速数据
		光电开关	当车轮遮挡光电开关时，光电开关产生的信号自动输入微机，报告车辆到位，由微机安排开始检测
		反光镜	供驾驶员观察车轮到达试验台或停车线的位置
灯光、尾气工位（HX 工位）	前照灯检测、排气检测或烟度检测、喇叭噪声级检测	前照灯检测仪	检测前照灯发光强度和光轴偏斜量
		排气分析仪	检测汽油车排气中的 CO 和 HC 浓度
		烟度计	检测柴油车排气中的自由加速烟度
		声级计	检测喇叭噪声级
		停车位置指示器	指引汽车在灯光、尾气工位停车线上准确停车
车底检查工位（P 工位）	车辆底部外观检查	地沟内举升平台	使地沟内的检测人员在高度上处于较有利的工作位置
		对讲话筒及扬声器	用于地沟上、下的通话联系
		地沟内报警灯或报警器	报告车辆到达车底检查工位
综合判定及主控制室工位	对各工位检测结果进行综合判定后，打印检测结果报告单	主控制微机	安排检测程序，对照检测标准综合判定并存储、打印检测结果
		打印机	打印检测结果报告单
		控制台	主控制微机、键盘、显示器、打印机、监控电视等均安放在控制台上，是全线的控制中心
		主控制键盘	当微机系统出现故障不能使用时，可通过主控制键盘对各工位实施控制，以不间断检测工作
		稳压电源和不间断电源	稳定电压，不间断供电

2.2.3　汽车安全环保检测工艺流程

检测工艺流程即某一汽车接受检测的全过程。检测线建成后其工位布置是固定的，进线检测的汽车按工位顺序流水作业。图2-4为五工位全自动安全环保检测线工艺流程。

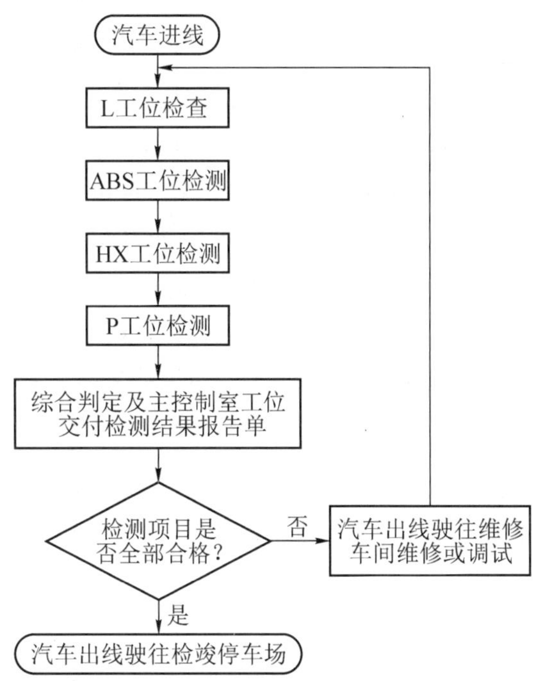

图2-4　五工位全自动安全环保检测线工艺流程

图2-4中的五工位为L工位（汽车资料输入及安全装置检查工位）、ABS工位（侧滑、制动、车速表工位）、HX工位（灯光、尾气工位）、P工位（车底检查工位）、综合判定及主控制室工位，参见图2-2。

1. 汽车资料输入及安全装置检查工位

汽车资料输入及安全装置检查工位除将汽车资料输入主控制微机外，还进行汽车上部的灯光和安全装置等的外观检查（lamps and safety device inspection），可简称为L工位。

（1）主要设备：汽车资料登录微机、工位测控微机、不合格项目输入键盘、电视摄像机、光电开关、进线指示灯、检验程序指示器及其控制器、轮胎自动充气机、轮胎花纹测量器、检测锤等。

（2）检测项目和检测程序：人工检查汽车上部的灯光、安全装置、防护装置、操纵装置、工作仪表和车身等是否装备齐全、工作正常、连接可靠和符合规定。检查的重点是灯光和安全装置。

①汽车资料输入：经过清洗并已吹干的汽车在入口处等候进线。由登录员根据机动车

行驶证和报检单，向登录微机输入车辆的有关资料，并发往主控制微机，由主控制微机安排检测程序。

②L 工位检查：汽车在 L 工位停稳后，由检查人员按规定项目进行汽车上部外观检查。L 工位检验程序指示器的显示面板如图 2－5 所示。

<table>
<tr><td>前照灯</td><td>变光灯</td><td colspan="2">前副灯</td></tr>
<tr><td>车宽标志灯</td><td>制动灯</td><td colspan="2">倒车灯</td></tr>
<tr><td>转向灯</td><td>停车灯</td><td colspan="2">报警灯</td></tr>
<tr><td>刮水器</td><td>喇叭</td><td colspan="2">非常信号装置</td></tr>
<tr><td colspan="2">安全装置</td><td>○</td><td>×</td></tr>
<tr><td colspan="4">前进</td></tr>
</table>

图 2－5　L 工位检验程序指示器的显示面板

在 L 工位检查中，若有不合格项目，则可通过不合格项目输入键盘报告给主控制微机，并在检查完毕后及时按下该键盘上的“检查结束”键，否则主控制微机将一直等待。主控制微机判定检查结果时，只要有一项不合格，即判定安全装置检查不合格，并将检查结果同时显示在主控制室的显示器上和 L 工位检验程序指示器上。当显示“○”时为合格，显示“×”时为不合格。

如果下一工位空闲，则 L 工位检验程序指示器显示“前进”二字，此时驾驶员可将车辆开入下一工位。此时本工位空闲，等待下一辆车进入。

2. 侧滑、制动、车速表工位

侧滑、制动、车速表工位由侧滑检测（alignment inspection）、制动检测（brake test）、车速表检测（speedometer test）和轴重检测（weight inspection）组成，简称 ABS 工位。

（1）主要设备。主要设备包括工位测控微机、检验程序指示器、光电开关、反光镜、侧滑试验台、制动试验台、车速表试验台及车速表申报开关、轴重仪或轮重仪。如果制动试验台带有轴重测量装置，则不必再装备轴重仪或轮重仪。

（2）检测项目和检测程序。检测前轮侧滑量、各轴的轴重、驻车制动力、车速表指示误差，检测各轮制动拖滞力和制动力，求轴制动力、制动力差和轴制动力占轴重的百分比。

①侧滑量检测。汽车沿地标线匀速通过侧滑试验台，当汽车前轮切断侧滑试验台入口的光电开关时，光电开关输出的电信号通知工位测控微机，工位测控微机开始采集侧滑位移量数据。ABS 工位检验程序指示器显示面板如图 2－6 所示。

②制动力检测。制动试验台前设有轴重仪或轮重仪时，汽车被检车轴应先称重然后再驶上制动试验台。称重时，被检车轴驶上轴重仪或轮重仪并遮挡光电开关，工位测控微机以此确认车辆到位，车轴重力通过压力传感器变成电信号传输给工位测控微机；被检车辆然后驶上制动试验台测制动力。汽车左、右轮驶入制动试验台两滚筒之间并遮挡光电开关，工位测控微机以此确认车辆到位，安排称重和制动检测，步骤如下：

a. 降下制动试验台举升器，测量轴重。

<table>
<tr><td colspan="3">侧滑试验台</td><td>○</td><td>×</td></tr>
<tr><td>前制动</td><td rowspan="3">放开</td><td rowspan="3">踏下</td><td>○</td><td>×</td></tr>
<tr><td>中间制动</td><td>○</td><td>×</td></tr>
<tr><td>后制动</td><td>○</td><td>×</td></tr>
<tr><td>驻车制动</td><td>拉紧</td><td>松开</td><td>○</td><td>×</td></tr>
<tr><td rowspan="2">车速表试验台</td><td colspan="4">40 km/h按下申报开关</td></tr>
<tr><td colspan="2">踩制动踏板</td><td>○</td><td>×</td></tr>
<tr><td colspan="3">前进</td><td colspan="2">再检一次</td></tr>
</table>

图2-6 ABS工位检验程序指示器显示面板

b. 起动制动试验台电动机。

c. 放松制动踏板，采集左、右车轮的制动拖滞力。

d. 用力踩下制动踏板，采集左、右车轮的最大制动力，当滚筒停转时采集结束。

e. 拉紧驻车制动器，采集左、右车轮最大驻车制动力（只有与驻车制动器相连的车轴才进行此项检测）。

f. 主控制微机判定检测结果，之后检测结果分别在主控制室的显示器和工位检验程序指示器有关栏目内同时显示。同样，显示“○”为合格，显示“×”为不合格。

g. 检测结果不合格时，主控制微机显示“再检一次”。

③车速表指示误差检测。将与车速表传感器相连的车辆开上车速表试验台，车轮遮挡光电开关，工位测控微机确认车辆到位，落下举升器。驾驶员匀速地将汽车加速至40 km/h（驾驶室内车速表指示值），待指针稳定后按下遥控器或申报开关。工位测控微机采集此时的实际车速数据（车速表试验台测量值），并传输给主控制微机，由主控制微机判定检测结果。如果不合格，则安排“再检一次”。检测结果在主控制室的显示器和工位检验程序指示器有关栏目内同时显示。同样，显示“○”为合格，显示“×”为不合格。

按下车速检测遥控器或申报开关后，即可踩制动踏板使车轮与滚筒迅速减速。工位检验程序指示器的车速检测遥控器或申报开关也可用红外遥控器代替。

④ABS工位检测程序说明。汽车的驱动形式、驻车制动器安装位置及车轴数量不同，在ABS工位检测时，各项目检测时的前后顺序也略有差异。常见车型相应的检测程序如下：

a. 四轮汽车（后驱动、后驻车）：侧滑→前制动→后制动→驻车制动→车速表。

b. 四轮汽车（前驱动、前驻车）：侧滑→前制动→驻车制动→车速表→后制动。

c. 四轮汽车（前驱动、后驻车）：侧滑→前制动→车速表→后制动→驻车制动。

d. 六轮汽车（前双轴、后单轴、后驱动、后驻车）：侧滑→前制动→中间制动→后制动→驻车制动→车速表。

e. 六轮汽车（前单轴、中单轴、后单轴、中驱动、中驻车）：侧滑→前制动→中间制动→驻车制动→车速表→后制动。

f. 六轮汽车（前单轴、中后并装双轴、中后驱动、中后驻车）：侧滑→前制动→中间制动→驻车制动→后制动→车速表。

最后一种汽车的车速表检测，必须在制动试验台与车速表试验台之间装备一组自由滚筒，否则，该项不能检测。上述常见类型的汽车与其检测程序的对应非常重要，进线时汽车资料输入错误，会导致检测程序混乱。

3. 灯光、尾气工位

灯光、尾气工位主要由前照灯检测（head light test）、排气检测（exhaust gas test）或烟度检测（smoke test）和喇叭噪声级检测（noise test）组成，简称 HX 工位。

（1）主要设备。主要设备包括工位测控微机、检验程序指示器、停车位置指示器、光电开关、反光镜、前照灯检测仪、排气分析仪、烟度计、声级计等。

（2）检测项目和检测程序。

①前照灯检测。汽车沿地面标线缓慢驶入灯光、尾气工位，行驶时应与前照灯检测仪的导轨保持垂直，并按照引导指示器的指令在停车线上停车。引导指示器与两种光电开关（入口光电开关和出口光电开关）相互配合，引导汽车“前进”“停车”“后退”。当汽车还未到达停车线时，引导指示器显示“前进”；当汽车前照灯遮挡入口光电开关时，引导指示器立即显示“停车”。此时，汽车停在停车线上，前照灯与前照灯检测仪的距离符合检测要求。如果汽车未及时停住，越过了停车线并遮挡了出口光电开关，引导指示器就显示“后退”。

汽车停在停车线上，工位测控微机确认车辆到位，安排检测程序。HX 工位检验程序指示器指示打开远光灯，前照灯检测仪从护栏内自动驶出，分别对右前照灯和左前照灯进行发光强度和光束照射方向的检测。当前照灯发光强度不够或无明显光轴时，前照灯检测仪无法自动跟踪光轴，此时需要在主控制室人工操作主控制键盘上的辅助控制键，辅助前照灯检测仪的受光器进入光轴投射区，以便实施跟踪。HX 工位检验程序指示器的显示面板如图 2－7 所示。

<table>
<tr><td rowspan="2"></td><td rowspan="2">上</td><td rowspan="2"></td><td rowspan="2">开远光灯</td><td rowspan="2"></td><td rowspan="2">上</td><td rowspan="2"></td><td colspan="3">插入探头</td></tr>
<tr><td colspan="3">检查中</td></tr>
<tr><td rowspan="2">左</td><td rowspan="2">光</td><td rowspan="2">右</td><td rowspan="2">检查中</td><td rowspan="2">左</td><td rowspan="2">光</td><td rowspan="2">右</td><td colspan="3">取出探头</td></tr>
<tr><td>CO</td><td>○</td><td>×</td></tr>
<tr><td rowspan="2">○</td><td rowspan="2">下</td><td rowspan="2">×</td><td rowspan="2">前进</td><td rowspan="2">○</td><td rowspan="2">下</td><td rowspan="2">×</td><td>HC</td><td>○</td><td>×</td></tr>
<tr><td>按喇叭</td><td>○</td><td>×</td></tr>
</table>

图 2－7　HX 工位检验程序指示器的显示面板

前照灯检测仪跟踪到前照灯光轴后，进行数据采集，并传输给主控制微机，主控制微机经过计算和分析，将检测结果同时显示在主控制室显示器和工位检验程序指示器上。在工位检验程序指示器上，发光强度以“○”（合格）或“×”（不合格）的方式显示；光束照射方向以上、下、左、右光的方式显示。

右前照灯的检测结果一经显示，前照灯检测仪便自动移至左前照灯，以同样的方法进行检测，显示检测结果后自动驶回护栏内。左、右前照灯中有一项不合格，前照灯的综合判定即不合格。

②排气或烟度检测。汽车在前照灯检测停车线上停车后，工位测控微机确认车辆到位，安排排气检测程序。

对汽油发动机汽车，由本工位检测员将排气分析仪探头插入怠速运转的汽车排气管中，抽取气样。排气分析仪将分析出的 CO 和 HC 浓度转变成电信号输送给工位测控微机，工位测控微机判定后，检测结果同时显示在主控制室显示器和工位检验程序指示器上。

对柴油发动机汽车，根据图 2－8 所示的烟度检验程序指示器指令，检测员将烟度计探头插入怠速运转的柴油发动机汽车排气管中，并在加速踏板上安置踏板开关，然后按指令和操作规程进行 4 次自由加速。烟度计自动完成抽气取样、烟度检测和清洗等动作，并将烟度转变成电信号输送给工位测控微机，工位测控微机取后三次采集的数据的平均值作为检测值，判定后，将检测结果同时显示在主控制室显示器和烟度检验程序指示器上。在烟度检测操作过程中，加速和怠速的时间由工位测控微机通过烟度检验程序指示器上指令显示的时间间隔进行控制，只要严格、及时地按指令操作，即可保证操作规程顺利执行。

<table>
<tr><td colspan="3">插入探头　安置踏板开关</td></tr>
<tr><td>第一次自由加速</td><td rowspan="4">踏加速踏板</td><td rowspan="4">抬加速踏板</td></tr>
<tr><td>第二次自由加速</td></tr>
<tr><td>第三次自由加速</td></tr>
<tr><td>第四次自由加速</td></tr>
<tr><td colspan="3">取出探头拆下踏板开关</td></tr>
<tr><td>烟度检测</td><td>○</td><td>×</td></tr>
</table>

图 2－8　烟度检验程序指示器显示面板

③喇叭噪声级检测。汽车在前照灯检测停车线上停车后，工位测控微机确认车辆到位，安排喇叭噪声级检测程序。将声级计连同其支架移至汽车正前方对正汽车，且使声级计平行于地面，其传声器距汽车 2 m，距地面 1.2 m。驾驶员按工位检验程序指示器的指令按下喇叭 3～5 s，声级计测量此时的声级并将其电信号输入工位测控微机，工位测控微机判定后，将检测结果同时显示在主控制室显示器和工位检验程序指示器上。显示“○”为合格，显示“×”为不合格。

HX 工位的前照灯检测、排气或烟度检测和喇叭噪声级检测，既可安排同步进行，也可按一定顺序进行。一般情况下，前照灯检测与排气或烟度检测可同步进行，喇叭噪声级检测则安排在这之前或之后进行。

4. 车底检查工位

车底检查（pit inspection）工位可简称为 P 工位。

（1）主要设备。主要设备包括工位测控微机、不合格项目输入键盘、光电开关、地沟内报警灯或报警器、检验程序指示器及其控制器、对讲话筒及扬声器、地沟内电视摄像机、地沟内举升平台、检测锤等。

（2）检测项目和检测程序。在P工位对车辆底部的外观进行检查，由检测人员在地沟内人工检查底盘各装置，检查发动机的连接是否牢固、可靠，有无弯扭断裂及漏油、漏水、漏气、漏电等现象。

汽车沿地面标线驶入P工位，当遮挡工位入口光电开关时，工位测控微机确认车辆到位，同时地沟内报警灯闪烁或报警器响，或二者同时起作用，通知地沟内检查人员车辆到达P工位。汽车停在地沟上，由检查人员按规定项目进行车辆底部人工检查。此时，驾驶员要始终注视前上方的工位检验程序指示器，并按其上的指令操纵有关机件，以配合检查人员的检查。

P工位检验程序指示器的显示面板如图2－9所示，其指令由检查人员手持有线按钮盒或红外遥控器控制。除此之外，检查人员还可通过地沟内的话筒和地沟上的扬声器通知驾驶员与其配合，以完成检验程序指示器指令之外的检查项目。检查中，若有不合格项目，则可通过输入键盘报告主控制微机，并在检测完毕后及时按下该键盘上的“检查结束”键，通知主控制微机车底检查结束，否则，主控制微机将一直处于等待中。主控制微机判定检查结果时，只要有一项不合格，即判定车底检查不合格。同样，检查结果同时显示在主控制室显示器和工位检验程序指示器上，“○”为合格，“×”为不合格。地沟内的检查人员可随时通过脚踏开关调节地沟内举升平台的高度，以使两手处于最有利的操作位置。

检查中		
发动机熄火		
转动转向盘		
踩制动踏板		
拉驻车制动器操纵杆		
踩离合器踏板		
车底检查	○	×
前进		

图2－9　P工位检验程序指示器的显示面板

当P工位检验程序指示器显示“前进”二字时，驾驶员将车驶入下一工位。

5. 综合判定及主控制室工位

（1）主要设备。主要设备包括控制台主控制微机、键盘及显示器、打印机、稳压不间断电源、监控电视（电视摄像机显示器）等。

（2）检测项目和检测程序：汽车到达综合判定及主控制室工位时，各工位检测项目已全部检测完毕，主控制微机将各工位检测结果综合判定后，由打印机集中打印检测结果报告单，并由检测人员交给汽车驾驶员。

对检测结果的评价方法如下：若某个检测项目中有任意一个子项目不合格，则该检测项目就不合格；只有该检测项目的全部子项目都合格时，该检测项目才算合格。同样，全部检测项目合格后，总结果才算合格；只要有一项检测项目不合格，总结果就不合格。

五工位全自动安全环保检测线可同时检测5辆车，检测节奏约为4 min/辆，工作效率非常高。

值得说明的是，随着《重型柴油车污染物排放限值及测量方法（中国第六阶段）》（GB 17691—2018）和《汽油车污染物排放限值及测量方法（双怠速法及简易工况法）》（GB 18285—2018）等一系列有关机动车排放污染物限值与测量方法国家标准的贯彻实施，已经实施了简易工况法检测机动车排放污染物的行政区域要求机动车安全技术检验机构的排气检测工位必须单独设置。其检测工艺流程如下：

烟度计、排气分析仪独立设置；依次检测侧滑—车速表—制动系统—声级计、前照灯—底盘。

2.3　汽车综合检测站

2.3.1　汽车综合检测站的分类

汽车综合检测站按职能可分为A级站、B级站和C级站3种类型，其职能如下。

A级站：能全面承担检测站的任务，即能检测车辆的制动、侧滑、灯光、转向、前轮定位、车速、车轮动平衡、底盘输出功率、燃料消耗、发动机功率和点火系统状况以及异响、磨损、变形、裂纹、噪声、废气排放等状况。

B级站：能承担在用车辆技术状况和车辆维修质量的检测，即能检测车辆的制动、侧滑、灯光、转向、车轮动平衡、燃料消耗、发动机功率和点火系统状况以及异响、变形、噪声、废气排放等状况。

C级站：能承担在用车辆技术状况的检测，即能检测车辆的制动、侧滑、灯光、转向、车轮动平衡、燃料消耗、发动机功率以及异响、噪声、废气排放等状况。

显然，A级站的职能最全。国内的A级站一般设置两条检测线：一条为安全环保检测线，主要承担车辆管理部门的年审任务；另一条为综合检测线，主要承担对车辆技术状况的检测任务。安全环保检测线的服务对象单纯，检测项目统一，一般是自动检测线。对于综合检测线，由于汽车检测目的不同，汽车的技术状况也不相同，因而检测、调试的项目和深度也就不同，有的少至几项，有的多达几十项。因此，综合检测线很难实现微机自动控制，手动操作较多，检测程序也视具体情况而定。

2.3.2　汽车综合检测站的检测项目和设备

汽车综合检测站的检测项目与设备如表2-2所示。

表 2-2　汽车综合检测站的检测项目与设备

序号	检测项目		检测设备	备注	
				A 级站	B 级站
1	动力性	发动机功率	汽车发动机检测仪	√	√
		底盘输出功率	汽车底盘测功机	√	*
		加速时间			
2	经济性	等速百公里油耗	汽车底盘测功机（或五轮仪）、油耗仪	√	√
3	制动性能和滑行性能	轴载质量	制动检测仪	√	√
		制动力			
		制动力平衡			
		车轮阻滞力			
		驻车制动力			
		制动系统协调时间			
		制动踏板力	制动踏板力计	√	√
		驻车制动装置操纵力	操纵力计	√	√
		防抱死制动系统性能	防抱死制动系统检测仪	*	*
		滑行距离或滑行时间	汽车底盘测功机	√	*
4	转向操纵性	侧滑量	侧滑检测仪	√	√
		车轮定位	车轮定位检测仪	√	√
		转向角	转向角检测仪	√	√
5	悬架特性	振幅或频率	悬架性能检测仪	*	*
		吸收率			
		左、右轮吸收率差			
6	废气排放	汽油车废气排放	汽车排放气体检测仪	√	√
		柴油车废气排放	烟度计	√	√
7	前照灯	前照灯发光强度	前照灯检测仪	√	√
		前照灯光轴偏移量			
8	车速表、里程表示值		车速表检测仪（或汽车底盘测功机）	√	√
9	汽车噪声	客车车内噪声	声级计	√	√
		驾驶员身旁噪声			
		车外噪声			
10	车身防雨密封性		喷淋装置	*	×
11	汽车侧倾角		汽车侧倾角检验仪	*	×

续表

序号	检测项目	检测设备	备注	
			A 级站	B 级站
12	整体外观	轮胎气压表、钢卷尺、漆膜光泽测量仪、钢直尺、轮胎花纹深度尺	√	√
13	发动机	汽车发动机检测仪、发动机示波器、曲轴箱窜气量检测仪、气缸压力表	*	*
14	底盘	车轮动平衡机、汽车底盘间隙检测仪、传动系统游动角度检测仪、不解体探伤仪、测温仪、秒表	*	*

注：购置新设备时，应选购其中最先进的、功能更齐全的。

√表示必须执行项；* 表示选择执行项；× 表示不执行项。

2.3.3　汽车综合检测站的检测工艺流程

汽车综合检测线有一般综合检测线和全能综合检测线之分，其中全能综合检测线的检测流程如图 2－10 所示。

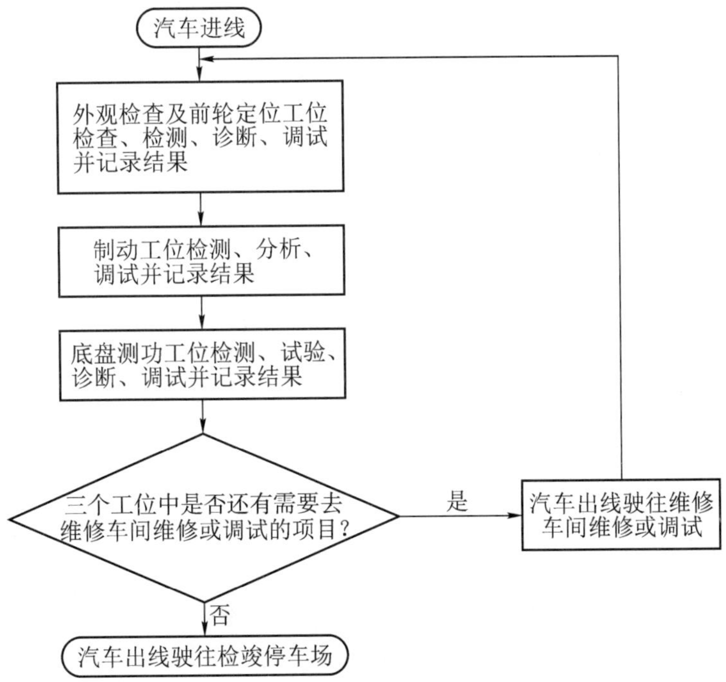

图 2－10　全能综合检测线的检测流程

图2－11所示的双线综合检测站是一种接近全能的综合检测线，它由发动机测试及车轮平衡工位、底盘测功工位、车轮定位及车底检测工位组成，除制动性能不能被检测外，安全环保检测线上的其他检测项目均能在该线上进行检测。

在图2－11所示的双线综合检测站中，安全环保检测线包括三个工位。第一工位除进行车辆数据录入之外，还包括车速表、排气（或烟度）和侧滑检测设备。把这几个检测项目放在一起，是因为考虑到它们的污染都比较严重，置于检测线入口处，有利于通风。第二工位包括灯光、喇叭和外观检查设备，该工位有一条地沟。第三工位包括轴重、制动检测设备以及主打印机等。双线综合检测站中的综合检测线也包括三个工位：第一工位的设备包括发动机综合分析仪、油耗仪和底盘测功机等，用于测试发动机功率、点火等工作状况及汽车的驱动力、功率、加速性等动力性能和燃料消耗情况；第二工位的设备包括传动系统游动角度检测仪、气缸漏气量检测仪和机油质量检测仪等，分别用于测量传动系统的游动角度、气缸漏气量和分析机油质量；第三工位主要包括车轮动平衡机、前轮定位检测仪、转向角度测试仪、转向盘测力计等设备，用于检测和校正轮胎动平衡、前轮定位参数、前轮最大转向角度和转动转向盘时所用的力。

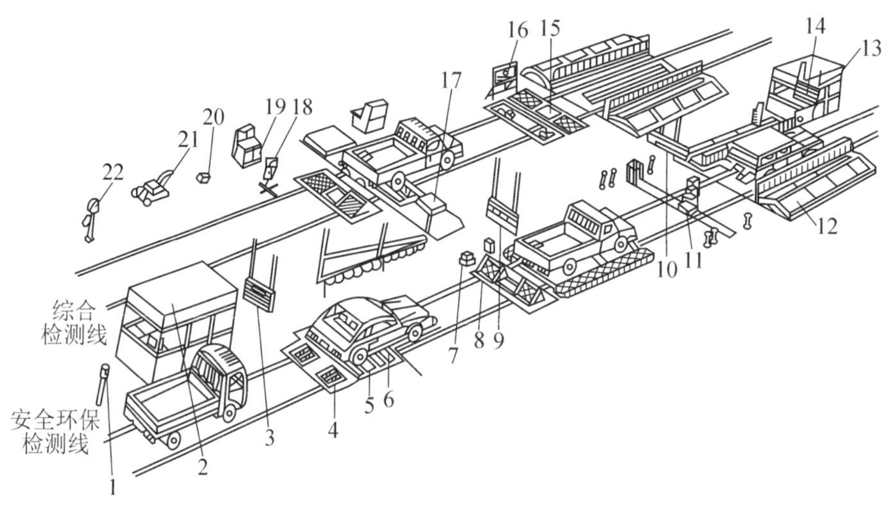

1—进线指示灯；2—进线控制室；3—L工位检验程序指示器；4、15—侧滑试验台；5—制动试验台；6—车速表试验台；7—烟度计；8—排气控制室；9—ABS工位检验程序指示器；10—HX工位检验程序指示器；11—前照灯检测仪；12—地沟系统；13—主控制室；14—P工位检验程序指示器；16—前轮定位检测仪；17—底盘测功工位；18、19—发动机主测试仪；20—机油清净性分析仪；21—就车式车轮平衡仪；22—轮胎自动充气机。

图2－11　双线综合检测站

多年来，我国车检工作者不断总结综合检测站建设的经验和教训，将综合检测线设置为八个工位，并将八个工位分别布置在两条检测线上，即第一至第四工位布置在一条检测线上，第五至第八工位布置在另一条检测线上，检测工艺流程布局合理、论证充分，具有较强的实用性。

1. 第一工位——尾气、烟度、轴重、车速表检测工位

（1）把尾气和车速表的检测设置在第一工位，可将被测试汽车的排气污染及车辆高速

运转噪声就近排出车间，减少车间内的污染和噪声。

（2）适当缩短轴重仪与车速表试验台之间的距离，以避免在对前轮驱动的车辆检测车速表时误测后轴轴重，也可避免在对大型货车检测车速表时误测第三轴轴重。

（3）适当加大轴重仪与制动试验台之间的距离，使之测量整车质量之后再驶上滚筒式试验台，避免了前驻车制动车辆无法检测的情况。

（4）为了保证在水平位置测量待检车辆的质量，在检测线入口到轴重仪中心留有适当的水平距离。

2. 第二工位——制动力、制动踏板力、操纵力检测工位

将制动性能检测设置在第二工位，其目的是使汽车安全性能检测的四个工位的检测时间尽量均等，以免某一工位检测时间过长，影响整条检测线的检测进度。

3. 第三工位——灯光、侧滑、声级检测工位

（1）将侧滑试验台布置在前照灯检测仪的后面，兼顾了检测车间纵向长度的限制，使得车辆通过侧滑试验台时，车速可保持在 3 ~ 5 km/h，避免车辆超速驶过侧滑试验台。

（2）将声级计固定在前照灯检测仪上，并使其距地面 1.2 m、距前照灯检测仪 1 m、距停车线 2 m。

（3）无论大、小型汽车检测线，侧滑试验台距地沟边缘的距离均为 1 m，设计紧凑。

4. 第四工位——车底检测工位

此工位是地沟，汽车底盘的许多重大隐患都可在此检查出来。由于此工位的检测时间与其他工位大致相同，所以单独设置了一个工位。

5. 第五工位——惯性底盘测功、燃料消耗检测工位

此工位是另一条检测线的第一个检测工位，将汽车的动力性和经济性检测有机地结合起来，以便将车辆运行时产生的尾气污染物和噪声及时排出室外。

6. 第六工位——发动机综合性能检测工位

发动机综合性能检测的项目和参数较多，而发动机综合分析仪是发动机故障检测的关键设备，其带有十几个传感器，安装和检测比较费时，而且发动机综合性能检测最能体现综合检测站的实力，因此将其单独设置在第六工位。

7. 第七工位——转向参数测量、油质分析、车轮动平衡、车轮定位检测工位

此工位以转向系统和行驶系统检测为主，主要检测设备有转向参数检测仪、油质分析仪、车轮动平衡机、车轮定位检测仪。虽然检测设备较多，但许多设备可同时投入检测。

8. 第八工位——底盘间隙检测、传动系统游动角度检测工位

此工位主要对汽车底盘进行重点检查，及时发现重大隐患，彻底消除车辆的各种故障，真正达到汽车综合性能检测的目的。

2.4　汽车检测线控制系统

全自动检测线均采用微机进行控制，其与手动检测线的区别就在于它增加了一套检测

线控制系统。

2.4.1 检测线控制系统的功能

（1）能输入、传输、存储、查询、打印汽车资料，具有丰富的软件功能。

（2）除车上、车底外观检查，汽车资料输入，插入与取出排气分析仪（或烟度计）探头及移动声级计等工作须人工操作外，其余各项检测均能由微机实现全自动控制。

（3）检测结果既能在主控制室的微机显示器上以数据、图表、曲线等形式进行动态显示，同时又能在工位检验程序指示器上显示（合格以“○”、不合格以“×”或直接用文字显示），并能集中打印检测结果报告单。

（4）主控制室能对全线实行监控和调度。

（5）具有指令汽车驾驶员（或引车员）操作的检验程序指示器（灯箱、彩色显示器或电子灯阵）。

2.4.2 对检测线控制系统的要求

1. 可靠性要高

检测线控制系统的平均无故障时间要求能达到数千小时，并设有自检和自诊断系统，以便故障出现后进行快速检测。

2. 数据采集要准确

检测线控制系统要从机电一体化全系统的观点出发进行设计，从机械设备到主控制微机应构成一个完整的系统，不能相互脱节，以保证采集和处理数据的准确性。

3. 适应性要强

检测线内的工作环境比较恶劣，表现为电源电压波动，各用电设备相互干扰，汽车振动与噪声、排气与尘埃污染，温度和湿度等难以控制，要求检测线控制系统有较强的环境适应性。另外，汽车种类繁多，检测线类型设计不一，检测线控制系统还应能满足多种类型汽车的检测，并能根据用户要求装配成不同工位安排、不同检测项目、不同检测工艺、不同规模和不同档次的系统。

4. 使用方便性要好

检测线控制系统应能满足人机对话方便，操作简单，显示直观明了，能用汉字显示，数据易存、易查，组线灵活及维修、管理方便等要求。

5. 经济性要好

在不影响功能的前提下，检测线控制系统要尽量降低造价，提高检测效率，缩短汽车在线时间。

除检测线控制系统对全线的自动控制外，还应在主控制室内的主控制键盘上设置自动/手动开关和一套手动操作键盘，以便必要时对前照灯检测仪实施辅助操作和当无法实现全自动检测时对全线检测设备实施手动操作。如图2－12所示为国产CAISM全自动汽车检测系统的主控键盘面板，其大灯仪操作键区和设备操作键区均为手动操作键盘。

在实时响应、系统配套、系统扩充、系统通信和软件支持等方面，检测线控制系统也应有较强的功能。

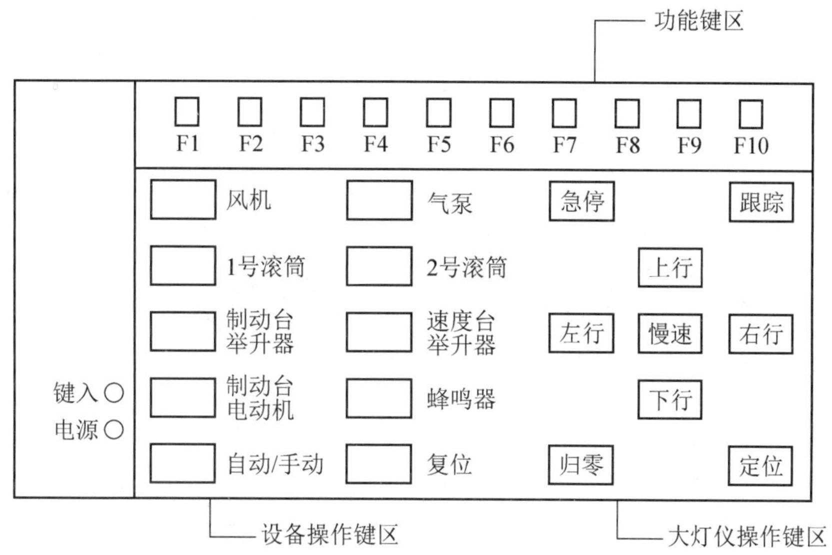

图2－12 国产CAISM全自动汽车检测系统的主控键盘面板

2.4.3 检测线控制系统的组成

检测线控制系统由硬件部分和软件部分组成。

（1）硬件部分由微机设备和辅助设备组成。其中，微机设备由主控制微机、工位测控微机、汽车资料登录微机和打印机等组成，主控制微机、工位测控微机和汽车资料登录微机一般以PC（personal computer，个人计算机）为主。辅助设备由控制台及主控制键盘、稳压电源、不间断电源、电视摄像机及其显示器、工位检验程序指示器、光电开关、停车位置指示器、报警灯或报警器、不合格项目输入键盘、车速申报开关或遥控器、进线指示灯、工作台与座椅等组成。

（2）软件部分除检测程序外，一般还包括数据库管理程序、设备标定程序、检测标准修正程序和系统自检测与维护程序等。其中，数据库管理程序能将已经检测过的全部车辆的数据存档，并能按照检测序号、牌照号码或检测日期等进行查询、检索、统计和打印。

2.4.4 检测线控制系统的控制方式

检测线控制系统的控制方式有集中式、分级分布式、接力式和网络式四种类型。

1. 集中式控制方式

集中式控制方式由主控制微机单独完成测控工作。除汽车资料输入由登录微机完成并发往主控制微机外，各工位的检测信号经放大后都直接送往主控制微机，因而全线的数据采集、处理、判定、显示、打印、存储、统计和检测过程控制等全部工作均由主控制微机完成。这种控制方式结构简单、价格低廉，但主控制微机负担重，可靠性差，发生故障后易造成全线停止工作。

2. 分级分布式控制方式

分级分布式控制方式是应用较为广泛的一种控制方式，一般为三级分布式控制方式。其中，第一级为测控现场控制级，由分布在各工位上的测控微机完成测控工作，主要承担检测设备运行控制、数据采集和通信等任务；第二级为监督级，主要用于对各工位的测控微机进行监督控制和管理通信任务，即承担接口箱的工作，与第一级之间采用速度较低的低速通信联络；第三级为管理级，由主控制微机完成测控工作，具有安排检测程序、承担全线调度、综合判定检测结果、存储并集中打印检测结果报告单和管理数据库等功能。这种控制方式采用了分布控制、单机显示、多级管理、数据通信等措施，可有效防止由主控制微机故障引起的检测系统停止运转的事故发生。在主控制微机发生故障时可由单机显示打印，每台单机仪表尽可能靠近检测设备，以避免信号干扰；单机到监督级之间的信号传输采用数据通信，避免了单机显示和主控制微机打印数据不一致的问题。由于各控制微机任务单一，所以设备的校正和维护较为方便，且较易建立备用机来提高系统的有效度。

3. 接力式控制方式

接力式控制方式由各工位测控微机完成测控工作。工位测控微机分布在各工位上，因而这种控制方式也可以称为分布式控制方式，实际上它是分级分布式控制方式的一个特例。各工位检测信号经放大后送至工位测控微机进行处理、判定，然后由检验程序指示器显示，并按顺序传送至末级工位测控微机。全线检测数据和检测结果由末级工位测控微机显示并打印出检测结果报告单。这种控制方式结构简单，价格低廉，可靠性也较好，但其功能稍差，难以实现较高程度的自动控制，对复杂的检测对象适应性较差。

4. 网络式控制方式

网络式控制方式采用了基于服务器/客户机模型的局域网，用一个集线器将所有的工作站与服务器连接起来，并通过调制解调器与广域网相连，实现与上级交通管理部门的信息中心网的连接。

检测站计算机网络系统通常包括车辆登录系统、测控系统、监控系统、检测业务管理系统、财务系统及维护系统。根据实际情况，各系统可单独用一个工作站完成，也可用几个工作站共同完成，还可将几个系统合并用一个工作站来实现，如将监控系统、检测业务管理系统和维护系统合并，可大大降低网络建设的成本。

2.4.5 检测线控制系统的发展趋势

为了适应汽车工业高速发展的需要，汽车检测技术必须以国际上的先进水平为目标，在引进、开发和应用当今汽车检测技术的过程中，不断推动汽车检测工作的发展。

1. 加快高新技术在汽车检测中的应用

（1）光电技术和计算机处理技术的运用。在汽车整车检测过程中，汽车登录非常频繁，而登录的关键在于如何快速而准确地识别牌照。目前，国外普遍采用的汽车牌照自动检测装置可以对汽车牌照进行自动识别、检索，这项技术已经在我国的许多大中型城市或重要部门得到普遍应用，具有广泛的社会效益和经济效益。另外，在前照灯的检测手段方面，实现了从光电池到硅光二极管的转换，以提高光轴定位和光度测试的精度。

（2）高精度传感器的应用。汽车传感器的制造水平越来越高，品种规格也越来越多，其测试精度和可靠性的提高也推动着汽车检测技术的发展。目前，全自动汽车检测线 HX 工位排放检测的取样探头通常是通过人工插入排气管；日本研究了一种取样探头自动插入装置，即利用微压（0.1 kPa）传感器，通过排气管口与四周空间存在的微小压力差而跟踪找正汽车排气管口的位置，从而进一步提高了检测线的自动化程度。

在制动试验台的设计水平方面，高精度（2/10 000）的应变计已经取代了测力弹簧。这种应变计（压力传感器）的输出信号既可用液晶显示器（liquid crystal display，LCD）、发光二极管（light emitting diode，LED）通过数字来显示，也可以通过相应的电路，对信号做零点、温度、滞后及线性误差修正后，利用伺服电动机和减速器推动大型仪表盘的指针来显示，同时还可以对测试的数据进行重复显示和打印。显然，这种电动指针式仪表使汽车的检测变得更加简便、高效和准确。

（3）显示技术的应用。显示技术除了在电动指针式仪表上得以应用外，LED 的显示也从静态点阵发展为动态点阵，由单色发展为彩色。LCD 在高亮度下具有比 LED 更好的对比度，因而在许多设备中得到广泛应用。随着显示技术的进一步计算机化，利用图形动态显示测量值，能使人更直观、清晰地理解检测数据。一些关键性内容的显示，如在线机动车的排队情况、机动车牌号检测项目、检测结果评价以及检测动态等，可进一步使检测过程公开化，增加检测线的透明度。

2. 检测设备综合化、检测线浓缩化

为了节省汽车检测的费用、场地、人员并提高汽车的检测效率，当前汽车检测设备的功能正从单机单功能向单机多功能的综合测试方向发展。平板式测试台就是集制动、侧滑、称重和悬架特性等检测功能于一体的检测设备，既可降低检测费用，减少检测设备所占用的场地，又可提高检测的效率；通过汽车传感器和计算机控制系统的结合，可将汽车检测过程中所显示的制动、侧滑、轮载质量和悬架效率等数据打印出来。

汽车检测设备的综合化为汽车检测线的浓缩提供了重要的特质技术基础和前提条件。在某些计算机控制的检测系统中，车速表、制动、排气、噪声、侧滑、称重和前照灯 7 个项目的检测设备可浓缩于 20 m 以内的检测线上，必要时车速表试验台还可装配电涡流测功机，这样就可以实现一次同时检测 4 个车轮（含驻车制动）。主控制微机不仅能够控制检测设备的自动程序，而且可以处理检测数据，管理车辆档案，为送修车开单、派工、进行工时计算，结算维修费用和管理财务票据等。

3. 适应新标准法规，开发新的汽车检测设备

汽车排放污染物的控制越来越严格，随着 I/M 制度（inspection and maintenance program）的普遍推行，当前加速模拟工况（acceleration simulation mode，ASM）法的推广具有重要的现实意义，可加载ASM汽车底盘测功机在我国的推广和运用的前景十分广阔。另外，由于柴油机在各国汽车中使用的比例上升，常见的滤纸式烟度计的灵敏度不高，对烟度水分程度的要求不严，不能检测蓝烟、白烟及油雾等诸多的局限性就凸显出来。目前的新型透光式烟度计可以长时间工作，随时都可以测出排气烟度。这种烟度计不需要用滤纸，可以避免因使用滤纸而形成的误差。高新科技在汽车产业的广泛应用，必将要求汽车检测的技术手段向具有更新、更高的科技含量方向发展。

4. 汽车检测技术向人工智能化方向发展

强化和完善汽车监控的预测功能必将成为汽车检测技术发展的趋势，而这项预测技术的实现，取决于关键性技术项目的解决。美国福特及通用等大型汽车公司正在利用音频或其他高精度传感器进行故障检测的人工智能系统的研究和开发。随着我国引进国外技术、自主研发步伐的加快，我国在汽车检测智能化等方面同发达国家之间的差距必将大大缩小。

本章小结

1. 汽车检测站是综合运用现代检测技术，对汽车实施不解体检测的机构。汽车检测站的应用和发展实现了汽车不解体整车性能检测。

2. 汽车检测站主要由一条至数条检测线组成，按服务功能的不同，检测站可分为安全环保检测站、维修检测站和综合检测站。

安全环保检测站按照国家规定的车检法规，定期检测车辆中与安全和环保有关的项目，以保证汽车安全行驶，并将污染降低到允许的限度。安全环保检测站是国家的执法机构，不是营利性企业。

维修检测站主要是从车辆使用和维修的角度，担负车辆维修前、后的技术状况检测任务。维修检测站一般由汽车运输企业或汽车维修企业建立。

综合检测站既能承担车辆管理部门的安全环保检测，又能承担车辆使用、维修企业的技术状况检测，还能承担科研或教学方面的性能试验和参数测试。这种检测站的检测设备多，自动化程度高，数据处理迅速、准确，功能齐全，检测项目范围广且程度深，可为合理制定检测参数标准、检测周期以及为科研、教学、设计、制造和维修等部门提供可靠依据，并能承担对检测设备的精度测试等工作。

3. 安全环保检测站的主要检测项目有外观检查、侧滑检测、轴重检测、制动检测、车速表检测、前照灯检测、喇叭噪声级检测和排气检测。

4. 汽车综合检测站按职能可分为A级站、B级站和C级站3种类型。A级站能全面承担检测站的任务。B级站能承担在用车辆技术状况和车辆维修质量的检测，即能检测车辆的制动、侧滑、灯光、转向、车轮动平衡、燃料消耗、发动机功率和点火系统状况，以及异响、变形、噪声、废气排放等状况。C级站能承担在用车辆技术状况的检测。

5. 检测线控制系统由硬件部分和软件部分组成。硬件部分由微机设备和辅助设备组成。软件部分除检测程序外，一般还包括数据库管理程序、设备标定程序、检测标准修正程序和系统自检测与维护程序等。

微机控制系统的控制方式有集中式、分级分布式、接力式和网络式四种类型。集中式控制方式由主控制微机单独完成测控工作；分级分布式控制方式应用较广，多采用三级分布式控制方式；接力式控制方式由各工位测控微机完成测控工作；网络式控制方式采用基于服务器/客户机模型的局域网，用一个集线器将所有的工作站与服务器连接起来，并通过调制解调器与广域网相连，实现与上级交通管理部门的信息中心网的连接。

自测题

一、单项选择题

1. 汽车检测站按规模大小可分为大型、中型和（　　）。

A. A型　　B. B型　　C. 小型　　D. 综合

2. 汽车综合检测站按职能分为A级站、B级站和（　　）。

A. 大型站　　B. 中型站　　C. C级站　　D. 自动站

3. 检测站微机控制系统的控制方式有集中式、分级分布式、接力式和（　　）。

A. 分散式　　B. 三级分布式　　C. 网络分布式　　D. 网络式

二、判断题

1. 安全环保性能检测是指对汽车实行定期和不定期的安全运行和环保性能检测。（　　）

2. 按自动化程度的不同，汽车检测站可分为手动式、半自动式和全自动式3种类型。（　　）

3. 汽车检测站按服务功能分为安全环保检测站、维修检测站和整车检测站。（　　）

三、简答题

1. 汽车检测站有几种类型？

2. 汽车安全环保检测站可检测哪些项目？

3. 检测线控制系统由哪几部分组成？

第3章　汽车外观与整车参数检测

导　言

本章主要介绍汽车外观与整车参数的检测项目和检测方法，重点内容是整车参数检测。学生要了解汽车外观检测项目，熟悉整车参数的检测项目，掌握汽车外观与整车参数检测的基本技能。

学习目标

1. 认知目标

（1）熟知整车参数、汽车外观检测项目。

（2）掌握汽车外观与整车参数的检测方法。

（3）掌握与整车参数相关的基本概念。

2. 技能目标

（1）能够正确运用汽车外观检测的有关内容，对汽车外观进行检测。

（2）能将整车参数的检测方法用于实际检测。

3. 情感目标

（1）初步养成自觉遵守国家标准的习惯。

（2）培养一丝不苟、严肃认真的工作作风。

（3）增强空间想象能力和思维能力，提高学习兴趣。

3.1　汽车外观检测

3.1.1　汽车外观检测的必要性

汽车在使用过程中，随着行驶里程的增加，有关零件会产生磨损、腐蚀、变形、老化或意外损伤等情况。其结果不仅会导致整车技术状况逐渐变差，也会使汽车的动力性下降、燃料经济性变差和工作可靠性降低，而且会相继出现种种外观症状。有些外观症状，如整体不周正、车身和驾驶室覆盖件开裂、油漆剥落和锈蚀等，会影响车容；有些外观症状，如前后桥、传动轴、车架和悬架等装置的明显弯、扭、裂、断等损伤，传动轴连接螺栓松动，转向拉杆球头销的磨损、松动等，会直接影响行车安全。因此，汽车外观检测是汽车运行安全检测的重要内容之一。

3.1.2　汽车外观检测方法与检测项目

随着现代科学技术的发展，人们开始应用仪器设备进行汽车性能检测，但是，汽车的某些部位，特别是汽车的外观，使用任何仪器和设备进行检测都不尽完善。例如，汽车外部损伤，漏水、漏气、漏油，螺栓和铆钉松动、脱落等，仍须借助检测人员的技能和经验，用感观法以及简单的检测器具进行定性的、直观的检测。

汽车外观检测方法根据检测项目可分为两大类：一类检测项目可用直观检测法检测，如目视检查法；另一类做了量的规定的项目则须采用仪器设备和客观检测方法做定量分析。

注册登记车辆安全检验和在用机动车安全检验时，车身外观应满足以下条件：

（1）车身前部外表面的易见部位应至少装置一个能永久保持，且与车辆品牌/型号相适应的商标或厂标，在用机动车不应变更商标或厂标。

（2）保险杠、后视镜、下视镜等部件应完好，灯具不应破损、缺失。

（3）车窗玻璃应齐全，驾驶员视区部位应无裂纹、破损，客车、重中型货车驾驶员视区以外的车玻璃不应有穿孔或长度超过25 mm的裂纹，所有车窗玻璃不应张贴镜面反光遮阳膜。

（4）车体应周正，车体外缘左右对称部位高度差应小于或等于40 mm。

（5）车身外部不应有明显的镜面反光现象（局部区域使用镀铬、不锈钢装饰件的除外），不应有任何可能触及行人、骑自行车人等交通参与者的外部构件，不应有可能使人致伤的尖角、锐边等凸起物。

（6）车身（车厢）及其漆面不应有超过3处的轻微开裂、锈蚀和明显变形。

（7）喷涂、粘贴的标识或车身广告不应影响安全驾驶。

汽车外观检测项目主要包括车身外观，外观标识、标注和标牌，外部照明和信号装置，轮胎，号牌/号牌板（架），加装/改装灯具及其他部件。

1. 车身外观

车身外观检测采用目视检查法。对封闭式货厢的货车、挂车应打开车厢门检查。对客车、货车，操作检查前窗玻璃刮雨器。目测车窗玻璃可见光透射比、车身尺寸等参数有疑问时，使用透光率计、钢直尺、钢卷尺等工具测量相关参数。对大型客车、重中型货车、重中型载货专项作业车、重中型挂车，在平整场地上使用钢直尺，在距地1.5 m的高度内，测量第一轴和最后轴（对挂车仅测最后轴）上方的车身两侧对称部位的高度。

2. 外观标识、标注和标牌

外观标识、标注和标牌采用目视检查的方法。目测字高偏小时，使用长度测量工具测量相关尺寸。它还包括车辆的商标、车辆识别代号（vehicle identification number，VIN，见图3－1）、车辆号牌（牌照）、车辆铭牌、发动机型号和出厂编号、底盘型号和出厂编号等。《道路车辆

图3－1　打印在防火墙（发动机舱与乘员舱之间的钣金结构件）上的车辆识别代号

车辆识别代号（VIN）》（GB 16735—2019）对车辆识别代号做了具体规定。

车辆的商标（或厂牌）、型号标记必须装设在车身前部的外表面上。

车辆必须装置VIN。VIN是车辆识别代号，对于完整车辆，车辆识别代号由世界制造厂识别代号（world manufacturer identifier，WMI，前3位）、车辆说明部分（vehicle descriptor section，VDS，第4～9位）、车辆指示部分（vehicle indicator section，VIS，第10～17位）三部分组成，共17位代码。

WMI是车辆识别代号的第一部分，WMI应符合《道路车辆　世界制造厂识别代号（WMI）》（GB 16737—2019）的规定。VDS包含车型特征的描述，如车辆类型、车辆结构特征（车身类型、驾驶室类型、货厢类型、驱动类型、轴数及布置方式等）、车辆装置特征（约束系统类型、动力系统特征、变速器类型、悬架类型等）、车辆技术特性参数（车辆最大设计总质量、车辆长度、轴距、座位数等）。VIS的第1位代码代表年份，第2位代码代表装配厂，第3～8位代码代表生产顺序号。

VIN必须安装在汽车上易于观察的位置。乘用车的VIN一般钉在靠近风窗立柱的仪表板左上方或右上方。对于商用载货车，VIN一般是打在车架上。

发动机型号和出厂编号应打印在发动机汽缸体侧平面上，其字体为二号印刷字。发动机型号在前，出厂编号在后，在出厂编号的两端打上星号（☆）。

底盘型号和出厂编号应打印在金属车架易见部位，其字体为一号印刷字，底盘型号在前，出厂编号在后，在出厂编号的两端打上星号（☆）。

车辆铭牌一般安装在发动机舱防火墙、前围、左右翼子板等便于接近和观察的部位。为确保牢固和可靠，多采用铆钉连接或粘接的方式。

纯电动汽车、插电式混合动力汽车应标明主驱动电动机型号和峰值功率，动力电池系统额度电压和额度容量；燃料电池汽车应标明储氢容器型式、容积、工作压力。

3. 外部照明和信号装置

外部照明和信号装置检测采用目视检查法，前、后、侧部照明和信号装置应齐全，工作应正常；前照灯的远、近光光束变换功能应正常，远光照射位置不应出现异常偏高现象；机动车设置的喇叭应能有效发声；教练车（三轮汽车除外）还应设置辅助喇叭开关，其工作应可靠；目视可见的电器导线应布置整齐、捆扎成束、固定卡紧，并无破损现象。

4. 轮胎

轮胎检测采用目视检查法和仪器设备检测法。目测胎压不正常时，使用轮胎气压表测量相关参数。检查轮胎花纹深度时，对大型客车、重中型货车、重中型载货专项作业车、危险货物运输车的转向轮胎使用轮胎花纹深度计测量；对大型客车、重中型货车、重中型载货专项作业车的其余轮胎以及其他车型的轮胎检验时，目测轮胎胎冠花纹深度偏小的，使用轮胎花纹深度计测量，有条件时可使用轮胎花纹深度自动测量装置。

5. 号牌/号牌板（架）

号牌/号牌板（架）检测采用目视检查法和仪器设备检测法。目测号牌安装位置、形式有疑问时使用长度测量工具测量相关尺寸。对于上路行驶的汽车，必须前后均悬挂车辆号牌（牌照）。对于拖有挂车的牵引车，除牵引车悬挂车辆号牌外，挂车也必须悬挂车辆号牌。对于大型车辆，还要求在车身尾部醒目区域喷涂车辆号牌的放大号，以便识别。车辆号牌必须保持清晰、整洁，不得以任何方式故意进行污损或遮挡；应用专用固封装置固定车牌时，固封装置应齐全、安装牢靠；号牌板（架）应保证安装的号牌始终处于规定的位置，应不能翻动、转移。

6. 加装/改装灯具及其他部件

加装/改装灯具检测采用目视检查法。外部照明和信号装置不得改装，车辆不应有后射灯，也不应加装强制性标准以外的外部照明和信号装置，重点检验车辆是否存在非法改装。例如，非法改装加大尺寸的轮胎、非法改装加高护栏、非警用车辆非法加装报警器（爆闪器）、非法加装排气扩音器（俗称响鼓或尾喉）、非法改变车身颜色（车身颜色必须与车辆行驶证上的车身照片颜色一致）等。

3.2　整车参数检测

3.2.1　结构参数检测

1. 汽车结构参数

汽车结构参数主要包括汽车外廓尺寸、轴距、轮距、前悬、后悬、驾驶室内部尺寸以及人机工程参数等。

（1）汽车外廓尺寸。汽车的外廓尺寸是指车辆的长度、宽度及高度，如图3－2所示。汽车外廓尺寸不得超过或小于规定的外廓尺寸限界。

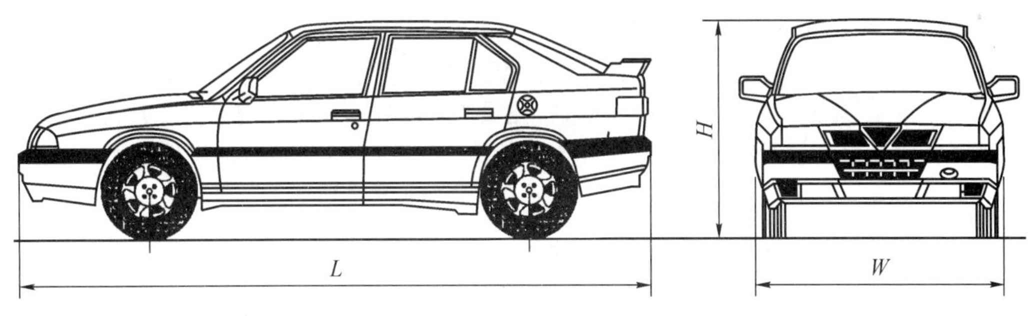

L—车长；W—车宽；H—车高。

图3－2　车辆长、宽、高示意图

汽车的车长 L 是指垂直于汽车的纵向对称平面并分别抵靠在汽车前、后缘外端突出部位的两垂面之间的距离。

汽车的车宽 W 是指平行于汽车纵向对称平面并分别抵靠汽车两侧固定突出部位（除去后视镜、侧面标志灯、位置灯、转向信号灯、挠性挡泥板、折叠式踏板、防滑链以及轮胎与地面接触部分的变形）的两平面之间的距离。

汽车的车高 H 是指在汽车无装载质量时，汽车支撑水平地面与车辆最高突出部位相抵靠的水平面之间的距离。汽车的所有固定部件均包含在此两平面内。

汽车的长、宽、高是根据汽车的用途、道路条件、载重量（或载客量）及结构布置等因素确定的。为了使汽车的外廓尺寸适合于本国的公路、桥梁、涵洞和公路运输的标准及保证行驶的安全性，各国对公路运输车辆的外廓尺寸均有法规限制。

我国对汽车的外廓尺寸限界规定如下：

车长：货车、越野车≤12 m，客车≤12 m，铰接式客车≤18 m，半挂汽车列车≤16.5 m，全挂汽车列车≤20 m。车宽≤2.5 m。车高≤4 m。

（2）汽车轴距。汽车的轴距是指汽车在直线行驶位置时，同侧相邻两轴的车轮落地中心点到汽车对称平面的两条垂线间的距离。

（3）汽车轮距。汽车的轮距是指在支撑平面上，同轴左右车轮两轨迹中心间的距离（轴两端为双轮时，为左、右两条双轨迹的中线间的距离）。

（4）汽车前悬。通过两前轮中心的垂面与抵靠在汽车最前端（包括前拖钩、车牌及任何固定在汽车前部的刚性部件）并垂直于汽车纵向对称平面的垂面之间的距离。

（5）汽车后悬。通过汽车最后端车轮的轴线的垂面与抵靠在汽车的后端（包括牵引装置、车牌及固定在车辆后部的任何刚性部件）并垂直于汽车纵向对称平面的垂面之间的距离。

后悬的长度取决于货厢的长度、轴距和轴重分配情况，同时要保证汽车具有适当的离去角。一般来说，后悬不宜过长，否则汽车在上、下坡时容易刮地；汽车转弯时，汽车通道宽度过大，容易引起交通事故。客车及封闭式车厢的汽车，其后悬不得超过轴距的65%，最大不得超过3.5 m。其他车辆的后悬不得超过轴距的55%。

对于三轴车辆，若二、三轴为双后桥，则其轴距以第一轴至双后桥中心线的距离计；若一、二轴为双转向桥，则其轴距以一、三轴的轴距计。

2. 汽车结构参数的检测方法

测量前，须将汽车摆正，放在水平干燥的沥青或水泥路面上，将汽车的外廓尺寸投影在地面（或垂直墙壁）上进行测量，或直接测量汽车的外廓尺寸、内部尺寸及人机工程参数。所用工具包括皮卷尺、钢板直尺、铅锤、粉笔等，检测计量单位均采用毫米（mm）。

3.2.2 质量与质心位置参数检测

1. 质量与质心位置参数

汽车质量参数主要包括整车干质量、整车整备质量、装载质量、总质量、轴载质量等，质心位置参数主要包括车辆质心水平位置、质心高度等。

（1）质量参数。

①整车干质量。整车干质量是指装备有车身、全部电气设备和车辆正常行驶所需要的辅助设备的完整车辆的质量（不包括燃料和冷却液质量）与选装装置（包括固定的或可拆装的铰接侧栏板、篷杆、防水篷布及系环、机械的或已加注油液的液力举升装置、连接装置等）质量之和。

②整车整备质量。整车整备质量是指整车干质量、冷却液质量、燃料（不少于整个油箱容量的90%）质量与随车件（包括备用车轮、灭火器、标准备件、三角垫木和随车工

具等）质量之和。

③装载质量。装载质量是指货运质量与客运质量之和。最大货运质量与最大客运质量之和称为最大装载质量。

④总质量。总质量是指整车整备质量与装载质量之和，整车整备质量与最大装载质量之和称为最大总质量。

⑤轴载质量。轴载质量可分为厂定最大轴载质量和允许最大轴载质量。厂定最大轴载质量是指制造厂考虑到材料强度、轮胎的承载能力等因素而核定出的轴载质量；允许最大轴载质量是指车辆管理部门根据使用条件而规定的轴载质量。

（2）质心位置参数（L_1、L_2、h_g）。汽车质心位置由纵向、横向和高度几何参数值确定。质心位置参数主要包括车辆质心水平位置、质心高度等。

①质心水平位置。质心水平位置是指质心距前轴中心线的水平距离 L_1 和质心距后轴中心线的水平距离 L_2。

②质心高度。质心高度是指质心距车辆支撑平面的垂直距离 h_g。

2. 汽车质量和质心位置参数的测定

（1）质量参数测定方法。汽车先从一个方向驶上轴重仪（如图 3－3 所示），依次测量前轴、后轴质量。当台面较大时，可依次测量前轴、整车和后轴质量。然后，汽车调头从反方向驶上轴重仪，按上述程序重复测量前述几个参数。将两次测量的平均值作为测量结果。为保证测量精度，轴重仪入口地面应与台面保持在同一水平面。

图 3－3　使用轴重仪测量前轴、后轴质量

测量时，汽车要停稳、发动机熄火、变速器置于空挡、制动器放松，不允许用三角木顶车轮。货厢内的载荷物装载应均匀，驾驶员和乘客座椅上放置 65 kg 的砂袋代替乘员质量。

（2）质心位置参数测定方法。

①质心纵向水平位置测定方法。质心纵向水平位置（如图 3－4 所示）是指质心距前轴中心线的水平距离 L_1 和质心距后轴中心线的水平距离 L_2。根据前、后轴的轴载质量 m_1、m_2 和轴距 L 可计算出质心距前轴中心线的水平距离和质心距后轴中心线的水平距离，即

$$L_1 = \frac{m_2 L}{m_1 + m_2} \tag{3-1}$$

$$L_2 = \frac{m_1 L}{m_1 + m_2} \tag{3-2}$$

式中：L——轴距，m；

L_1、L_2——车辆质心至前轴、后轴中心线距离，m；

m_1、m_2——前轴、后轴轴载质量，kg。

②质心横向水平位置测定方法。一般认为汽车质心的横向水平位置处于汽车的纵向对称平面内，实际上由于燃料箱、蓄电池、随车工具及备用轮胎等的布置，汽车质心并不在汽车纵向中心平面内。对于前、后轴轮距相等的汽车，在地中衡上分别测量出左、右轮负荷，据此可计算出质心的横向位置（如图3－5所示），即

$$B_1 = \frac{B F_{Z_r}}{G} \tag{3-3}$$

$$B_2 = \frac{B F_{Z_l}}{G} \tag{3-4}$$

式中：B——轮距，m；

B_1——质心至左侧车轮距离，m；

B_2——质心至右侧车轮距离，m；

G——汽车整备质量，N；

F_{Z_l}——左侧车轮负荷总成，N；

F_{Z_r}——右侧车轮负荷总成，N。

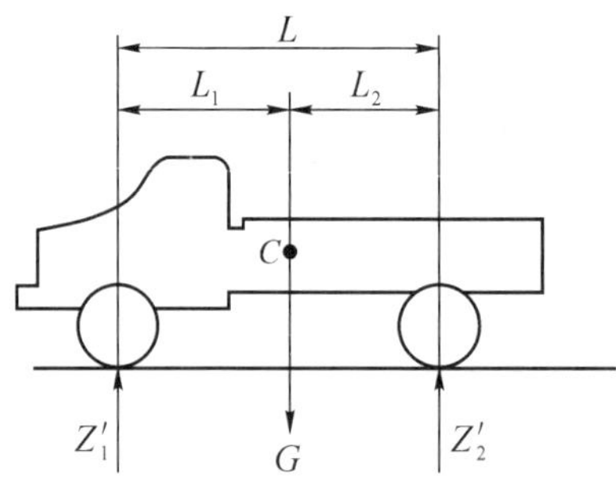

G—汽车质量；C—汽车质心；Z'_1—前轴中心点；Z'_2—后轴中心点。

图3－4　质心纵向水平位置确定

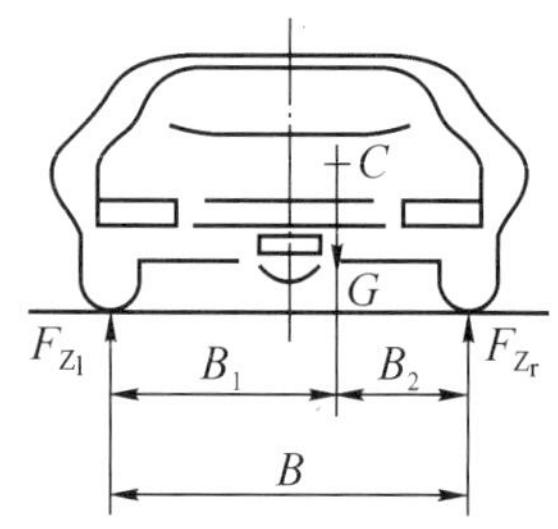

图3－5　质心横向水平位置的确定

③质心高度的测定方法。质心高度是指质心距车辆支撑平面的垂直距离 h_g。用力矩平衡法、侧倾法来测定质心高度。

a. 力矩平衡法。将汽车的前悬挂架、后悬挂架锁死在正常位置上，如图3－6所示，把汽车的一根车轴放置在地中衡上，而将另一根车轴抬高到任意高度。在抬高车轴时，一般不要在地中衡上的车轮的前、后放三角木，同时，也不要使举升器触及车轮以外的任何零部件，以免产生附加力矩而影响测量结果。

由图3－6所示的几何关系可以看出，如果求出距离 b' 就能够用绘图法找到 b' 与 b 尺寸左侧边界线的交点 C，此点即求出的转向位置，其质心高度就可以用比例尺量出。

距离 b' 可以根据力矩平衡关系求出。对后轴中心取力矩，则有

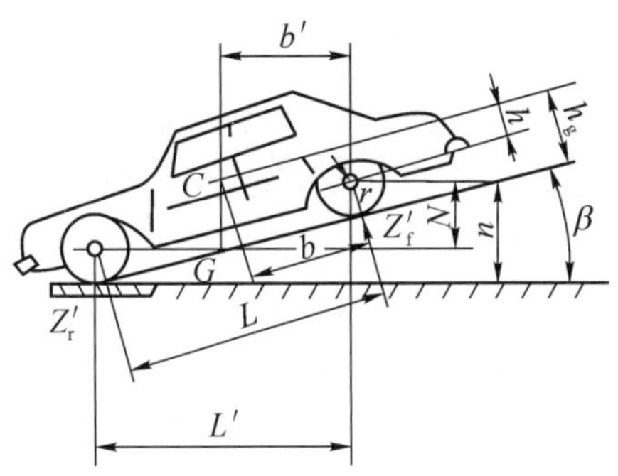

Z'_r—后轴抬起后，地中衡称量的前轴轴荷。

图 3－6　用力矩平衡法测质心高度

$$b' = \frac{Z'_f}{G}L' = \frac{Z'_f}{G}\sqrt{L^2 - N^2} = \frac{Z'_f}{G}\sqrt{L^2 - (n-r)^2} \tag{3－5}$$

式中：b'——后轴抬起后，后轮中心到质心的水平距离，m；

Z'_f——后轴抬起后，地中衡称量的后轴轴荷，N；

L'——后轴抬起后，后轮中心距前轴中心的水平距离，m；

L——前后轴距，m；

N——后轴抬起后，后轮中心距前轴中心的铅锤距离，m；

n——后轴抬起后，后轮中心距地面的距离，m；

r——车轮静力半径，m。

之后，利用绘图法测出汽车质心高度 h_g。汽车质心高度 h_g 也可用解析方法求出。

距离 b' 和 L' 也可根据图 3－6 所示的几何关系求得，即

$$b' = b\cos\beta + h\sin\beta \tag{3－6}$$

$$L' = L\cos\beta \tag{3－7}$$

由式（3－5）~式（3－7）得

$$b\cos\beta + h\sin\beta = \frac{Z'_f}{G}L\cos\beta \tag{3－8}$$

整理后得

$$Z'_f L = Gb + Gh\tan\beta \tag{3－9}$$

而 $b = \frac{L Z_f}{G}$，可解得

$$h = \frac{L(Z'_f - Z_f)}{G\tan\beta} \tag{3－10}$$

由图 3－6 的几何关系还可以求得

$$\tan\beta = \frac{N}{L'} = \frac{N}{\sqrt{L^2 - N^2}} = \frac{n - r}{\sqrt{L^2 - (n-r)^2}} \tag{3－11}$$

$$h_g = r + h \tag{3－12}$$

由式（3－10）~式（3－12）得汽车质心高度 h_g 为

$$h_g = r + h = r + \frac{Z_f' - Z_f}{G} \cdot \frac{L}{n-r} \cdot \sqrt{L^2 - (n-r)^2} \tag{3-13}$$

b. 侧倾法。试验设备包括侧倾试验台、车轮负荷计等。试验方法：试验车辆应装备齐全，并装配在规定的位置上，使车辆处于整备质量状态；车门、车窗应完全关闭，将座椅调整到标准位置上；轮胎气压充至技术条件中的规定值；试验中应采取措施防止汽车侧倾时燃料、润滑油及冷却液等泄漏；如果试验车辆装有空气弹簧悬架，那么应将悬架调整到标准技术状态后锁死。将汽车驶上侧倾试验台，用台面侧下部的车轮抵挡装置（防侧滑挡块）挡住车轮（如图3－7所示），防止汽车在台面上侧向滑动。防侧滑挡块一般低于30 mm，以免影响测量精度。另外，还要使用钢丝绳对汽车进行保护性约束，以防汽车翻出试验台面，但正常试验时，钢丝绳应处于自由状态。用液压举升机构举起试验台面及被试汽车，使其向右倾斜。侧倾角每增大5°，用车轮负荷计测量一次车轮负荷。缓慢举升试验台，直到汽车左侧车轮负荷为零或左侧车轮脱离试验台面时为止。向右侧的倾斜试验共3次，且要求每次测量结果的相对误差不大于1%。

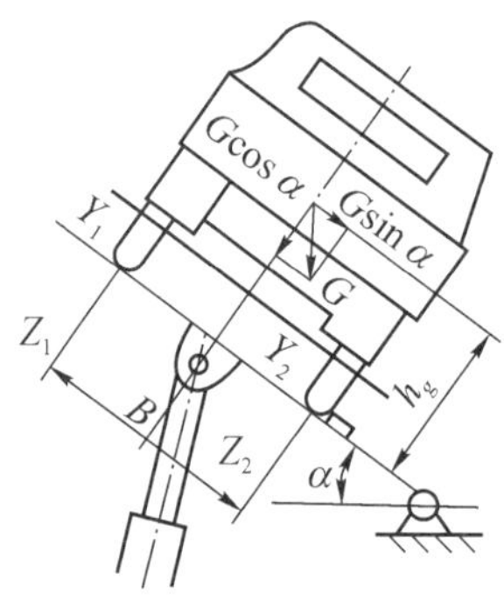

Z_1、Z_2—车轮轮距中心点；Y_1、Y_2——车轮中心点。

图3－7　侧倾法测汽车质心高度

如果汽车质心位于汽车纵向对称平面内，则可根据举升角度直接计算出质心高度，即

$$h_g = \frac{B}{2}\cos\alpha_{max} \tag{3-14}$$

式中：h_g——质心高度，m；

B——轮距，m；

α_{max}——最大侧倾稳定角，°。

若汽车质心的横向位置不处于车辆纵向对称平面内，则应使汽车再向左倾斜，重复上述试验步骤。

分别取向左、右倾斜3次所测最大侧倾稳定角的算术平均值作为汽车最大侧倾稳定角的测量结果，而后据此计算质心高度，其计算公式为

$$h_g = \frac{B_l}{\tan\alpha_l} \tag{3-15}$$

或

$$h_g = \frac{B_r}{\tan\alpha_r} \tag{3-16}$$

式中：B_l、B_r——分别为质心距左、右轮的距离，m；

α_l、α_r——分别为向左、右倾斜时，所测最大侧倾稳定角的算术平均值，°。

根据向左、右倾斜计算出的质心高度应相等，若不等，则取其均值作为质心高度的测定结果。

3.2.3 通过性参数检测

通过性参数主要包括最小离地间隙、接近角、离去角、纵向通过角、转弯直径和转弯通道圆等。

1. 通过性参数的定义

（1）最小离地间隙。最小离地间隙是指车辆支撑平面与车辆上中间区域内最低点之间的距离。中间区域为平行于车辆纵向对称平面且与其等距离的两平面之间所包含的部分，两平面之间距离为同一轴上两端车轮内缘最小距离的80%，如图3－8所示。

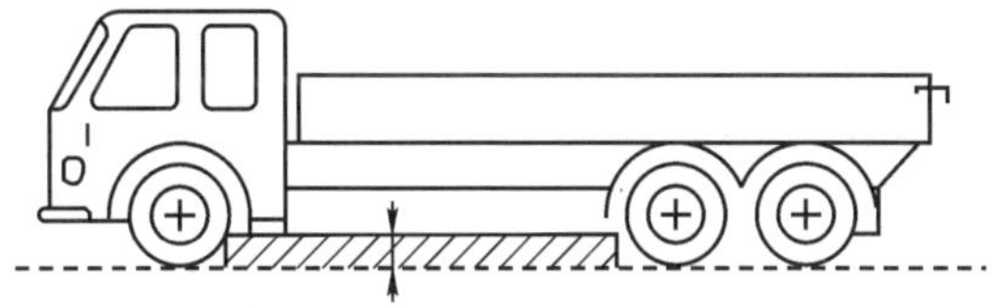

图3－8 最小离地间隙

（2）接近角。接近角是指水平面与切于前轮胎外缘（静载）的平面之间的最大夹角。前轴前面任何固定在车辆上的刚性部件不得在此平面下方，如图3－9所示。

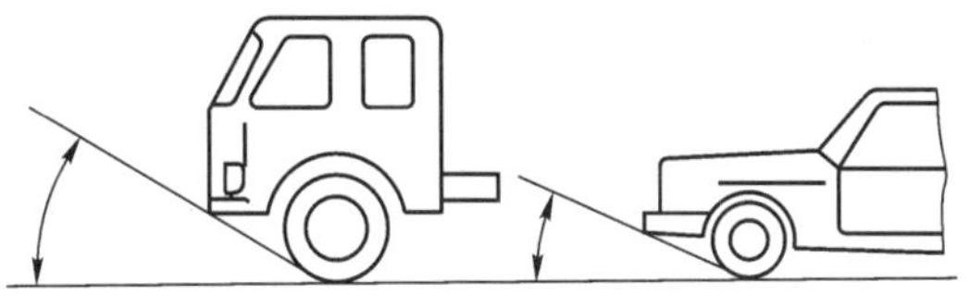

图3－9 接近角

（3）离去角。离去角是指水平面与切于车辆最后轮胎外缘（静载）的平面之间的最大夹角。位于最后车轴后面的任何固定在车辆上的刚性部件不得在此平面的下方，如图3－10所示。

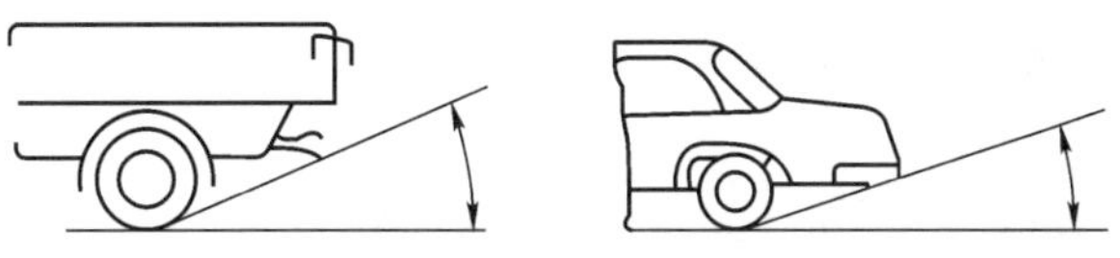

图3－10 离去角

（4）纵向通过角。纵向通过角是指当分别切于静载车辆前后轮胎外缘且垂直于车辆纵向对称平面的两平面交于车体下部较低部位时，车轮外缘两切面之间所夹的最小锐角，如

图3－11所示。

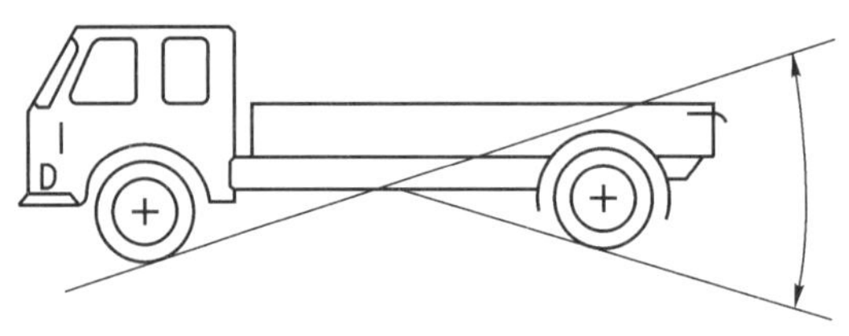

图3－11　纵向通过角

（5）转弯直径。转弯直径是指内、外转向轮（转向盘转到极限位置）的中心平面在车辆支撑平面上的轨迹圆直径。

（6）转弯通道圆。转弯通道圆（转向盘转到极限位置）为如下两个内外圆：

①车辆所有点在车辆支撑平面上的投影均位于圆外的最大内圆。

②包含车辆所有点在车辆支撑平面上的投影的最小外圆。

2. 通过性参数的测量方法

（1）测量条件。

①测量场地应具有水平坚硬覆盖层的支撑平面，其大小应允许汽车做全圆周行驶。

②汽车转向轮应以直线前进状态置于测量场地上。

③汽车轮胎气压应符合设计要求。

④汽车前轮最大转角应符合该车的技术条件规定。

（2）测量仪器、设备。

①高度尺：量程0～1 000 mm，最小刻度0.5 mm。

②离地间隙仪：量程0～500 mm，最小刻度0.5 mm。

③角度尺：量程0°～18°，最小刻度1°。

④钢卷尺：量程0～20 m，最小刻度1 mm。

⑤行驶轨迹显示装置。

⑥水平仪。

（3）测量部位及载荷状况。

①接近角、离去角、纵向通过角的测量：测量部位按《汽车和挂车类型的术语和定义》（GB/T 3730.1—2001）的规定，分别测量空车和满载两种状况。

②最小离地间隙的测量：测量支撑平面与车辆中间部分最低点的距离且指明最低点部件。测量的载荷状况为满载。

③汽车转弯直径的测量：在前外轮和后轮胎面中心的上方安装行驶轨迹显示装置；汽车以低速行驶，将转向盘转到极限位置，保持不动，待车速稳定后起动显示装置，使各测点分别在地面上显示出封闭的运动轨迹之后，将车开出轨迹外；用钢卷尺测量各测点在地面上形成的轨迹圆直径，应在互相垂直的两个方向测量，取算术平均值作为测试结果。

汽车向左转和向右转各测定1次。

3.2.4 稳定性参数的检测

汽车的静态横向稳定性是判断汽车设计和结构布置是否合理的重要特性之一，也是安全检验的重要内容之一。

一辆汽车停放在坡度角为 α 的坡道上，其受力情况如图 3－12 所示。

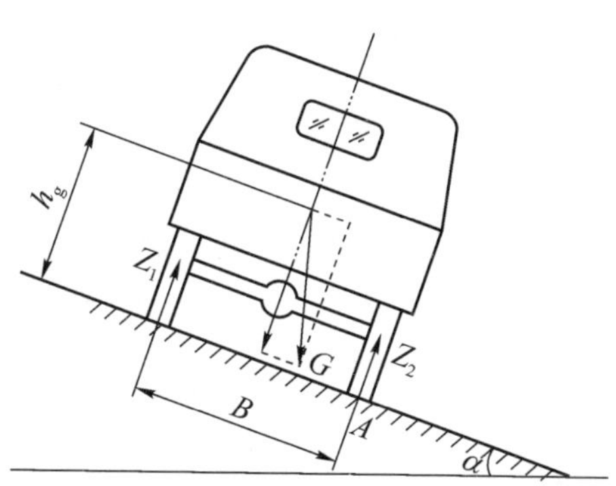

图 3－12 汽车在横向坡道上的静态受力图

汽车在横向坡道上停放，随着角 α 的增大，Z_1减小，Z_2增大。当汽车处于横向侧翻的临界角度 α_0时，$Z_1=0$，此时对点 A 取矩，则有

$$\frac{1}{2}GB\cos\alpha_0 = Gh_g\sin\alpha_0 \tag{3-17}$$

式中：G——整车重力，N；

B——轮距，m；

h_g——质心高度，m；

α_0——汽车横向侧翻的临界角度，°。

可得到侧翻临界角度：

$$\alpha_0 = \arctan\left(\frac{E}{2\,h_g}\right) \tag{3-18}$$

从上面推导出的公式可见，当轮距一定时，汽车横向侧翻的临界角度 α_0与汽车的轮距和质心高度有关，其影响汽车运行中的横向稳定性，所以要求进行这方面的检验。

汽车横向侧翻的临界角度亦称最大侧倾稳定角。《机动车运行安全技术条件》（GB 7258—2017）要求，汽车在静态条件下向左侧和右侧倾斜时，其最大侧倾稳定角应符合表 3－1的规定。

表 3－1 汽车的最大侧倾稳定角及测试条件

序号	车辆类别	测试条件	最大侧倾稳定角
1	客车	乘员区满载、行李舱空载	不小于 28°
2	专用校车	乘员区满载、行李舱空载	不小于 32°

续表

序号	车辆类别	测试条件	最大侧倾稳定角
3	双层（公共）汽车	空载、静态	不小于35°
4	罐式汽车和罐式挂车	满载、静态	不小于23°
5	三轮汽车及三轮摩托车	空载、静态	不小于25°
6	总质量为整备质量的1.2倍以下的机动车	空载、静态	不小于30°
7	总质量不小于整备质量的1.2倍的专项作业车和轮式专用机械车辆	空载、静态	不小于32°
8	其他机动车（特型机动车、两轮普通摩托车及轻便摩托车除外）	空载、静态	不小于35°

检验汽车静态横向稳定性可以在汽车倾斜试验台（如图3－13所示）上进行。先将汽车驶上倾斜试验台，使汽车的纵向中心线平行于倾斜试验台转轴的中心线。然后将汽车制动，用绳索在汽车将出现滑移或翻倒的反方向上拴住，但绳索上不应预先施加拉力。此后，将试验台缓慢而稳定地倾斜，当倾斜角达到规定值时，汽车不翻倒为合格。若测取某汽车的最大横向稳定角，则可将倾斜试验台继续缓慢而稳定地倾斜，当汽车出现侧滑或翻倒时，立刻从测试倾斜角度指示盘上记下读数值。如此进行，左、右倾斜各2～3次，取其平均值作为车辆的最大横向稳定角。

图3－13　汽车倾斜试验台

日本生产的TA－2001型倾斜试验台，其最大倾斜角度为45°，最大载重量为20 t。动作时间：上升至45°为240 s，下降至0°为100 s。台盘尺寸：3 m×9 m。

本章小结

汽车外观与整车参数检测是指对汽车的外观及整车项目等一系列技术使用性能的检测等。整车性能检测就是在汽车不解体的情况下，通过对结构参数、质量与质心位置参数、通过性参数、稳定性参数进行检查、测试、分析，从而对某技术状况做出评价或判断，目的是确保汽车在良好的技术状况下运行。

自测题

一、单项选择题

1. 汽车外观检测是汽车运行安全检测过程的重要（　　）之一。

A. 标准　　B. 方法　　C. 规律　　D. 内容

2. 车辆的商标（或厂牌）、型号标记必须装设在车身（　　）的外表面上。

A. 前部　　B. 后部　　C. 两边　　D. 车内

3. 上路行驶的汽车（　　）前后均悬挂车辆号牌（牌照）。

A. 可以　　B. 必须　　C. 不必　　D. 随便

二、简答题

1. 汽车外观检测一般有哪两种方法?
2. 汽车外观检测的项目主要有哪些?
3. 汽车结构参数主要有哪些?

三、论述题

1. 汽车的质量参数主要有哪些?汽车质心位置参数的测定有几种方法?
2. 汽车通过性参数主要有哪些?其定义是什么?
3. 汽车的静态横向稳定性是如何检测的?

第4章　整车技术状况检测

导　言

本章主要介绍汽车动力性检测、燃料经济性检测、转向轮横向侧滑量检测、制动性能检测、汽车照明及信号装置检测、汽车噪声检测、汽车车速表检测等内容。整车技术状况检测是在汽车不解体的情况下，通过对其动力性、经济性、安全性、通过性、舒适性等使用性能指标进行检查、测试、分析，从而对其技术状况做出评价或判断，目的是确保汽车在良好的技术状态下运行。

学习目标

1. 认知目标

(1) 了解和理解汽车主要性能的基本概念。

(2) 掌握汽车各项性能指标的评价标准。

(3) 掌握汽车各项性能指标的检测内容。

2. 技能目标

(1) 能够将汽车整车技术状况检测的方法用于实践。

(2) 能够根据汽车整车技术状况检测的概念进行实际的检测。

(3) 能够利用汽车整车技术状况检测的内容和项目完成整车技术状况的检测。

3. 情感目标

(1) 初步养成自觉遵守国家标准的习惯。

(2) 培养一丝不苟、严肃认真的工作作风，注意操作安全。

(3) 增强空间想象能力和思维能力，提高学习兴趣。

4.1　汽车动力性检测

4.1.1　概述

汽车的动力性是指汽车在良好路面上直线行驶时，由汽车受到的纵向外力决定的、所能达到的平均行驶速度。汽车是一种高效率的运输工具，运输效率的高低很大程度上取决于汽车的动力性，因此，动力性是汽车各种性能中最基本、最重要的性能。汽车动力性检测是确定汽车技术状况而进行的检查和测量。

汽车动力性检测可在道路上和实验室内进行。汽车动力性检测项目主要包括最高车速、加速时间、最大爬坡度等。汽车的最高车速是指汽车在无风情况下，在水平良好的路面（混凝土或沥青）上能达到的最大行驶速度。汽车的加速时间表示汽车的加速能力，它对平均行驶车速有很大的影响，常用原地起步加速时间与超车加速时间这两项指标来表明汽车的加速能力。汽车满载（或某一载重量）时在良好路面上的最大爬坡度可表示汽车的上坡能力。

道路测试主要是测定最高车速、加速时间、最大爬坡度等评价指标，在实验室内主要通过测试台架测量汽车的发动机最大输出功率、底盘输出最大驱动功率等。

滑行距离能够表明底盘传动系统与行驶系统的配合间隙与润滑等技术状况，并可确定汽车的滚动阻力系数和空气阻力系数，而且是设定底盘测功机系数的依据，因此在进行动力性试验时常常也包括滑行试验。

1. 汽车的最高车速

汽车的最高车速是指汽车以厂定最大总质量状态在风速≤3 m/s 的条件下，在干燥、清洁、平坦的混凝土或沥青路面上，能够达到的最高稳定行驶速度。

2. 汽车的加速时间

常用原地起步加速时间与超车加速时间来表明汽车的加速能力。原地起步加速时间是指汽车由Ⅰ挡或Ⅱ挡起步，并以最大的加速强度（包括选择适当的换挡时机）逐步换挡至最高挡后达到某一高速所需的时间。

超车加速时间是指用最高挡或次高挡由某一较低车速全力加速到某一高速所需的时间。对超车加速时间没有一致的规定，采用较多的是用最高挡或次高挡由 30 km/h 或 40 km/h全力加速行驶至某一高速所需的时间。

3. 汽车的最大爬坡度

汽车的最大爬坡度是指汽车满载，在良好的混凝土或沥青路面的坡道上，汽车以最低前进挡能够爬上的最大坡度。由于受道路坡道条件的限制，在汽车综合性能检测站通常不做汽车爬坡测试。

4. 发动机最大输出功率

发动机最大输出功率是指发动机在全负荷状态下，仅带维持运转所必需的附件时所输出的功率，又称总功率。此时被测试发动机一般不带空气滤清器、冷却风扇等附件。新出厂发动机的最大输出功率一般是指发动机的额定功率。额定功率是制造厂根据发动机具体用途，在发动机全负荷状态和规定的额定转速下所规定的总功率。

5. 底盘输出最大驱动功率

底盘输出最大驱动功率是指汽车在使用直接挡行驶时，驱动轮输出的最大驱动功率。底盘输出最大驱动功率一般简称底盘输出最大功率，是实际克服行驶阻力的最大能力，是汽车动力性评价的一项重要指标。

根据《汽车动力性台架试验方法和评价指标》（GB/T 18276—2017）的规定，汽车动力性合格的条件：

$$\eta_{VM} \geqslant \eta_{Ma} \text{ 或 } \eta_{VP} \geqslant \eta_{Pa} \tag{4-1}$$

式中：η_{VM}——汽车在额定转矩工况下校正驱动轮输出功率与额定转矩功率的百分比；

η_{Ma}——汽车在额定转矩工况下校正驱动轮输出功率与额定转矩功率的百分比的允许值；

η_{VP}——汽车在额定转矩工况下校正驱动轮输出功率与额定功率的百分比；

η_{Pa}——汽车在额定转矩工况下校正驱动轮输出功率与额定功率的百分比的允许值。

4.1.2 道路试验检测动力性

1. 道路试验条件

《汽车道路试验方法通则》（GB/T 12534—1990）规定了汽车道路试验方法中通用的试验条件和试验车辆的准备工作。

（1）装载质量。试验车辆的装载质量为厂定最大装载质量，装载物应均匀分布且固定牢靠，试验过程中不得晃动和颠离；不应因潮湿、散失等条件变化而改变其质量，以保证装载质量的大小、分布不变。乘员质量和替代重物分布应符合表4－1中的有关规定。

表4－1 乘员质量和替代重物分布标准

单位：kg

<table>
<tr><th colspan="3" rowspan="2">车型</th><th rowspan="2">每人平均质量</th><th rowspan="2">行李质量</th><th colspan="4">替代重物分布</th></tr>
<tr><th>座椅上</th><th>座椅前的地板上</th><th>吊在车顶的拉手上</th><th>行李舱（架）</th></tr>
<tr><td colspan="3">载货汽车、越野汽车、专用汽车、自卸汽车、牵引汽车</td><td>65</td><td>—</td><td>55</td><td>10</td><td>—</td><td>—</td></tr>
<tr><td rowspan="3">客车</td><td colspan="2">长途</td><td>60</td><td>13</td><td>50</td><td>10</td><td>—</td><td>13</td></tr>
<tr><td rowspan="2">公共</td><td>坐客</td><td>60</td><td>—</td><td>50</td><td>10</td><td>—</td><td>—</td></tr>
<tr><td>站客</td><td>60</td><td>—</td><td>—</td><td>55</td><td>5</td><td>—</td></tr>
<tr><td colspan="3">旅游车</td><td>60</td><td>22</td><td>50</td><td>10</td><td>—</td><td>22</td></tr>
<tr><td colspan="3">轿车</td><td>60</td><td>5</td><td>50</td><td>10</td><td>—</td><td>5</td></tr>
</table>

（2）轮胎压力。试验过程中，轮胎冷充气压力应符合该车技术条件的规定，误差不超过±10 kPa。

（3）燃料、润滑油（脂）和制动液。试验汽车使用的燃料、润滑油（脂）和制动液的牌号和规格，应符合该车技术条件或其试验项目标准的规定。除可靠性行驶试验、耐久性道路试验以及使用试验外，同一次试验的各项性能测定必须使用同一批燃料、润滑油（脂）和制动液。

（4）气象条件。除对气象有特殊要求的试验项目外，试验应在无雨、无雾，相对湿度小于 95%，气温 0 ~ 40 ℃，风速不大于 3 m/s 的天气条件下进行。

（5）试验仪器、设备。试验仪器、设备须经计量检定，在有效期内使用，并在使用前进行调整，确保功能正常，符合试验项目的精度要求。

当使用汽车上安装的速度表、里程表测定车速和里程时，应按国家标准进行误差校正。

（6）试验道路。除对道路有特殊要求外，试验道路应为用沥青或混凝土铺装的清洁、干燥、平坦的直线道路，道路长 2 ~ 3 km，宽不小于 8 m，纵向坡度在 0.1% 以内。

（7）试验车辆的准备工作。试验前，应记录试验车辆的生产厂名、牌号、型号、发动机型号、底盘型号、各主要总成号和出厂日期等。

检查车辆装备完整性及装配调整情况，使之符合该车装配调整技术条件及国家标准的有关规定，并经行驶里程不大于 100 km 的行驶检查，方可进行道路试验。

试验前，应根据试验要求，对试验车辆进行磨合，除另有规定外，磨合规范按该车使用说明书的规定进行。试验时，试验车辆必须进行预热行驶，使发动机、传动系统及其他部分预热到规定的温度状态。

2. 道路试验项目及规程

汽车动力性道路试验项目主要有最高车速试验、加速性能试验、爬坡性能试验和滑行试验，检测仪器多采用五轮仪或非接触式汽车速度仪。

（1）最高车速试验。做最高车速试验时，应关闭汽车门窗和空调系统等附加设施，试验车辆按通用试验条件的规定进行准备。

试验前检查汽车的转向机构、各部位的紧固情况及制动系统性能等，以保证试验的安全。试验在符合试验条件的道路上进行，选择中间 200 m 为测量路段，并用标杆做好标志，测量路段两端为试验加速区间。根据试验汽车加速性能的优劣，选定充足的加速区间（包括试车场内环形高速跑道），使汽车在驶入测量路段前能够达到最高的稳定车速。试验汽车在加速区间以最佳的加速状态行驶，在到达测量路段前保持变速器（及分动器）在汽车设计最高车速的相应挡位，节气门全开，使汽车以最高的稳定车速通过测量路段。试验过程中注意观察汽车各总成、部件的工作状况并记录异常现象。

测量仪器现在多采用非接触式汽车速度仪，直接得出汽车速度。

（2）加速性能试验。汽车的加速性能试验包括最高挡和次高挡加速性能试验以及起步连续换挡加速性能试验两项。装有自动变速器的汽车只进行原地起步加速试验。若自动变速器有两挡，则分别进行两次试验。

①最高挡和次高挡加速性能试验。最高挡和次高挡加速性能试验又称为超车加速性能试验，主要测量超车加速时间，即用最高挡或次高挡由某一中等车速加速至某一高速所需的时间。

在进行最高挡和次高挡加速性能试验时，首先选取合适长度的加速性能试验路段，在两端各放置标杆作为记号。汽车在变速器预定挡位，以预定的车速（从稍高于该挡最低稳定车速起，选 5 的整数倍速度，如 20 km/h、25 km/h、30 km/h、35 km/h、40 km/h）做等速行驶，监视初速度，当车速稳定后（偏差 ±1 km/h），驶入试验路段，迅速将加速踏板踩到底，使汽车加速行驶至该挡最大车速的 80% 以上，对于轿车应加速到 100 km/h 以上。记录汽车的初速度和加速行驶的全过程，试验往返各进行一次，往返加速试验的路段应重合。

②起步连续换挡加速性能试验。汽车停在试验路段一端，变速杆置于该车的起步挡位，迅速起步并将加速踏板快速踩到底，使汽车尽快加速行驶，当发动机达到最大功率转速时，力求迅速换挡，换挡后立即将节气门全开，直至车速达到最高挡最高车速的 80% 以上。试验往返各进行一次，加速试验的路段应重合，用五轮仪测定汽车加速行驶的全过程。

（3）爬坡性能试验。爬坡性能试验的目的是在各种坡度的坡道上测定汽车的起步能力和爬坡能力，分为爬陡坡试验和爬长坡试验。

爬陡坡试验一般在专门设置的坡道上进行，坡道长度应大于汽车长度的 2 ~ 3 倍。车辆用最低挡开始爬坡，其所能克服的最大坡度值即最大爬坡能力，用角度或纵向升高百分比表示。轿车的最大爬坡度一般在 20% 以上；货车爬坡度在 20% ~ 30%；越野车的爬坡能力是重要指标，一般最大爬坡度不小于 60%；而液力传动车辆，其最大爬坡度可达很大值，但仅具有极低的车速，因此一般以克服一定的坡度时的车速来评价其爬坡性能。汽车最大爬坡度如图 4 - 1 所示。

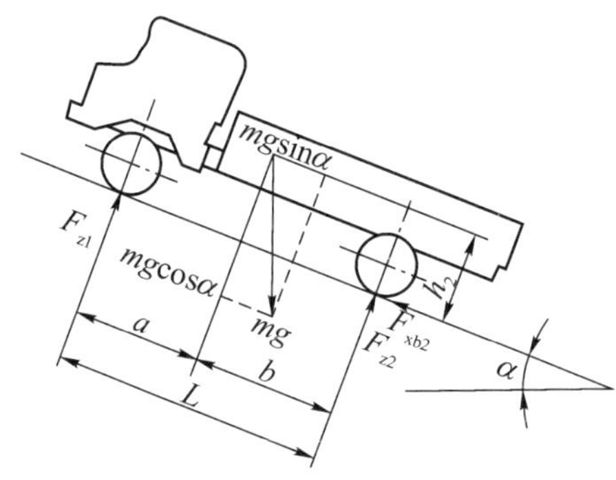

α—最大爬坡角度；h_2—地面到车辆质心的高度；L—车辆轴距；a—车辆质心到前轴的距离；b—车辆质心到后轴的距离；F_{xb2}—摩擦力；F_{z1}—车辆前轴的质量；F_{z2}—车辆后轴的质量。

图 4 - 1　汽车最大爬坡度

最大爬坡度也可用负载拖车法进行测量。

试验常用仪器有坡度仪、发动机转速表、秒表、钢卷尺（50 m）等。

爬长坡试验的目的是综合考验汽车的动力性和燃料经济性能，并对发动机冷却系统的冷却能力、发动机热状况和传动系统等在低转速、大转矩工作条件下的性能加以考验，也可通过测定挡位利用率，对传动系统传动比的合理设置进行分析比较。

（4）滑行试验。所谓滑行是指汽车加速到某预定速度后，摘挡脱开发动机，利用汽车的动能继续行驶直到停车的过程。

汽车的行驶阻力是汽车在行驶过程中受滚动阻力、空气阻力、传动系统内摩擦阻力、轮毂轴承摩擦阻力和车轮定位前束阻力等多种阻力作用的结果。因为传动系统内摩擦阻力、轮毂轴承摩擦阻力和车轮定位前束阻力等数值较小，常忽略不考虑。在此前提下，可采用低速滑行试验方法，测量出行驶阻力系数，其可近似为滚动阻力系数；用高速滑行试验测出行驶阻力系数，它可近似地看成由滚动阻力和空气阻力两部分组成，进而可求出空气阻力系数。

滑行试验时，关闭汽车门窗，其他试验条件及试验车辆的准备遵循通用试验条件的规定。选择长约1 000 m的平整路段作为滑行区段，汽车在进入滑行区段前，车速应稍大于50 km/h，此时驾驶员将变速器变速杆置入空挡，并松开离合器踏板，汽车开始滑行，在滑行过程中，驾驶员不得转动转向盘，直至完全停车。记录从车速为50 km/h开始，到汽车停止的整个滑行过程的滑行时间和滑行距离。试验至少往返各滑行一次，往返区段尽量重合。

4.1.3　台架试验检测动力性

1. 概述

在当今的汽车开发与质量检验中，很多道路试验项目已逐渐被试验室内台架试验所替代。台架试验与实车道路试验相比，有以下优点：

①不受外界试验条件与环境条件的影响。

②试验周期短。

③节省人力。

④精度好、效率高。

另外，在对特异现象进行性能分析或测试带有危险性的实车临界特性时，室内试验能发挥更大作用。

室内的动力性试验主要是测定驱动力、传动系统机械效率、轮胎滚动阻力系数及汽车空气阻力系数等参数，通常在底盘测功机（又称转鼓试验台）上进行。试验时，用转鼓的表面来模拟路面，通过加载装置给转鼓轴施加负载以模拟汽车在实际行驶时的阻力，再配以可调风速的供风系统提供汽车迎面行驶风，就可模拟道路试验。目前在底盘测功机上可进行的试验项目如下：

①汽车动力性能评价（测定汽车各挡位下的驱动力、最大爬坡度、最低稳定车速、最高车速、加速性能）。

②汽车经济性能评价（多工况及等速油耗试验）。

③汽车发动机冷却散热能力试验（在环境试验室中进行）。

④汽车噪声、振动试验（在消声室中进行）。

⑤汽车空调性能试验（在环境试验室中进行）。

⑥汽车排放性能试验（在排放试验室中进行，主要有排气物排放试验、车辆蒸发排放试验、曲轴箱气体排放试验）。

⑦电磁兼容试验（在吸收试验室进行）。

⑧应用于防抱死制动系统（antilock braking system，ABS）检验试验及自动变速器性能试验。

2. 汽车动力性台架试验检测

（1）动力性试验台的分类。汽车动力性台架试验检测是在底盘测功机（底盘测功试验台）上进行的。根据底盘测功机的结构特性不同，动力性试验台可按下面几种方式进行分类：

①动力性试验台按测功器形式分为水力式、电力式和电涡流式3种。

②动力性试验台按测功装置中测功器冷却方式分为风冷式、水冷式和油冷式3种。

③动力性试验台按滚筒装置承载能力分为小型（承载质量小于或等于3 t）、中型（承载质量为3~6 t）、大型（承载质量为6~10 t）和特大型（承载质量大于10 t）4种。

（2）底盘测功机的功能。底盘测功机除能测试汽车驱动轮输出功率和传动系统的传动效率外，还可以测试汽车的加速性能、汽车的滑行能力，校验车速，以及测试汽车的燃料经济性和废气环保性能。

（3）底盘测功机的结构组成。底盘测功机的结构主要由滚筒装置、测功装置（加载装置）、测量装置、控制装置等组成，如图4-2所示。一些底盘测功机还配备有油耗仪。

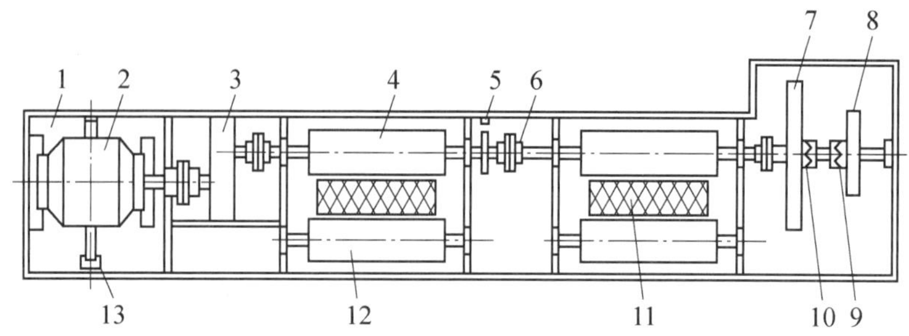

1—框架；2—电涡流测功器；3—变速器；4—主动滚筒；5—速度传感器；6—万向节；7、8—飞轮；9、10—电磁离合器；11—举升器；12—从动滚筒；13—压力传感器。

图4-2　底盘测功机部分结构示意图

①滚筒装置。底盘测功机的滚筒相当于连续移动的路面，被测车辆的车轮在其上滚动。试验台有单滚筒和双滚筒之分，如图4-3所示。由于双滚筒式试验台价格较低，因而被汽车检测部门和维修企业广泛使用。

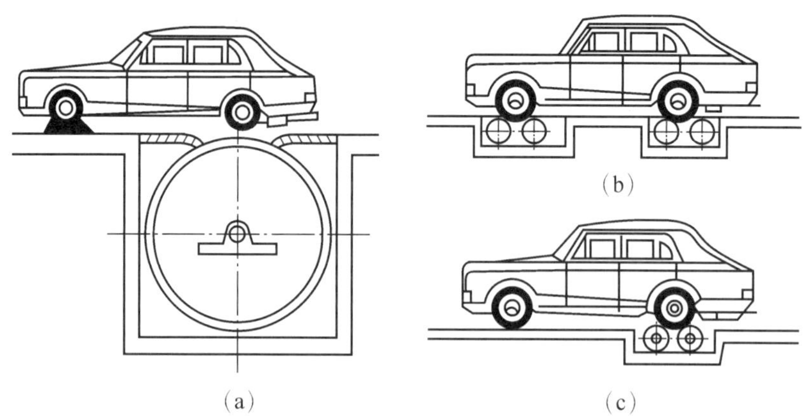

图4-3　滚筒装置种类

(a) 大直径单滚筒；(b) 前后轮双滚筒；(c) 后轮双滚筒

②测功装置。测功装置用来吸收和测量驱动轮上的输出功率，又称测功器。底盘测功机上采用的测功器的类型有电涡流测功器、水力测功器和电力测功器。其中，电涡流测功

器应用广泛，其结构如图4－4所示。当励磁绕组中有直流电通过时，由感应子、空气隙、涡流环和铁芯形成的闭合磁路中产生磁通。当转子转动时，空气隙发生变化，则磁通密度也发生变化。转子齿顶处的磁通密度大，齿根处磁通密度小，由电磁感应定律可知，此时将产生感应电势，力图阻止磁通的变化，电涡流对转子产生制动作用，涡流环吸收汽车的功率，产生的热量由冷却水带走。

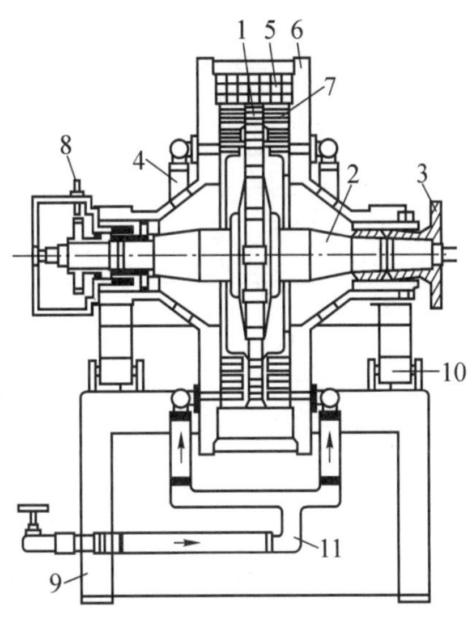

1—转子；2—转子轴；3—连接盘；4—冷却水管；5—励磁绕组；6—外壳；7—冷却水腔；8—转速传感器；9—底座；10—轴承座；11—进水管。

图4－4　电涡流测功器结构

③测量装置。测功器工作时，不能直接输出汽车驱动轮的输出功率值，它需要配备测力装置与测速装置，从而测量出旋转运动时的转速与转矩，再换算成其功率值。

④控制装置。底盘测功机的控制装置和指示装置往往制成一体。图4－5所示为国产DCG－10C型底盘测功机控制指示装置的立柜平面图，控制柜上有按键、显示器、旋钮、功能灯、警告灯、指示灯等，用来控制试验过程，显示或打印试验结果。

（4）底盘测功机的使用方法。底盘测功机型号不同，其使用方法也有区别，应按不同机型的说明书进行操作。但不论哪种底盘测功机，其基本的使用程序都是相同的，具体使用步骤如下：

①实验前的准备。

a. 底盘测功机的准备。使用底盘测功机之前，按规定的项目对其进行检查、调整、润滑。在使用过程中，要注意仪表指针的回位和举升器工作导线的接触情况。发现故障，及时清除。

b. 被检汽车的准备。检测前，调整发动机供油系统及点火系统至最佳工作状态；检查、调整、紧固和润滑传动系统以及车轮的连接情况；清洁轮胎，检查轮胎气压是否符合规定；将汽车运行至正常工作温度。

②检测点的选择。进行测功试验时，应选择几个有代表性的工况测试汽车驱动轮的输出功率或驱动力，通常的代表性工况有发动机额定功率所对应的工况、发动机最大转矩所

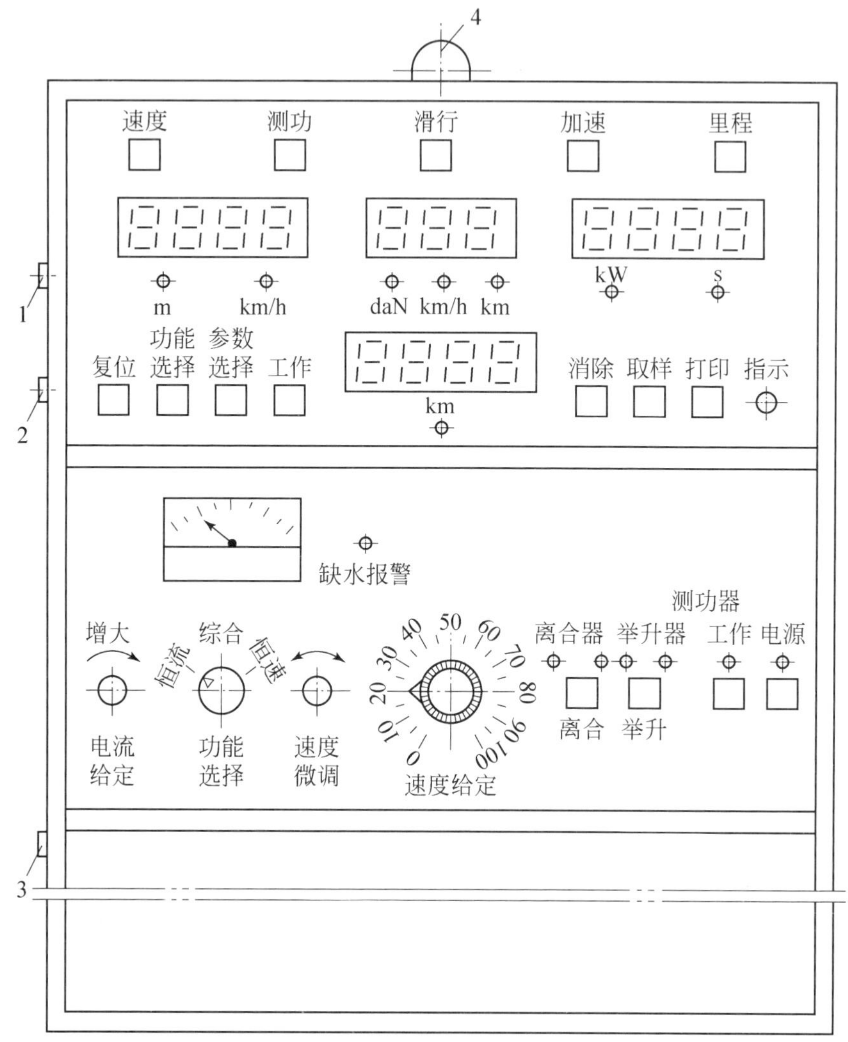

1—取样盒；2—打印机数据线插座；3—打印机电源线插座；4—报警灯。

图4－5　国产DCG－10C型底盘测功机控制指示装置的立柜平面图

对应的车速（或转速）工况、汽车常用车速或经济车速工况，交通管理部门有要求的，根据交通管理部门的要求选择检测工况。

③检测操作方法。根据《汽车综合性能检验机构能力的通用要求》（GB/T 17993—2017）规定，选择符合要求的底盘测功机，严格按照设备操作使用说明书进行检测。

虽然汽车底盘测功机的规格和种类很多，但是在检测使用过程中都要遵守如下安全操作规程：

a. 超过底盘测功机允许轴重或轮重的车辆一律不准上底盘测功机进行检测。

b. 检测中，切勿拨弄举升器托板操纵手柄，车前方严禁站人，以确保检测安全。

c. 检测发动机额定功率和最大转矩所对应的车速（或转速）工况下的驱动轮输出功率时，一定要开启冷却风扇并密切注意各种异响和发动机的冷却液温度。

d. 磨合期的新车和大修车不宜进行底盘测功。

e. 非检测期间，不准在底盘测功机上停放车辆。

4.1.4 整车动力性故障的检测

汽车出现最高车速降低、显示加速能力的加速时间过长、最大爬坡能力下降或发动机全负荷额定转速对应车速下检测的驱动轮输出功率偏低等现象，表明汽车动力性下降。其故障原因有发动机的动力性下降、汽车传动系统效率过低、制动系统故障。判断故障范围与性质的步骤如下：

（1）将汽车升起，转动车轮观察，若有转动阻滞现象或空转车轮时车轮制动器发热，则可以判断是制动系统的制动拖滞故障导致汽车的动力性下降的。

（2）检测传动系统消耗的功率，具体判定是发动机还是传动系统的技术状况问题。

在测得驱动车轮输出功率后，立即踩下离合器踏板，利用底盘测功机对汽车的反拖，可测得传动系统消耗功率。将测得的同一转速下的驱动车轮输出功率（P_k）与传动系统消耗功率（P_m）相加，就可求得这一转速下的发动机有效功率（P_e）和机械传动效率（η_m）。

传动系统消耗的功率过大，表明传动系统效率过低，汽车传动系统技术状况不良；底盘测功机及汽车传动系统正常，说明发动机技术状况不良。

特别提示：

①若被检汽车的机械传动效率低于标准值，则应当对传动系统的离合器、变速器、分动器、万向传动装置、主减速器、差速器和轮毂轴承等的技术状况做进一步的检测。

②若发动机动力性能下降，则应对发动机的技术状况进行检测。

4.2 燃料经济性检测

汽车燃料经济性是指汽车以最低的消耗费用完成运输工作的能力。在汽车使用中，燃料消耗费用、维修费用和折旧费用是汽车使用成本的主要组成部分，对燃料消耗费用影响最大的是汽车的燃料经济性，对维修费用和折旧费用影响最大的是汽车的可靠性和耐久性。虽然汽车的可靠性与耐久性对整车的经济性有影响，但其主要取决于设计和制造水平，所以不属于汽车使用性能检测范畴。而汽车燃料消耗量除了与发动机的技术状况有直接关系外，还与汽车底盘的传动系统、行驶系统、转向系统和制动系统等技术状况有关，是一个综合性评价参数，所以，汽车燃料经济性可以直接反映整车经济状况。

目前，汽车主要以汽油或柴油作为燃料，二者均为石油产品。石油是重要的战略物资，既是交通运输的主要能源，又是重要的化工原料。因此，为了减少能源消耗，节约石油资源，汽车的燃料经济性受到世界各国的广泛关注。在汽车的运输成本中，汽车所消耗燃料的费用占20%~30%。因此，提高汽车的燃料经济性，节约燃料，对降低汽车运输成本意义重大。另外，汽车的燃料消耗量又与汽车发动机和底盘的技术状况密切相关，因此，汽车的燃料经济性可作为综合指标评价汽车的技术状况。

4.2.1 整车燃料经济性评价指标

汽车燃料经济性是指汽车以最低的消耗费用完成运输工作的能力。通常用一定运行工况下汽车行驶百公里的燃料消耗量或一定燃料能使汽车行驶的里程作为评价指标。汽车的燃料消耗量除与发动机燃料供给系统的技术状况有关外，还与曲柄连杆机构、配气结构、点火系统、润滑系统、冷却系统和汽车底盘的传动系统、转向系统等有关，因此它是一个综合评价指标。根据试验时的工况不同，燃料消耗量的主要表示方法有等速百公里油耗和循环百公里油耗。

1. 等速百公里油耗

等速百公里油耗是指在额定载荷下汽车以最高挡在水平良好路面上等速行驶 100 km 的燃料消耗量。试验时，通常可把汽车以某种速度等速行驶一定的距离所测得的燃料消耗量（L）折算成汽车在该车速下的等速百公里燃料消耗量。乘用车常用 90 km/h 和 120 km/h 的燃料消耗量（L/100 km）来评价燃料经济性。常见车型燃料消耗量如表 4－2 所示。

表 4－2 常见车型燃料消耗量

单位：L/100 km

车型	奥迪 A6	帕萨特 B5	标致 307	天籁	雅阁
燃料消耗量	6. 1	7. 1	7. 1	7. 3	6. 8

2. 循环百公里油耗

循环百公里油耗是按高挡的循环试验工况来模拟汽车实际运行工况所折算成的汽车百公里燃料消耗量。循环试验工况包括换挡、怠速、加速、减速、匀速、离合器脱开等汽车运行工况。车型不同时，汽车的实际运行工况也会有所不同。因此，循环工况百公里燃料消耗量试验的多工况试验循环、规范也不尽相同。

循环百公里油耗能较实际地反映汽车的运行工况，从而较全面地评价汽车燃料经济性。

需要说明的是，我国及欧洲一些国家采用单位行程的燃油消耗率（km/L）作为汽车燃料经济性评价指标；美国、英国等一些国家采用的汽车燃料经济性指标单位则为 mile/US gal（英里/加仑），换算关系为 1 US gal＝3. 79 L，1 mile＝1. 61 km。

4.2.2 燃料消耗量道路试验

1. 概述

汽车的燃料经济性常用一定运行工况下汽车行驶百公里的燃料消耗量或一定燃料量能供汽车行驶的里程数来衡量。在我国及欧洲一些国家，燃料经济性指标的单位为百公里燃料消耗量（L/100 km）。为便于比较不同装载质量汽车的燃料经济性，也可用每吨总质量行驶 100 km 所消耗的燃料数（L）来评价，即吨百公里燃料消耗量［L/(100 km · t)］。

美国采用 MPG（mile per gallon）或 mile/US gal 作为燃料经济性指标的单位，是指每加仑燃料能行驶的英里数，其数值越大，汽车燃料经济性越好。

燃料消耗量道路试验包括不控制的道路试验、控制的道路试验和道路循环试验3种。

所谓不控制的道路试验，是指对行驶道路、交通情况、驾驶习惯和周围环境等各方面因素都不加控制的道路试验方法。由于各种使用因素的随机变化，要获得分散度小的数据是很困难的。为此，必须用相当数量的汽车（几十辆以上）进行长距离（10 000～16 000 km）的试验，才能获得可以信赖的数据。因此，虽然这是一种非常接近实际情况的试验，但由于试验的费用巨大，时间很长，却是一种通常很少采用的试验方法。

测量燃料消耗时维持行驶道路、交通情况、驾驶习惯和周围环境等因素中的一个或几个不变的方法，称作控制的道路试验。例如，我国海南试验场进行的、包含考察汽车各项使用性能指标在内的全国汽车质量检查试验中，规定了要测量在一般路面、恶劣路面和山区公路百公里油耗，试验规范中对试验路线做了较明确的规定，但对试验中的交通情况、驾驶员的习惯以及气温、风、雨等并无规定，这就是一种控制的道路试验。国外汽车试验场地在自己专用的试验道路上也进行类似的燃料消耗试验。

道路循环试验指的是汽车完全按规定的车速—时间规范进行试验。何时换挡、何时制动以及行车的速度、加速度、制动减速等都在规范中加以规定。

2. 燃料消耗量道路试验条件、项目及规程

（1）试验条件。

①道路：试验道路应为清洁、干燥、平直的沥青或混凝土路面，长2～3 km，宽度不小于8 m，纵向坡度在0.1%以内。

②环境：无雨、无雾，相对湿度小于95%，气温0～40 ℃，风速不大于3 m/s。

③车辆载荷：除有特殊规定外，轿车载荷为规定载荷的一半（取整数），城市客车载荷为总质量的65%，其他车辆载荷为满载。

④仪器：车速测定仪和燃油消耗仪精度为0.5%，计时器最小读数为0.1 s。

（2）试验项目及规程。试验项目包括直接挡全节气门加速燃料消耗量试验、等速燃料消耗量试验、限定条件下的平均使用燃料消耗量试验、多工况燃料消耗量试验。

①直接挡全节气门加速燃料消耗量试验。试验测试路段长度为500 m。汽车挂直接挡（若没有直接挡，则可用最高挡），以（30±1）km/h的初速度稳定通过50 m的预备路段，从测试路段的起点开始，节气门全开，加速通过测试路段，测量并记录通过测试路段的加速时间、燃料消耗量及汽车到达测试路段终点时的速度。

试验往返各进行两次，测得同方向加速时间的相对误差不大于5%。取4次加速时间试验结果的算术平均值作为测定值，且要符合该车技术条件的规定。

②等速燃料消耗量试验。试验测试路段长度为500 m。汽车用常用挡位，等速通过500 m的测试路段，测量通过该路段的时间以及燃料消耗量。

试验车速从20 km/h开始（最小稳定车速小于20 km/h时从30 km/h开始），每隔10 km/h均匀选取车速，直至达到最高车速的90%。至少测定5个试验车速，同一车速往返各进行两次。

可根据测量结果，以车速为横坐标，燃料消耗量为纵坐标，绘制等速燃料消耗量散点

图，并根据散点图绘制等速燃料消耗量特性曲线。

③限定条件下的平均使用燃料消耗量试验。测试路段为平原干线公路，长度不小于 50 km，在正常情况下，尽可能匀速行驶。轿车车速为（60 ±2）km/h；铰接式客车车速为（30 ±2）km/h；其他车辆车速为（50 ±2）km/h。

客车每隔 10 km 停车一次，怠速 1 min 后重新起步，记录制动次数、各挡位使用次数、时间和行程。测定每 50 km 单程的燃料消耗量，往返各一次，以两次测量结果的算术平均值作为限定条件下的平均使用燃料消耗量的测定值。

④多工况燃料消耗量试验。将不同类型的车辆严格依据各自的试验循环进行燃料消耗量测定。怠速工况时，离合器接合，变速杆置空挡；从怠速工况转化为加速工况时，在转换前 5 s 分离离合器，把变速器挡位换为低速挡，换挡应迅速、平稳；减速工况时，应完全放松加速踏板，离合器仍接合；当车速降至 10 km/h 时分离离合器，必要时，减速工况允许使用制动器。

试验过程中，加速、匀速及制动减速时，除单独规定外，每个试验工况车速偏差为 ±2 km/h。在工况改变过程中，允许车速的偏差大于规定值，但任何条件下超过车速偏差的时间不大于 1 s，即时间偏差为 ±1 s。

每次循环试验后，应记录通过循环试验的燃料消耗量和通过时间。当按各试验循环完成一次试验后，车辆应迅速调头，重复试验。试验往返各进行两次，取 4 次试验结果的算术平均值作为多工况燃料消耗量的测定值。

4.2.3 燃料消耗量台架试验

台架试验方法是将汽车置于底盘测功机上，模拟道路试验条件进行试验的一种方法。试验车辆的载荷、试验仪器、试验的一般规定、试验车辆磨合和其他试验条件等，与道路试验方法相同。试验车辆应预热至正常工作温度，轮胎气压应符合汽车制造厂的规定；底盘测功机应预热至正常工作温度，油耗仪和气体分离器的安装位置应正确，供油系统气体应排除干净。汽车开上底盘测功机，落下举升器，逐挡加速至常用挡位（直接挡或超速挡），同时给滚筒加载，使车辆模拟满载等速行驶，直至达到规定试验车速。待车速稳定后，测量不低于 500 m 行程的燃料消耗量。连续测量两次，取其算术平均值，即得到等速行驶燃料消耗量，再计算等速百公里燃料消耗量。

不管是道路试验还是台架试验，燃料消耗量的测量值均应按公式折算为标准状态下的数值。

1. 试验条件

（1）环境。气温 0 ~40 ℃，相对湿度小于 85%，大气压力为 80 ~100 kPa。

（2）车辆和台架。底盘测功机和车辆均应预热，轮胎规格和气压应符合技术要求；底盘测功机和油耗仪应符合使用要求，且工作正常。

2. 测试方法

（1）把汽车驱动轮平稳驶入底盘测功机的滚筒，连接油耗仪传感器。

（2）在底盘测功机上设置好车速。轿车为 60 km/h，其他车辆为 50 km/h。

（3）起动发动机，逐挡加速至直接挡（无直接挡则挂最高挡），同时给滚筒加载使车辆模拟道路行驶，直至车速达到设定值。

（4）待车速稳定后，按下油耗测量按钮，测量等速行驶 500 m 的时间和燃料消耗量（可从显示装置直接读取）。一般重复试验两次，取其平均值。

等速行驶燃料消耗量试验结果须经重复性检验。当重复性较差时，应查找原因，增加试验次数。最后，还应对试验结果按标准环境状态进行校正。

4.2.4　整车经济性故障的检测

汽车燃料消耗量增加会直接导致整车经济性下降。燃料消耗量增加的原因与发动机、底盘等多方面技术状况相关。准确地找出导致整车经济性下降的直接原因或者故障部位的方法步骤如下：

（1）从导致整车经济性下降的原因入手，分析整车经济性下降原因是汽车结构技术性能方面的问题还是汽车使用方面的问题。

（2）若是汽车结构技术性能方面的问题，则要进一步查清与燃料消耗量相关的总成或系统的技术状况，包括汽车的发动机，汽车的制动系统、转向系统、传动系统及行驶系统等。

①制动系统技术状况的判断方法。若是制动系统的故障，则只有制动拖滞才能影响汽车驱动输出功率，导致燃料消耗量增加，因此通过路试就可以判断。

②转向系统技术状况的判断方法。若是转向系统的故障，则主要表现为行车不稳、严重的摆头才对行车燃料经济性产生影响，因此通过路试可以判断。

③传动系统技术状况的判断方法。若是传动系统的故障，则主要表现为机械传动效率下降，不仅影响汽车的燃料经济性，还影响汽车的动力性，可通过底盘测功机来测试、判断。

④行驶系统技术状况的判断方法。若是行驶系统的故障，则主要是前、后桥或悬架的变形而导致的四轮定位不准，使行车推力角超差，进而影响汽车驱动力的有效利用，最终使燃料经济性下降，可以通过汽车四轮检测定位仪来加以分析、判断。另外，轮胎选用的不正确或磨损过重及胎压过低也会使燃料经济性下降。

⑤发动机技术状况的判断方法。发动机的技术性能变差，将直接影响汽车的动力性和经济性。在底盘技术状况良好的前提下，整车经济性下降的主要原因就是发动机的技术状况下降。检测发动机的技术状况可以通过滚筒测功机进行检测。

（3）若是汽车使用方面的问题，则通过不同驾驶员驾驶同一辆汽车，在相同道路、相同气候环境下行驶，统计计算出每百公里平均耗油量（kg/100 km 或 L/100 km）的差距，即可得出某驾驶员每百公里平均耗油量高的主要原因是操作使用不当，如起步过快、换挡不及时、经常制动以及经常高速或低速行车等。

4.3　转向轮横向侧滑量检测

在汽车前轮定位中，有前轮外倾和前轮前束两个定位角度，它们是相互配合的。检测前轮侧滑量的主要目的是确知前轮前束与前轮外倾的配合是否恰当。当二者配合恰当时，汽车前轮保持稳定的直线行驶状态；当二者配合不恰当时，汽车转向轮出现横向滑动量，不仅不能保持稳定的直线行驶状态，而且加剧前轮胎面不正常磨损。某些汽车的后轮也有外倾和前束，因此也应该检测后轮侧滑量。

侧滑试验台是检测汽车转向轮横向滑动量并判断是否合格的一种检测设备，有滑板式和滚筒式之分。其中，滑板式侧滑试验台在我国获得了广泛应用。

4.3.1 侧滑试验台结构

滑板式侧滑试验台（以下简称侧滑试验台）按滑动板数量不同，可分为单板式和双板式两种。它们一般均由测量装置、指示装置和报警装置等组成。以下介绍双板式侧滑试验台的结构与工作原理。

1. 测量装置

测量装置由框架、左右滑动板、连杆机构、复位装置、滚轮装置、导向装置、锁止装置、位移传感器及信号传递装置等组成。测量装置能测出车轮侧滑量并传递给指示装置。

滑动板的长度一般有500 mm、800 mm和1 000 mm三种。滑动板的上表面制有T形纹或“十”字形纹，以增加与轮胎之间的附着力。滑动板的下部装有滚轮装置和导向装置，两滑动板之间连接有曲柄机构、复位装置和锁止装置。在侧向力作用下，两滑动板只能在左右方向上做等量位移，并且要向内均向内，要向外均向外，在前后方向上不能滑动。

汽车在侧滑试验台上前进，当车轮正前束（IN）大时，滑动板向外侧滑动；当车轮负前束（OUT）大时，滑动板向内侧滑动；当侧向力消失时，在复位装置作用下两滑动板回到零点位置。当关闭锁止装置时，两滑动板被锁止，汽车驶过时不再左右滑动。

按滑动板位移量传递给指示装置方式的不同，测量装置可分为机械式和电气式两种形式。

（1）机械式测量装置。机械式测量装置是把滑动板与指示装置机械地连接在一起，通过连杆和L形杠杆等零件，把滑动板位移量直接传递给指示装置的一种结构形式，如图4-6所示。具有机械式测量装置的侧滑试验台，一般也称为机械式侧滑试验台，其指示装置设立在测量装置的一端，二者必须靠得很近，近年来已逐渐不被应用。

（2）电气式测量装置。电气式测量装置是把滑动板的位移量通过位移传感器变成电信号，再经过放大与处理而传输给指示装置的一种结构形式。位移传感器有自整角电动机式、电位计式和差动变压器式等多种形式。

以自整角电动机作为位移传感器的测量装置如图4-7所示。测量装置上产生电信号的自整角电动机7通过齿轮齿条机构、杠杆和连杆等与滑动板连接在一起。指示装置中也装备有同一规格的接收电信号的自整角电动机9。当滑动板移动时，自整角电动机7回转一定角度并产生电信号传输给自整角电动机9，自整角电动机9接收到电信号后回转同一角度并通过指针指示出滑动板位移量的大小和方向。

以电位计作为位移传感器的测量装置如图4-8所示。通过试验可以看出，滑动板移动能变为电位计触点在电阻线圈上的移动，致使电路阻值发生变化，进而使电路电压发生变化，并将这一变化传输给指示装置（电压表），就可将滑动板位移量的大小和方向指示出来。

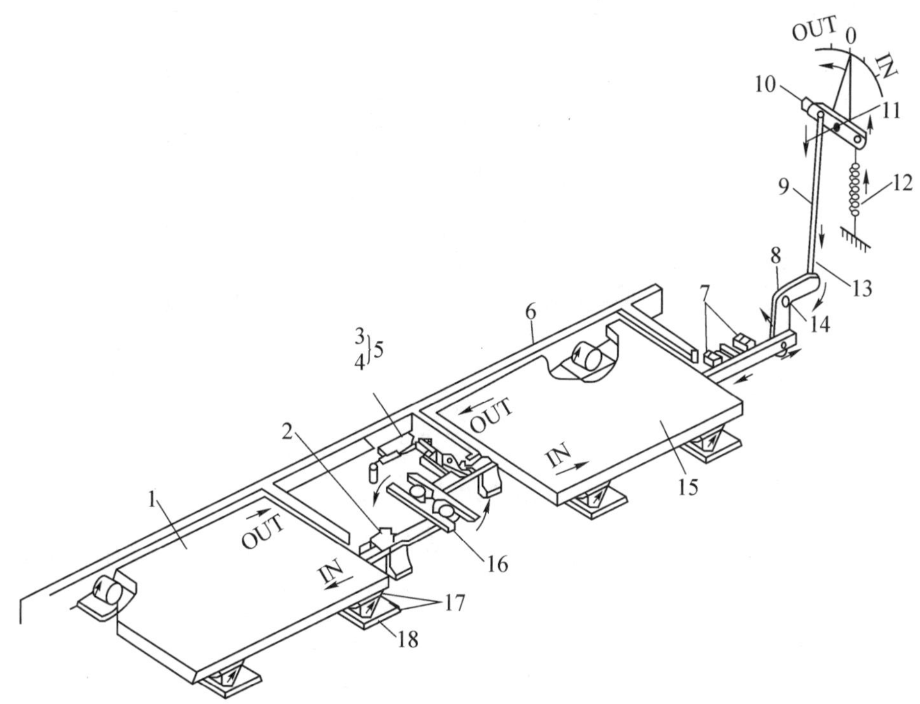

1—左滑动板；2—导向滚轮；3—复位弹簧；4—摆臂；5—复位装置；6—框架；7—限位开关；8—L 形杠杆；9—连杆；10—刻度放大倍数调整器；11—指示机构；12—调节弹簧；13—零位调整装置；14—支点；15—右滑动板；16—双销叉式曲柄；17—轨道；18—滚轮。

图 4－6　侧滑试验台机械式测量装置

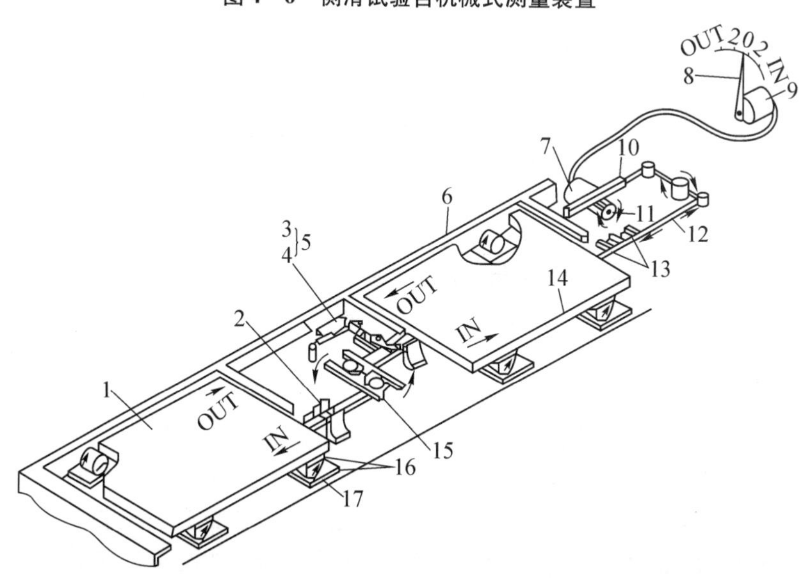

1—左滑动板；2—导向滚轮；3—复位弹簧；4—摆臂；5—复位装置；6—框架；7—自整角电动机（产生电信号）；8—指针；9—自整角电动机（接收电信号）；10—齿条；11—齿轮；12—连杆；13—限位开关；14—右滑动板；15—双销叉式曲柄；16—轨道；17—滚轮。

图 4－7　侧滑试验台电气式测量装置

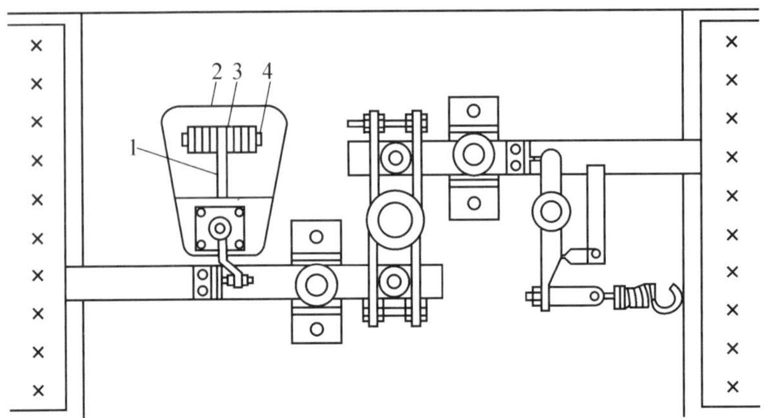

1—滑动片；2—电位计；3—触点；4—线圈。

图 4-8 侧滑试验台电位计式测量装置

以差动变压器为位移传感器的测量装置如图 4-9 所示。滑动板移动时，通过触头带动差动变压器线圈内的铁芯移动，使电路电压发生变化，并将这一变化传输给指示装置（电压表），就可将滑动板位移量的大小和方向指示出来。

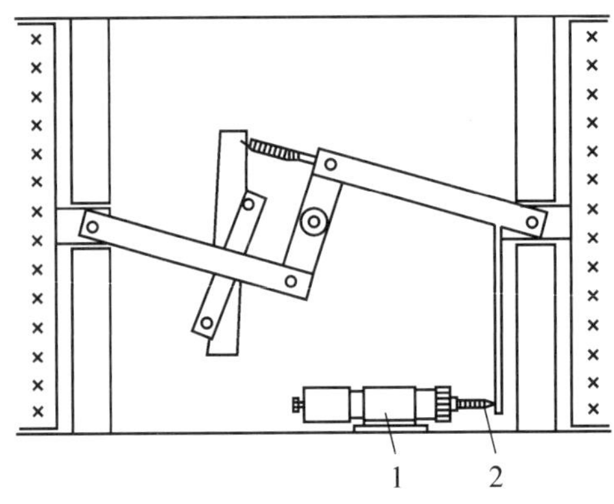

1—差动变压器；2—触头。

图 4-9 侧滑试验台差动变压器式测量装置

2. 指示装置

指示装置也分为机械式和电气式两种形式。机械式指示装置用指针式指示。电气式指示装置有的用指针式指示（如图 4-10 所示），有的用数码管式指示。指针式指示装置能将测量装置传递来的滑动板侧滑量，按汽车每行驶 1 km 侧滑 1 m 定为一格刻度。车轮正前束（IN）和车轮负前束（OUT）都分别刻有 10 格的刻度。因此，滑动板长度为 1 000 mm、侧滑 1 mm，指示装置指示一格刻度，代表汽车每行驶 1 km 侧滑 1 m。同样，滑动板长度为 800 mm、侧滑 0.8 mm 和滑动板长度为 500 mm、侧滑 0.5 mm，指示装置也都能指示一格刻度。这样，检测人员从指示装置上就可读取车轮侧滑量的具体数值，并根据指针偏向 IN 或 OUT 的方向确定侧滑方向。

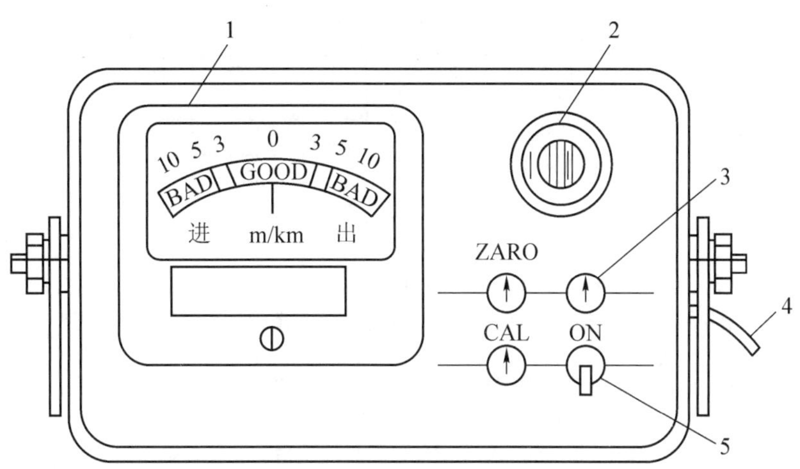

1—指针式表头；2—报警用蜂鸣器或信号灯；3—电源指示灯；4—导线；5—电源开关。

图 4-10　侧滑试验台指针式指示装置

指示装置的刻度盘上除用数字和符号标明侧滑量和侧滑方向外，有的还用颜色和文字划分为 3 个区域，即侧滑量在 0～3 mm 为绿色，表示为良好（GOOD）区域；侧滑量在 3～5 mm为黄色，表示为可用区域；侧滑量在 5 mm 以上为红色，表示为不良（BAD）区域。

3. 报警装置

在检测车轮侧滑量时，为便于快速表示检测结果是否合格，当车轮侧滑量超过规定值（5 格刻度）后，侧滑试验台的报警装置能根据测量装置的限位开关发出的信号，用蜂鸣器或信号灯报警，因而无须再读取指示仪表上的具体数值，为检测工作节约了时间。

近年来，国内各厂家生产的侧滑试验台的电气式指示装置，多以单片机进行数据采集和处理，因而具有操作方便、运行可靠、抗干扰性强等优点，同时还具有对检测结果进行分析、判断、存储、打印和数字显示等功能。国产 CH-10A 型侧滑试验台电气部分原理如图 4-11 所示，数字式指示装置面板示意图如图 4-12 所示。该种侧滑试验台，当滑动板侧滑时，侧滑量通过位移传感器转变成电信号，可经过放大与信号处理后成为 0～5 V 的模拟量，再经 A/D 转变成数字量，输入单片机运算处理，然后由数码管显示器显示出检测结果并由打印机打印出检测结果。

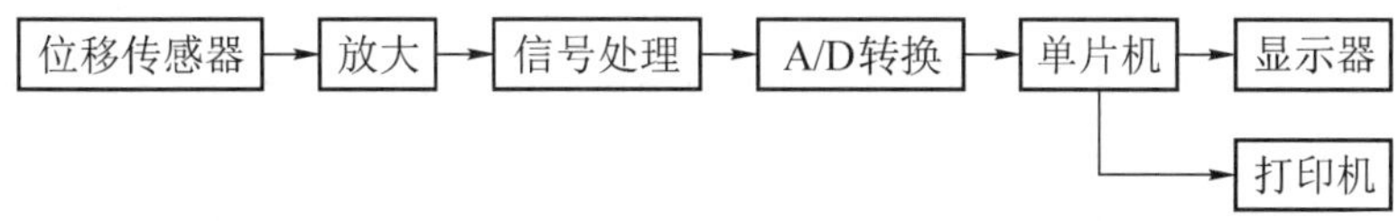

图 4-11　国产 CH-10A 型侧滑试验台电气部分原理

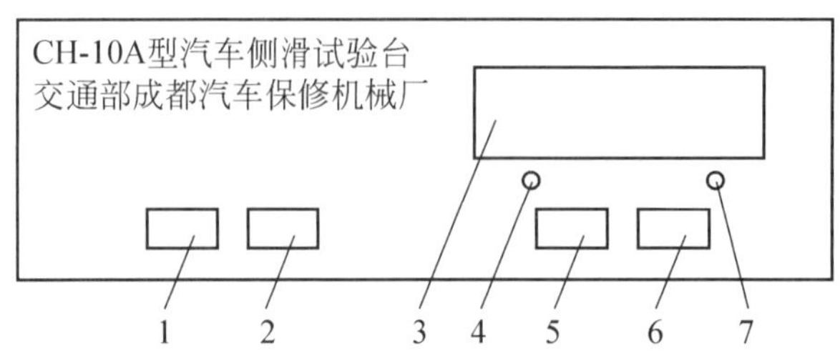

1—电源接通键；2—电源断开键；3—数码显示器；4—电源指示灯；5—打印键；6—复位键；7—报警灯。

图4－12　国产CH－10A型侧滑试验台数字式指示装置面板示意图

国产CH－10A和CH－10Z型侧滑试验台的主要参数如表4－3所示。

表4－3　国产CH－10型侧滑试验台的主要参数

参数	型号	
	CH－10A型	CH－10Z型
允许最大轴载质量/t	10	10
轮距范围/mm	860～2 225	860～2 225
滑板尺寸（长×宽）/(mm×mm)	500×1 000	1 000×1 000
外形尺寸（长×宽×高）/(mm×mm×mm)	2 930×606×163	2 930×1 106×168
净质量/kg	800	1 200

4.3.2　侧滑试验台使用方法

1. 检测前的准备工作

（1）轮胎气压应符合汽车制造厂的规定。

（2）轮胎上粘有油污、泥土、水或花纹沟槽内嵌有石子时，应清理干净。

（3）检查侧滑试验台导线连接情况，在导线连接良好的情况下打开电源开关，查看指针式仪表的指针是否在机械零点上，并视情况进行调整；或查看数码管亮度是否正常并都在零位上。

（4）检查报警装置在规定值时能否发出报警信号，并视需要进行调整或修理。

（5）检查侧滑试验台上面及其周围的清洁情况，如有油污、泥土、砂石及水等应予以清除。

（6）打开侧滑试验台的锁止装置，检查滑动板能否在外力作用下左右滑动自如和外力消失后回到原始位置，且指示装置是否指在零点。

2. 检测步骤

（1）汽车以3～5 km/h的速度以垂直滑动板的方向驶向侧滑试验台，使前轮（或后轮）平稳通过滑动板。

（2）当前轮（或后轮）完全通过滑动板后，从指示装置上观察侧滑方向并读取、打印最大侧滑量。

（3）检测结束后，切断电源并锁止滑动板。

3. 使用注意事项

（1）超出侧滑试验台允许轴重的车辆不能通过侧滑试验台。

（2）车辆在侧滑试验台上不能转向或制动。

（3）保持侧滑试验台内、外及周围环境清洁。

（4）其他注意事项见侧滑试验台使用说明书。

4.3.3　诊断参数标准

按《机动车运行安全技术条件》（GB 7258—2017）的规定，对前轴采用非独立悬架的汽车，其转向轮的横向侧滑量，当用侧滑试验台检验时侧滑量值的范围为 -5 ~ +5 m/km。

4.4　制动性能检测

制动系统技术状况的变化直接影响汽车的行车安全，因此汽车的制动性能检测就显得尤为重要。《机动车运行安全技术条件》（GB 7258—2017）规定，机动车可以用制动距离、制动减速度和制动力检测制动性能，检测设备有五轮仪、制动减速度仪和制动试验台。

制动性能检测分为台式检测和路试检测两种方式，其中台式检测在国内外获得了广泛的应用。

4.4.1　概述

制动性能是汽车的重要使用性能之一。制动性能的好坏直接关系到行车安全，性能良好和可靠的制动系统可保证行车安全，避免交通事故，反之，很容易造成车毁人亡的恶性事故。同时，制动性能的好坏还影响汽车动力性的发挥。因此，无论是新车出厂检测还是在用车辆检测，都将其作为重点检测项目之一。

汽车制动性能主要从以下 3 个方面来评价。

1. 制动性能参数

通常用制动距离、制动减速度、制动力等参数来评价制动性能，即要求制动系统应具有足够的制动力，并使前后桥制动力分配合理，以便充分利用各桥垂直载荷，保证汽车在一定初速度下的制动距离在规定范围内。

（1）用制动距离评价制动性能。制动距离是指机动车在规定的初速度下急踩制动踏板时，从脚触到制动踏板（或手触动制动手柄）时起至机动车停住时止，机动车驶过的距离。它包括制动协调时间和以最大减速度持续制动时间内汽车驶过的距离，是评价制动性能最直观的一个参数，与实际运行的制动情况最接近。用制动距离检验行车制动性能时应符合表4－4的要求。当应急制动时，制动距离应符合表4－5的要求。

表4－4　用制动距离检验制动性能时的要求

车辆类型	制动初速度/(km/h)	满载检验制动距离/m	空载检验制动距离/m	试车道宽度/m
乘用车	50	≤20.0	≤19.0	2.5
总质量≤3.5 t的低速汽车	30	≤9.0	≤8.0	2.5
其他总质量≤3.5 t的汽车	50	≤22.0	≤21.0	2.5
其他汽车	30	≤10.0	≤9.0	3.0

表4－5　应急制动对制动距离的要求

车辆类型	制动初速度/(km/h)	满载检验制动距离/m	充分发出的平均减速度/(m/s^2)	充分操纵力/N	
				手操纵	脚操纵
乘用车	50	≤38.0	≥2.9	≤400	≤500
客车	30	≤18.0	≥2.5	≤600	≤700
其他汽车	30	≤20.0	≥2.2	≤600	≤700

（2）用制动减速度评价制动性能。制动减速度反映了制动时汽车速度降低的速率。可采用速度分析仪、制动减速度仪测出相关参数后再计算出平均制动减速度。用充分发出的平均减速度检验行车制动性能时，制动减速度应符合表4－6的要求。

表4－6　用制动减速度检验制动性能时的要求

车辆类型	制动初速度/(km/h)	满载检验制动充分发出的平均减速度/(m/s^2)	空载检验制动充分发出的平均减速度/(m/s^2)	试车道宽度/m
乘用车	50	≥5.9	≥6.2	2.5
总质量≤3.5 t的低速汽车	30	≥5.2	≥5.6	2.5
其他总质量≤3.5 t的汽车	50	≥5.4	≥5.8	2.5
其他汽车	30	≥5.0	≥5.4	3.0

（3）用制动力评价制动性能。制动力是从本质上评价制动性能的参数。制动力对制动性能具有决定性的影响。用制动力这个参数评价汽车的制动性能，可以对前、后轴制动力的合理分配以及平衡制动力差提出要求，从而保证制动的方向稳定性，并使各轮附着质量得到充分利用。

进行行车制动性能检验时的制动踏板力或制动气压应符合表4－7的要求。台试检测制动力应符合表4－8的要求。

表4－7　制动踏板力或制动气压的要求

检验状况	气压制动系统的气压表的指示气压	液压制动系统踏板力/N	
		乘用车	其他车
满载	≤额定工作气压	≤500	≤700
空载	≤600 kPa	≤400	≤450

表4－8　台试检测制动力要求

车辆类型	制动力总和与整车质量的百分比		轴制动力与轴重①的百分比	
	空载	满载	前轴	后轴
乘用车、其他总质量≤3.5 t的汽车	≥60%	≥50%	≥60%②	≥20%②
其他汽车	≥60%	≥50%	≥60%②	

注：①用平板制动试验台检测乘用车时应按左、右轮制动力最大时刻分别对应的左、右轮动态轮荷之和计算。

②空载与满载状态下的测试均应满足此要求。

（4）制动时的制动协调时间要求。制动过程所经历的时间即制动时间，影响较大的是制动持续时间和制动系统协调时间。制动系统协调时间的定义是在应急制动中，踏板开始动作至减速度或制动力达到标准规定值的75%时所需要的时间。汽车制动时的制动协调时间应符合表4－9的要求。

表4－9　制动协调时间的要求

制动系统类型	液压制动系统	气压制动系统	汽车列车/铰接客车等
制动协调时间/s	≤0.35	≤0.60	≤0.80

2. 制动性能的恒定性

要求制动器的摩擦材料性能可靠，摩擦片具有高抗热衰退能力，以避免制动鼓温度较高时摩擦系数急剧下降，制动力迅速减小，摩擦片磨损加剧，甚至烧损，以致制动性能变坏。

3. 制动时汽车的方向稳定性

要求制动时汽车不发生侧偏、侧滑以及失去转向能力。例如，左右轮制动力不平衡、中前后桥制动力分配不合理，都会对制动方向稳定性产生不良影响。

4.4.2　路试检测制动性能

1. 概述

道路试验主要通过检测制动距离、平均减速度等参数来检测汽车行车制动和应急制动性能；用坡道试验来检测汽车的驻车制动性能。

汽车制动是一个比较复杂的过程，从制动的全过程来看，可分为驾驶员发现信号后做出反应、制动器起作用、持续制动和制动彻底放松4个阶段。通常制动距离是指机动车在规定的初速度下急踩制动踏板时，从脚触到制动踏板（或手触动制动手柄）时起至机动车停住时止机动车驶过的距离。它包括制动器起作用和持续制动两个阶段中汽车驶过的距离，制动器起作用包括驾驶员反应时间和机构滞后时间（消除制动消极自由行程的时间）。这个过程称为空驶时间，空驶时间所走过的距离称为空驶距离。

2. 汽车制动性能的路试条件

《机动车运行安全技术条件》（GB 7258—2017）规定，在汽车制动性能道路试验前，应在符合试验条件的路面上画出与制动稳定性要求相适应的试车通道边线，当被测车辆沿着试验车道的中线行驶至规定的初速度以上后，将变速器置于空挡，当滑行到规定的初速度时，急踩制动踏板使车辆停住。制动距离可用速度计（精度不低于1%）、五轮仪（精度不低于1%）或其他测试仪器测量。车辆充分发出的平均减速度（mean fully developed deceleration，MFDD）可先用速度计（精度不低于1%）、五轮仪（精度不低于1%）或其他测试仪器测得相关参数后，通过计算求得，也可采用制动减速度仪（精度不低于5%）测得。对除气压制动外的机动车，还应同时测取制动踏板力（或手操纵力），测量精度不低于2%。

3. 行车制动性能检测

（1）用制动距离检测行车制动性能。汽车在规定初速度下的制动距离和制动稳定性应符合表4－10的要求，对空载制动距离有质疑时，按表4－10满载检验的制动性能要求进行。

表4－10　规定初速度下的制动距离和制动稳定性要求

机动车类型	制动初速度/(km/h)	满载检验制动距离要求/m	空载检验制动距离要求/m	试验通道宽度/m
三轮汽车	20	≤5.0		2.5
乘用车	50	≤20.0	≤19.0	2.5
总质量不大于3 500 kg的低速货车	30	≤9.0	≤8.0	2.5
其他总质量不大于3 500 kg的汽车	50	≤22.0	≤21.0	2.5
其他汽车、汽车列车	30	≤10.0	≤9.0	3.0
两轮摩托车	30	≤7.0		
边三轮摩托车	30	≤8.0		2.5
正三轮摩托车	30	≤7.5		2.3
轻便摩托车	20	≤4.0		
轮式拖拉机运输机组	20	≤6.5	≤6.0	3.0
手扶变型运输机	20	≤6.5		2.3

（2）用平均减速度检测行车制动性能。汽车、汽车列车和无轨电车在规定的初速度下急踩制动踏板时充分发出的平均减速度和制动稳定性应符合表4－11的要求，单车制动协调时间不大于0.6 s，汽车列车制动协调时间应不大于0.8 s，对空载检测结果有质疑时，可按表4－11满载检测的制动性能要求进行。

表4-11 急踩踏板时充分发出的平均减速度和制动稳定性要求

机动车类型	制动初速度/(km/h)	满载检验充分发出的平均减速度/(m/s^2)	空载检验充分发出的平均减速度/(m/s^2)	试验通道宽度/m
三轮汽车	20	≥3.8		2.5
乘用车	50	≥5.9	≥6.2	2.5
总质量不大于3 500 kg的低速货车	30	≥5.2	≥5.6	2.5
其他总质量不大于3 500 kg的汽车	50	≥5.4	≥5.8	2.5
其他汽车、汽车列车	30	≥5.0	≥5.4	3.0

制动协调时间是指在急踩制动踏板时，从制动踏板开始动作产生制动效果至车辆减速度（或制动力）达到规定的充分发出的平均减速度的75%时所需的时间。

（3）制动性能检测时制动踏板力或制动气压要求。

①满载检测时，气压制动系统：气压表的指示气压应小于或等于额定工作气压。液压制动系统：座位数小于或等于9座的载客汽车，制动踏板力应小于或等于500 N，其他车辆的制动踏板力应小于或等于700 N。

②空载检测时，气压制动系统：气压表的指示气压应小于或等于600 kPa。液压制动系统：座位数小于或等于9座的载客汽车，制动踏板力应小于或等于400 N，其他车辆的制动踏板力应小于或等于450 N。

4. 应急制动性能检测

应急制动必须在行车制动系统有一处管路失效的情况下，在规定的距离内将车停止。应急制动可以是行车制动系统具有的应急特性，也可以是与行车制动分开的独立系统。应急制动系统的布置应使驾驶员容易操作，即驾驶员在座位上至少用一只手握住转向盘的情况下，就可以实现制动。应急制动的操作机构可以与行车制动系统的操作机构结合，也可以与驻车制动系统的操纵机构结合，但三个机构不得结合在一起。

可采用拆掉管路的方法模拟制动失效，气压可以直接排入大气，对液压制动系统，制动液可以另接管路返回储液室。试验项目和失效形式可根据制动装置的结构确定。每次试验前，制动器应为冷态。允许修正转向盘来保证车辆的行驶方向。

应急制动性能检测要求汽车在空载和满载状态下，在规定的初速度下测量从应急制动操纵始点至车辆停住时的制动距离（或平均减速度），应符合表4-12的要求。

表4-12 应急制动性能要求

车辆类型	制动初速度/(km/h)	制动距离/m	充分发出的平均减速度/(m/s^2)	允许操纵力不大于/N	
				手操纵	脚操纵
乘用车	50	≤38.0	≥2.9	400	500
客车	30	≤18.0	≥2.5	600	700
其他汽车（三轮车除外）	30	≤10.0	≥2.2	600	700

5. 驻车制动性能检测

《机动车运行安全技术条件》（GB 7258—2017）规定，在空载状态下，驻车制动装置应能保证车辆在坡度为20%（总质量为整备质量的1.2倍以下的车辆为15%），轮胎与地面间的附着系数不小于0.7的坡道上正、反两个方向保持固定不动，其时间不少于5 min。对于允许挂接挂车的汽车，其驻车制动装置必须能使汽车列车在满载状态下停在坡度为12%的坡道（坡道上轮胎与路面间的附着系数不应小于0.7）上。

检测时，手操纵力：座位数小于或等于9座的载客汽车应不大于400 N，其他车应不大于600 N。脚操纵力：座位数小于或等于9座的载客汽车应不大于500 N，其他车辆应不大于700 N。

4.4.3 台试检测制动性能

1. 概述

台试检测制动性能一般是通过制动试验台测制动力来评价汽车行车制动性能和驻车制动性能。台试检测具有不受外界环境影响、占用场地少、省工省时等优点，但也存在模拟附着条件困难、检测结果重复性较差等缺点。因此，当车辆经台试检测后，对其制动性能有质疑时，可用路试方法进行复检，并以满载路试检测结果为准。随着科学技术的发展，制动试验台的结构与检测精度也在不断完善之中，台试检测制动性能正不断得到广泛应用。

2. 制动力

汽车制动力是指控制汽车行驶速度和使汽车停止所需的力。制动力的方向与汽车行驶方向相反，实际上它完全由地面提供，故也称为地面制动力。制动力越大，制动减速度就越大，制动距离也越短。由此可见，制动力是从本质上评价制动性能的重要参数指标。

影响制动力的因素主要有两个方面：一是制动系统本身的结构、材料，如制动器结构、制动鼓尺寸、摩擦副接触面积以及制动蹄片材料等，对制动力都有很大影响；二是制动条件，如路面附着条件、操纵力大小等，对制动力大小有重要影响。

3. 制动试验台的分类

制动试验台可以检测制动系统的制动力、制动距离和制动减速度。其可根据不同的方法进行分类：按试验台测量原理不同，可分为反力式和惯性式；按试验台支承车轮形式的不同，可分为滚筒式和平板式；按试验台检测参数的不同，可分为测制动力式、测制动距离式和多功能综合式；按试验台测量装置至指示装置传递信号方式的不同，可分为机械式、液压式和电气式；按试验台同时能测车轴数的不同，可分为单轴式、双轴式和多轴式。目前，国内汽车综合性能检测站所用制动检测设备多为反力式滚筒制动试验台和惯性式平板制动试验台，虽然国内外已经研制出惯性式防抱死制动试验台，但其价格昂贵，短期内难以普及应用。

（1）反力式滚筒制动试验台。反力式滚筒制动试验台由结构完全相同的左、右两套对称的车轮制动力测试单元和一套指示与控制装置组成。单轴反力式滚筒制动试验台由电动机、减速器、滚筒装置、测量装置、举升装置和指示与控制装置等组成，如图4－13所示。

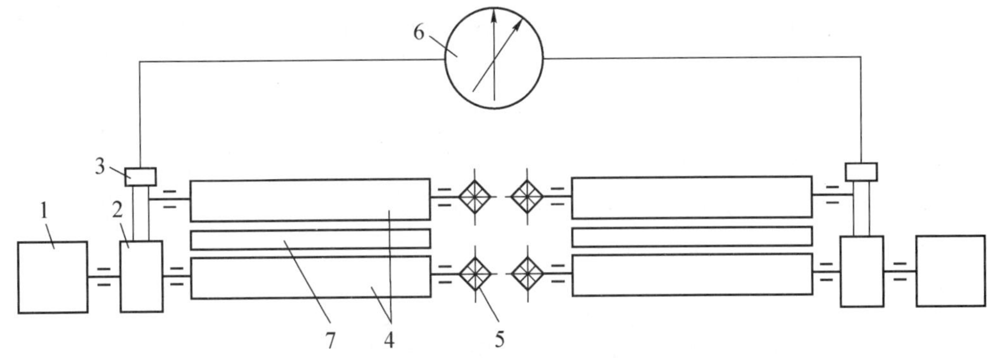

1—电动机；2—减速器；3—测量装置；4—滚筒装置；5—链传动；6—指示与控制装置；7—举升装置。

图4－13 单轴反力式滚筒制动试验台

制动力的检测参数标准以轴制动力占轴重的百分比为依据，因此必须在测得轴重及轴制动力后才能评价轴制动性能，所以，反力式滚筒制动试验台需要配备轴重仪或轮重仪，有些制动试验台本身带有内置式轴重测量装置。另外，有些试验台在两滚筒之间装有直径较小的第三滚筒，其上带有转速传感器，它的作用是一旦检测时车轮制动抱死，其上的转速传感器送出的电信号可使滚筒立即停转，防止轮胎剥伤。

反力式滚筒制动试验台是一种低速静态测力式试验台，用于检测各车轮的制动力。单轴反力式滚筒制动试验台的应用最为普遍，其特点如下：

①检测迅速、准确、经济、安全，不受自然条件的限制，试验重复性好。

②能定量测出各车轮的制动力、左右轮制动力差、制动协调时间、车轮阻滞力等，因而可全面评价汽车的制动性能，并给制动系统的故障诊断、维修和调整提供可靠依据。

③不能反映ABS的工作性能。制动检测时车速均较低（一般不超过5 km/h），与实际制动相差甚远，因而无法对具有ABS的汽车的制动性能进行准确测试。

④进行制动检测时，汽车没有平移运动，因而也就没有因惯性作用而引起的轴荷前移作用，故车辆处于空载检测时，前轴车轮容易抱死而难以测得前轴制动器能够提供的最大制动力，从而导致整车的制动力不够，易引起误判。

同时，因汽车无法移动检测，所以也不能反映汽车其他系统（如转向机构、悬架）的机构、性能对制动性能的影响。

⑤试验台制动时的最大测试能力受检测因素的影响较大。

要提高反力式滚筒制动试验台的测试能力，就要增加轮胎与滚筒的附着力，避免制动时车轮抱死。为此，常用的措施如下：在车辆上增加足够的附加质量，或施加相当于附加质量的作用力，而这些均不计入轴荷。在非测试车轮上加三角垫块或采取牵引方法阻止其移动。保持轮胎及滚筒表面的干燥、清洁。

（2）惯性式滚筒制动试验台。惯性式滚筒制动试验台能够检测制动距离、制动减速度和制动时间，其利用旋转飞轮的动能模拟车辆在道路上行驶的动能，使车辆在试验台上能呈现路试制动时的工况。

利用惯性式滚筒制动试验台可以在任意车速下检测制动性能，试验条件接近汽车行驶时的实际情况，其测试结果与实际工况较为接近，但由于要求旋转部分的转动惯量大，其结构复杂，占地面积大，且不适应多车型检测，因此在实际检测中难以普及。

（3）惯性式平板制动试验台。惯性式平板制动试验台主要由测试平板、传感器和数据采集系统等组成，如图 4 - 14 所示。小型汽车检测线一般由 4 块制动、悬架、轴重测试用平板及一块侧滑测试板组成。数据采集系统由力传感器、放大器、多通道数据采集板等组成。

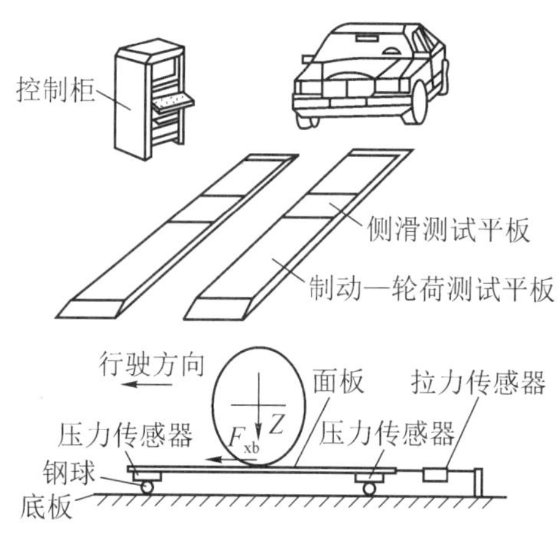

Z—汽车质量；F_{xb}—汽车加速度。

图 4 - 14　惯性式平板制动试验台示意图

惯性式平板制动试验台可在低速时动态检测车辆的制动性能，其检测原理基于牛顿第二定律，即制动力等于汽车质量与加速度之积。检测时，测出轴重和减速度即可求得制动力（理论上，制动力与检测时的车速无关）。

检验时，汽车以 5 ~ 10 km/h（或按试验台的允许速度）的速度驶上平板，变速杆置空挡并紧急制动。汽车在惯性力作用下，通过车轮在平板上附加于制动轮大小相等、方向相反的作用力，使平板产生纵向位移，经传感器测出各轮的制动力和动态轮重，由数据采集和处理系统计算并显示检测结果。

惯性式平板制动试验台是一种综合性试验台，不仅可以检测制动性能，还可以检测轮重、前轮侧滑量和悬架的工作性能，其特点如下：

①测试过程与实际路试条件接近，能反映车辆的实际制动性能，即能反映制动时轴重转移带来的影响及汽车其他系统（如悬架结构、刚度等）对制动性能的影响。

②不需模拟汽车转动惯量，结构简单，运动件少，用电量少，易于维护，工作可靠。

③易与轴重仪、侧滑仪组合在一起，方便车辆检测，且检测效率高。

④测试重复性差，占地面积大，需要助跑车道，不利于流水作业，因此目前国内尚未广泛采用。

4. 制动性能检验要求

(1) 行车制动性能检验要求。

①制动力的要求。根据《机动车运行安全技术条件》(GB 7258—2017),汽车、汽车列车在制动试验台上测出的制动力应符合表4-13的要求。对空载检验制动力有质疑时,可用表4-13规定的满载检验制动力要求进行检验。使用底盘测功机检测时,可通过测得制动减速度值计算得到最大制动力。

检验时制动踏板力或制动气压应符合规定。

表4-13 台试检验制动力要求

机动车类型	制动力总和与整车质量的百分比		轴制动力与轴重①的百分比	
	空载	满载	前轴②	后轴②
三轮汽车	—		—	≥60%③
乘用车、其他总质量小于或等于3 500 kg的汽车	≥60%	≥50%	≥60%③	≥20%③
铰接客车、铰接式无轨电车、汽车列车	≥55%	≥45%	—	—
其他汽车	≥60%④	≥50%	≥60%③	≥50%⑤
普通摩托车	—	—	≥60%	≥55%⑥
轻便摩托车	—	—	≥60%	≥50%

注:①用平板制动试验台检验乘用车、其他总质量小于或等于3 500 kg的汽车时,应按左右轮制动力最大时刻所分别对应的左、右轮动态轮荷之和计算。

②机动车(单车)纵向中心线中心位置以前的轴为前轴,其他轴为后轴;挂车的所有车轴均按后轴计算;用平板制动试验台测试并装轴制动力时,并装轴可视为一轴。

③空载和满载状态下测试均应满足此要求。

④对总质量小于或等于整备质量1.2倍的专项作业车应大于或等于50%。

⑤对于后轴制动力百分比,满载测试时不做要求;空载用平板制动试验台检验时应大于或等于35%;总质量大于3 500 kg的客车,空载用反力式滚筒制动试验台测试时应大于或等于40%,用平板式制动试验台检验时应大于或等于30%。

⑥满载状态下测试时应大于或等于45%。

②制动力平衡要求。对于在用车,在制动力增长全过程中同时测得的左、右轮制动力差的最大值,与全过程中测得的该轴左、右轮最大制动力中大者之比,对于前轴应小于或等于24%;对于后轴,当轴制动力大于或等于该轴轴重60%时应小于或等于30%,当制动力小于该轴轴重的60%时,在制动力增长全过程中同时测得的左、右轮制动力差的最大值应小于或等于该轴轴重的10%。上述要求不适用于两轮摩托车、边三轮摩托车、前轮距小于或等于460 mm的正三轮摩托车和轻便摩托车。

③制动协调时间要求。汽车的制动协调时间,对液压制动的汽车应小于或等于0.35 s,对气压制动的汽车应小于或等于0.60 s;对汽车列车和铰接客车、铰接式无轨电车的制动协调时间应小于或等于0.80 s。

④汽车车轮阻滞力要求。进行制动力检验时，汽车、汽车列车各车轮的阻滞力均应小于或等于轮荷的10%。

（2）驻车制动性能检验要求。当采用制动试验台检验汽车和正三轮摩托车驻车制动装置的制动力时，要求机动车空载，使用驻车制动装置，驻车制动力的总和应大于或等于该车在测试状态下整车质量的20%，但总质量为整备质量1.2倍以下的机动车应大于或等于15%。

4.5 汽车照明及信号装置检测

4.5.1 概述

1. 汽车照明及信号装置的必要性

为了保证汽车在夜间或白天能见度较低的条件下行驶安全，需要在汽车有关部位安装多种照明及信号装置。这些装置的具体功用如下：第一，在夜间或能见度较低的情况下，用灯光给行驶车辆照明道路；第二，夜间行车时，为车厢、驾驶室及仪表照明；第三，用发出的标志和信号达到联络、警示目的，以保证行车安全。现代汽车照明及信号装置主要包括前照灯、前位灯、后位灯、示廓灯、牌照灯、仪表灯、转向信号灯、倒车灯、危险报警闪光灯、制动灯、前雾灯、后雾灯以及挂车标志灯等。

2. 前照灯的一般规定与要求

前照灯是汽车的主要照明装置。前照灯的配光性能应使其远光、近光均具有足够的发光强度，且近光不眩目。近光是车辆交会或尾随其他车辆时使用的近距离照明光束，近光应能照明车前40 m的道路；远光是不会车或不尾随其他车辆时使用的远距离照明光束，远光应能照明车前100 m的道路。为保证夜间行车安全，对前照灯主要从发光强度和光束照射位置两个方面做出如下规定：

（1）在检验前照灯近光光束照射位置时，当前照灯照射在距离10 m的屏幕上时，乘用车前照灯近光光束明暗截止线转角或中点的高度应为$0.7H \sim 0.9H$（H为前照灯基准中心高度），其他机动车（拖拉机运输机组除外）应为$0.6H \sim 0.8H$。机动车（装用一只前照灯的机动车除外）前照灯近光光束水平方向位置向左偏不允许超过170 mm，向右偏不允许超过350 mm。

（2）轮式拖拉机运输机组装用的前照灯近光光束的照射位置，按照上述方法检验时，要求在屏幕上光束中点的离地高度不允许大于$0.7H$；水平位置要求，向右偏移不允许超过350 mm，不允许向左偏移。

（3）在检验前照灯远光光束及远光单光束灯照射位置时，对于能单独调整远光光束的前照灯，当前照灯照射在距离10 m的屏幕上时，要求屏幕光束中心离地高度为$0.85H \sim 0.95H$，但不得低于前照灯近光光束明暗截止线转角或中点的高度。机动车（装用一只前照灯的机动车除外）前照灯远光光束水平位置要求：左灯向左偏不允许超过170 mm，向右偏不允许超过350 mm；右灯向左偏或向右偏均不允许超过350 mm。

（4）每只前照灯的远光光束发光强度应达到表4－14的要求。

表 4-14　前照灯远光光束发光强度要求

单位：cd

机动车类型		检查项目					
		新注册车			在用车		
		一灯制	二灯制	四灯制[1]	一灯制	二灯制	四灯制[1]
三轮汽车		8 000	6 000		6 000	5 000	
最高设计车速小于 70 km/h 的汽车			10 000	8 000		8 000	6 000
其他汽车			18 000	15 000		15 000	12 000
摩托车		10 000	8 000		8 000	6 000	
轻便摩托车		4 000			3 000		
拖拉机运输机组	标定功率 > 18 kW		8 000			6 000	
	标定功率 ≤ 18 kW	6 000[2]	6 000		5 000[2]	5 000	

注：①四灯制是指前照灯具有四个远光光束，对于采用四灯制的机动车，其中两只对称的灯达到二灯制的要求时视为合格。

②允许手扶拖拉机运输机组只装用一只前照灯。

3. 其他照明及信号装置的一般规定与要求

汽车的前位灯、后位灯、示廓灯、挂车标志灯、牌照灯、前雾灯、后雾灯和仪表灯等是保证汽车夜间或能见度低的情况下安全行车的一组重要的信号装置。该组信号装置应能同时启闭，在前照灯关闭和发动机熄火时仍点亮。所有车辆均应装有危险报警闪光灯，其操纵装置不受电源总开关的控制。车辆的转向信号灯、危险报警闪光灯及制动灯白天距 100 m 可见，侧转向信号灯白天距 30 m 可见；前位灯、后位灯、示廓灯和挂车标志灯在夜间好天气时距 300 m 可见；后牌照灯在夜间好天气时距 20 m 能看清牌照号码。制动灯的亮度应明显大于后位灯。车辆照明和信号装置的任一条线路出现故障，不得干扰其他线路的正常工作。

4.5.2　汽车前照灯检测

前照灯是汽车上最主要的光源，是汽车在夜间或在能见度较低的条件下，为驾驶员提供行车道路照明的重要设备，也是驾驶员发出警示、进行联络的灯光信号装置。前照灯必须有足够的发光强度和正确的照射方向。汽车前照灯在长期使用过程中，灯泡的逐步老化、外部环境的污染，使前照灯聚光性能变差，导致前照灯发光强度降低，同时，由于在汽车行车过程中受到振动，前照灯安装位置会发生变化，从而改变光束的正确照射方向。这些变化都会使驾驶员对前方道路情况辨认不清，或在与对面来车交会时对驾驶员造成眩目等，导致事故的发生。因此，前照灯发光强度和照射方向必须符合国家标准的有关规定。

1. 光与前照灯的有关概念

（1）光的物理单位。在光的物理量中，有光束、发光强度、照度、辉度等名词术语，在这里只说明与前照灯检测仪密切相关的发光强度和照度。

①发光强度。它是表示光源发光强度的物理量，计量单位是坎德拉（cd）。它的定义是：一个光源发出频率为540 THz的单色辐射，若在一定方向上的辐射强度为1/683 W/sr（1/683瓦特每球面度），则此光源在该方向上的发光强度为1 cd。

②照度。照度是表示受光表面被照明的程度的物理量，计量单位是勒克斯（lx）。

（2）发光强度与照度的关系。如图4-15所示，在不计光源大小的情况下（看作点光源），照度与离开光源的距离的平方成反比（倒数二次方法则），即

$$照度 = \frac{发光强度}{离开光源的距离^2} \tag{4-2}$$

从而可得，距离发光强度为20 000 cd的光源1 m的地方，照度为20 000 lx；距离发光强度为2 m的地方，照度为20 000/4 = 5 000（lx）；距离发光强度为10 m的地方，照度为20 000/100 = 200（lx）。

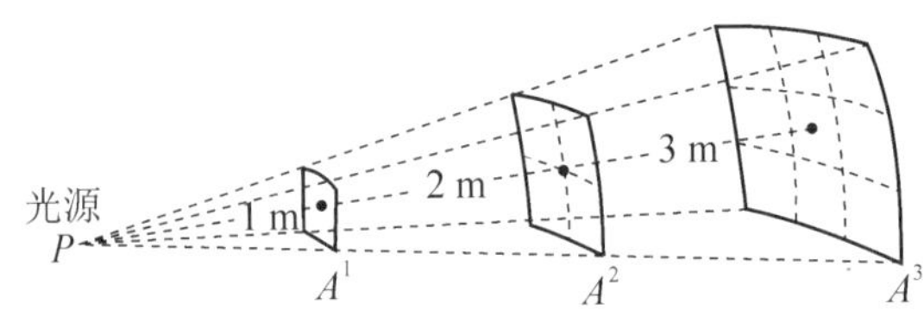

A^1、A^2、A^3—距离光源不同位置的光面。

图4-15　发光强度与照度的关系

（3）前照灯技术的发展。汽车前照灯技术的发展大致经历了白炽前照灯、卤素前照灯、高强度气体放电前照灯（high intensity discharge lamp，HID前照灯）和LED前照灯4个过程。

最早使用的白炽前照灯，由于其灯丝的高温造成钨的蒸发，蒸发的钨沉淀在玻璃壳上，产生玻璃壳发黑现象，导致其亮度下降；20世纪50年代末发明了卤素前照灯，利用卤钨循环原理消除了玻璃壳发黑现象；进入21世纪，飞利浦公司花费5年时间研制成功的高强度气体放电前照灯，简称HID前照灯，进入市场。这种含有氙气的前照灯又称氙气灯。它由小型石英灯泡、变压器和电子单元组成。接通电流后，通过变压器在几微秒内升压到20 000 V以上的高压脉冲电压加在石英灯泡内的金属电极之间，激励灯泡内的物质（氙气、少量汞蒸气、金属卤化物）在电弧中电离产生光亮。灯开关接通3 s内，HID前照灯即产生相当于3倍相同功率卤素灯的光通量。由于不用灯丝，没有传统灯易脆断的缺陷，灯的使用寿命提高了10倍，因此HID前照灯被誉为21世纪革命性的汽车照明产品。

随着LED技术的应用领域不断扩大，21世纪初，LED灯开始在汽车上应用，如高位制动灯、转向灯、后位灯、雾灯、倒车灯等。由于LED灯具有低能耗、高亮度、点亮无延迟、寿命长（50 000 h以上）、色泽丰富等优点，近年来LED前照灯开始在中高档轿车上得到应用推广。预计不久的将来，随着提高LED发光功率和降低制造成本两个瓶颈问题的解决，LED前照灯将会逐步应用并普及。

（4）前照灯的结构。汽车前照灯是为照亮车辆前方路面设置的灯具，可分为灯丝灯泡前照灯、HID前照灯和LED前照灯三种。

①灯丝灯泡前照灯的结构特点。为避免前照灯的眩目作用，并保持良好的路面照明，在现代汽车上普遍采用双丝灯泡的前照灯。灯泡的一根丝为“远光”，光度较强，可以使驾驶员辨明车前 100 m 以内路面上的任何障碍物。另一根丝为“近光”，光度较弱。汽车在夜间行驶，在不会车的情况下使用远光灯丝，使光束射向远方。当出现会车时，使用近光灯丝，使光束倾向路面，在光束左上部形成暗区，从而避免使对面来车的驾驶员眩目，同时车前 30 m 以内的路段也照得足够清晰。

双丝灯泡的远光灯丝功率较大，位于反射镜的焦点；近光灯丝功率较小，位于焦点的上方或前方。当接用远光灯丝时，光线由反射镜反射后与光学轴线平行；当接用近光灯丝时，射到反射镜区域上的光线由反射镜反射后倾向路面，而射到反射镜区域上的光线反射后倾向上方。倾向路面的光线占大部分，因而减小了对对面来车驾驶员的眩目作用。

远光灯丝位于反射镜焦点处，近光灯丝位于焦点前方而稍出于光学轴线，在其下面有金属遮罩。因此，由近光灯丝射向反射镜上部的光线，反射后倾向路面，而遮罩阻止了灯丝射向反射镜的下半部的光线，因此没有向上方反射可能引起眩目的光线。

②HID 前照灯的结构特点。HID 前照灯系统基本上由反光镜和配光镜、HID 光源及整流器三部分组成。

a. 反光镜和配光镜。在传统前照灯系统中，反光镜将位于焦点处的灯泡发出的光变成平行于光轴的光线，然后由配光镜上的光学棱镜将平行光线转为标准所要求的配光光形。如果将 HID 光源装于传统的卤钨灯反光镜内，那么光效率将增加一倍，光通量将增加 250%。最大照度将远远超过 100 lx，道路就会被照得太亮，特别是 HV 点和 75R 点，这意味着增大了对面来车驾驶员眩目的可能性。这时就需要通过改变反光镜的几何形状来修订照度值，使其满足标准要求。

HID 前照灯一般为无纹塑料配光镜，反光镜有椭球面和抛物面两种。

b. HID 光源。HID 光源内充入的是氙气、汞蒸气和少量的金属卤化物，灯泡内的氙气压力为 800 ~ 900 kPa，充入高压氙气的目的是缩短灯的点亮时间。各种放电灯泡可在开关接通后的 0. 3 s 内达到与普通 H4 灯泡相当的光输出，至辐射出全部光通量大约 3 s 的时间，以满足行驶要求。

目前常用的 HID 光源有 D1、D2、D3、D4 灯泡。D1 与 D2 灯泡的区别在灯座上，D3、D4 灯泡不含汞。

c. 整流器。整流器先将汽车上的 12 V 电压升到 23 000 V，用在刚开启电源时的瞬间，激发氙气迅速电离达到高亮度，接着再将电压转成 80 V，稳定持续供应氙气灯泡发光。整流器有两个基本功能：起动和稳定点灯。起动时，控制击穿灯泡并开始放电的过渡时间，包括让灯泡瞬时接地击穿并使灯泡的光通量输出急剧上升，在此期间，为了不损坏电极，整流器将放电灯的功率限制在 75 W，最大输出电流限制在 2. 6 A。稳定点灯后，保证放电灯的功率稳定在 35 W，使放电灯的电弧（形状、亮度、色度分布等）达到稳定，这是得到良好配光的重要条件。

另外，整流器还有一些功能，如失效保险、防漏电、防短路、防极性错接等。由于整流器内部电路、放电灯高频点灯等都易发出电磁噪声，所以整流器还有抑制电磁骚扰的功能。

③LED 前照灯的结构特点。随着光源技术的发展，汽车前照灯经历了从白炽前照灯到

卤素前照灯再到 HID 前照灯的发展历程，但是，这些光源均属于真空或充气玻壳，在亮度、寿命、体积、发热度、色温调整与稳固性等方面均具有致命缺陷。LED 光源与这些光源相比，具有明显的优势，因此，LED 前照灯的发展与应用前景广阔。目前，LED 前照灯近光一般采用 3 只功率为15 W的 LED，远光采用 2 只同样功率的 LED。与传统前照灯相比，LED 前照灯有如下特点：

a. LED 光源体积小，灯内布置更随意，因此 LED 前照灯结构非常紧凑。

b. LED 前照灯全部采用 LED 冷光源，发热量低，灯内温差变化小，不易在灯腔内积雾。

c. LED 灯与卤素灯相比，可节约 40% 的能源。

d. LED 前照灯响应快，点亮无须热起动时间，色温超过 5 000 K，更接近日光，行车更安全。

e. LED 光源使用寿命超过 10 000 h，是 HID 光源的 5 倍，是卤素光源的 20 倍以上。

日本丰田公司于 2008 年率先在一款雷克萨斯车型上应用 LED 前照灯，德国奥迪公司也紧随其后使用 LED 光源，从而使 LED 前照灯商业化成为现实。随着各大汽车公司全 LED 前照灯车型的不断推出，LED 前照灯的应用将愈发普及。虽然国内 LED 光源研发起步较晚，但已有一些公司具备研发生产 LED 前照灯的能力。

（5）前照灯的特性。前照灯的特性包括配光、光束照射位置和发光强度三种特性参数。

①配光：根据车辆行驶要求所设计的光分布。

②光束照射位置：如果把光束最亮区域看作光轴的中心，那么它对于水平、垂直坐标轴交点的偏离，就表示它的照射位置。

③发光强度：每只前照灯的远光全光束发光强度要符合要求。

2. 汽车前照灯的检测标准

汽车前照灯由灯泡、反光镜和配光镜构成。前照灯有远、近两种灯光。其安装与使用方面必须符合《机动车运行安全技术条件》（GB 7258—2017）的规定要求：

（1）近光灯不得眩目。

（2）有变光装置。

（3）同一辆机动车上的前照灯不允许左、右灯的远、近光交叉开亮。

（4）数量一般有二灯制和四灯制。二灯制前照灯一般均为远、近光双光束灯，对称安装在汽车前部的两侧；四灯制前照灯每侧两只，装在外侧的两只是远、近光双光束灯，装在内侧的两只是远光单光束灯。

根据《机动车运行安全技术条件》（GB 7258—2017）的规定，汽车前照灯的评价指标为光束照射位置和前照灯光束发光强度（cd）。汽车配光特性在《汽车用灯丝灯泡前照灯》（GB 4599—2007）中有明确的要求。

汽车装用远光和近光双光束灯时，以检测近光光束为主。对于只能调整远光单光束的前照灯，则检测远光单光束。

3. 汽车前照灯的检测方法

汽车前照灯一般采用前照灯检测仪检测，前照灯检测仪按照结构形式可分为聚光式、屏幕式、投影式、自动追踪光轴式4种。因设备的型号、厂家有所不同，所以操作方法略有不同，但是，检测前的准备是一样的。前照灯检测仪的使用应严格按照使用说明书进行操作，同时应根据检测仪规定的步骤进行检测。

在汽车前照灯检测过程中，从安全行车的角度出发，其发光强度和光束照射方向为必检项目，其检测值必须满足《机动车运行安全技术条件》（GB 7258—2017）的规定。此外，前照灯的配光特性应满足《汽车用灯丝灯泡前照灯》（GB 4599—2007）的要求。

不同车型的前照灯结构类型和安装位置有所不同，所以进行灯光位置调整时要先熟悉结构。如果超出可调整范围，则要特别注意检查前照灯安装底座是否变形。

4.6 汽车噪声的检测

4.6.1 噪声及其危害

1. 概述

在现代城市环境噪声源中，交通运输产生的噪声最大，约占城市环境噪声的70%，而其中机动车辆产生的噪声占交通运输噪声的80%左右，因此，可以认为机动车辆是城市环境噪声的主要噪声源。另外，由于交通运输噪声的影响范围广，干扰时间长，随着机动车辆的日益增多，其影响程度日益严重，成为公害之一。机动车的噪声问题，已引起有关部门的密切关注。

噪声对人的生理、心理会产生较大的影响。长期工作在较大的噪声环境下，可导致听觉器官损伤，引起神经、心脏、消化系统等方面的疾病，且易使人产生烦躁和疲劳。因此，噪声是汽车使用中的不安全因素之一。

加强汽车环保性能的检测，监控汽车的噪声排放水平和有害气体排放水平，采取有效措施控制和降低汽车的使用公害，对于提高人类生存环境特别是城市生活环境的质量，具有重要意义。

2. 机动车噪声的产生

噪声是听者不喜欢或对其无好感的声音总称，因此，噪声不仅有声学方面的性质，还具有生理学、心理学方面的含义，即包括声音产生的不舒适程度和对人体影响程度在内。噪声从声学方面讲是一种由许多不同频率的声强组合的无规律的声波，是一种不协调的声音。

汽车是一个综合声源，汽车行驶中所产生的综合声辐射称为汽车噪声，一般为60~90 dB的中等强度的噪声。汽车噪声影响范围大，干扰时间长，因而对人的危害不容忽视。噪声会使人的听力减弱、视觉功能下降、神经衰弱、血压变化和胃肠道出现消化功能障碍，甚至影响人的睡眠、谈话、学习和情绪等。

机动车噪声产生的原因有发动机噪声、与车速有关的噪声、车身振动噪声、制动噪声、喇叭噪声等，如图4-16所示。

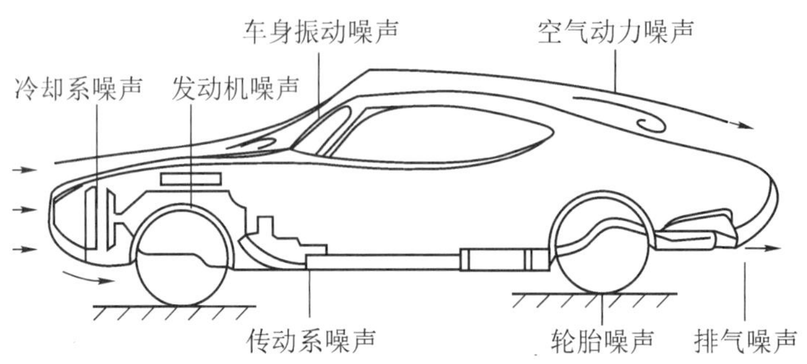

图 4－16　机动车主要噪声源

（1）发动机噪声。发动机噪声是汽车的主要噪声源之一，它对整车噪声级有决定性的影响。

汽车发动机的噪声源，按照噪声辐射的方式来分，有直接向大气辐射的噪声和通过发动机表面辐射的噪声两大类。发动机工作噪声的分类如图 4－17 所示。

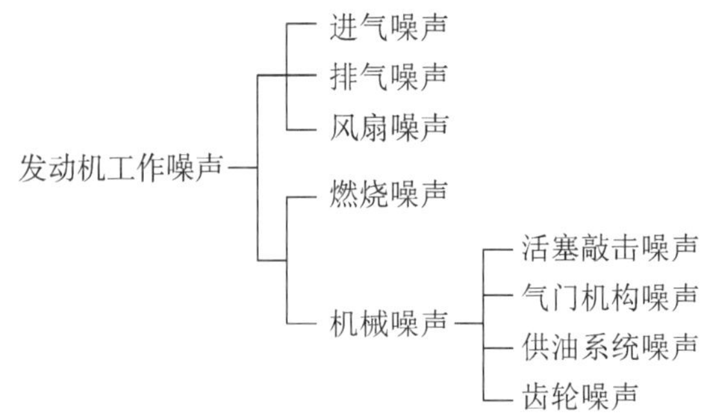

图 4－17　发动机工作噪声的分类

①进气噪声。进气噪声是由进气门的周期性开、闭而产生的压力起伏变化所形成的，进气噪声的大小与发动机的进气方式、进气门结构、缸径、凸轮线型等因素有关。对于同一台发动机来说，转速对进气噪声影响最大，转速提高一倍，噪声级增加 13～14 dB（A）。发动机负荷对进气噪声的影响较小。

②排气噪声。排气噪声是汽车最主要的噪声源。发动机排气噪声往往比发动机整机噪声高 10～15 dB（A）。当排气门开启时，较高压力和温度的废气急速从缸内排出，使排气门附近的气体压力发生剧变，产生压力波。高速气流在消声器中形成剧烈的湍流和旋涡而形成冲击波。压力波和冲击波分别作用在各自的壳壁上而产生噪声。同时，从排气管排出的废气，其温度和压力都高于外界大气，这使其压缩周围的空气而形成强大的脉动声波，进而又形成了释放噪声。

影响发动机排气噪声的主要因素是气缸压力、排气门直径、发动机排气量以及排气门开启特性等。对同一发动机来说，排气噪声受其转速和负荷影响最大，转速增加一倍时，排气噪声增加 12～14 dB（A）。同一转速下全负荷的噪声有明显增加。

③风扇噪声。风扇噪声是汽车噪声的主要噪声源之一。风扇噪声是由风扇旋转的叶片切割空气引起振动及叶片周围产生空气涡流而形成的。风扇噪声除包括空气动力噪声外，

还包括一些机械噪声。风扇噪声与风扇叶片的形状、结构、安装情况以及转速有关。当风扇转速提高一倍时，其噪声级增加 11 ~ 17 dB（A）。

④燃烧噪声。汽油机正常燃烧时会引起较大噪声。柴油机压缩比高，工作粗暴，通常认为柴油机的燃烧噪声主要是在速燃期中气缸内气体压力急速增加，致使发动机各部件振动而引起的。

⑤活塞敲击噪声。活塞敲击噪声通常是发动机最大的机械噪声源。它是活塞与气缸壁之间有间隙以及作用在活塞上的气体压力、惯性力和摩擦力的周期性方向变化，使作用在活塞的侧向推力在上、下止点处反复改变方向，造成活塞冲击气缸套而形成的敲击噪声。因此，活塞与气缸套的间隙越大，发动机转速越高，则敲击噪声越大。

⑥气门机构噪声。气门机构噪声是由气门开启和关闭时的撞击造成的。气门机构噪声与气门运动速度成正比。

⑦供油系统噪声。供油系统噪声主要是指柴油机的喷油系统噪声，由喷油器和喷油泵产生，这种噪声在发动机总噪声中所占比例不大。

⑧齿轮噪声。齿轮噪声是齿轮在传动过程中齿与齿之间的撞击和摩擦，使齿轮结构产生振动而发出的噪声。它与齿轮结构、加工和安装精度、选用材料及变速器结构等因素有关。

综上所述，各噪声源所占发动机噪声的比例是不同的，汽油机的主要噪声源是风扇噪声和配气机构噪声，柴油机的主要噪声源是燃烧噪声。另外，发动机噪声随发动机转速加快而增加；柴油机的噪声与负荷关系不大，汽油机的噪声则随负荷加大而增加。

（2）与车速有关的噪声。与车速有关的噪声包括传动噪声（变速器、传动轴等）、轮胎噪声和车体产生的空气动力噪声，其中轮胎噪声是主要的。

轮胎噪声可分为由轮胎直接辐射的噪声和由轮胎激振车体而产生的间接噪声（路面噪声），以及轮胎高速旋转而产生的气流摩擦噪声等。

轮胎直接辐射噪声按其产生机理主要包括轮胎胎面花纹噪声和弹性轮胎振动噪声。

轮胎胎面花纹噪声是当轮胎在地面滚动时，轮胎胎面花纹凹部所包含的气体，在离开所接触的地面时，因受到一种类似于泵的挤压作用，使空气向后方排出，引起周围空气压力变化而产生的。

弹性轮胎振动噪声是由轮胎弹性变化和路面凹凸不平，激发轮胎本身振动而产生的噪声，它的固有振动频率一般都在 200 Hz 以下，是一种低频的振动噪声。

路面噪声是指车辆通过凹凸不平的路面时激发轮胎振动，通过悬架和车架传给车体，使之振动而产生的车内、车外噪声。这种噪声的频率范围在 80 ~ 150 Hz，影响人们的舒适感。

影响轮胎噪声的因素主要是轮胎面的花纹形状、车速、载质量和轮胎气压等，车速与胎面花纹的影响力最大，车速与轮胎噪声大体是线性关系，子午线结构的轮胎噪声小。

（3）车身振动噪声。车身振动噪声是车身各种结构在发动机和凹凸不平路面的振动激励下产生的。它是车内噪声的主要来源。影响车身振动噪声的因素为各种间隙和壁的振动，以及发动机振动的传递。因此，为了降低车内噪声，需在车内装饰吸声材料及对发动机进行良好隔振。

（4）制动噪声。制动噪声是由制动器摩擦副之间的摩擦而产生的。实验表明，当制动器摩擦副的静摩擦系数是动摩擦系数的 1.6 倍以上时，最容易产生制动噪声，其频率为 1 000 ~ 6 000 Hz，它是人耳最敏感的噪声。造成制动噪声的原因是制动鼓（或制动盘）表面粗糙度大、制动蹄支撑销松动、制动蹄片与制动鼓不同心、摩擦片的硬度太高等。一般制动噪声发生在制动器处于冷态和低速行驶的情况下。

（5）喇叭噪声。喇叭噪声在喇叭工作鸣放时才产生。根据喇叭的形式与结构，喇叭噪声有不同频率，声压级一般都在 90 dB（A）以上。为了控制喇叭噪声，规定在某些场合或地区禁止鸣喇叭，并把喇叭的声压级限制在一定范围内。

3. 噪声参数与评价指标

噪声的主要物理参数有声压和声压级、音频、响度和响度级、噪声级，其中声压和声压级是表示声音强弱的最基本的参数。

（1）声压。声音在大气中传播时会引起大气压力的变化，其变化量称为声压。声音越大，声压也越大。声压的单位与压力单位相同，正常人刚刚能听到的声压（听阈声压）是 2×10^{-5} Pa，刚刚使人耳产生痛感的声压（痛阈声压）约为 20 Pa。

（2）声压级。声压级是指某点的声压与基准声压（听阈声压）的比值，其单位是分贝（dB）。人们对声音强弱变化的感觉与声压的相对变化量有关。此外，由于声压计量数值太大，使用不便，因此采用了对声音进行相对变化比较的无量纲单位作为噪声的测量单位，即声压级。

采用声压级之后，将相差 100×10^{4}倍的可听声压范围简化成 0 ~ 120 dB 的声压级变化。

（3）音频。人对声音的感觉不仅与声压有关，还与声音的频率（音频）有关。人耳可闻的声音频率范围为 20 ~ 20 000 Hz，频率越高声音越尖锐，频率越低声音越低沉。

（4）响度和响度级。由于声音的频率不同，即便是声压级相同的声音听起来响声也并不相同；而不同频率的声音，虽然声压级不同，有时听起来却一样响。因此，用声压级评价声音的强弱与人们的生理感觉往往不一致。

响度和响度级能表示人所感受到的声音的强弱程度，是一种与人耳的听觉特性有关的人对声音强弱的主观表示法，这种表示法不仅与声音的声压有关，还与声音的频率有关。

（5）噪声级。为了模拟人耳在不同频率的不同灵敏性，在声级计内设有一种能够模拟人耳的听觉特性并把电信号修正为与听觉近似值的网络，这种网络称为计权网络。通过计权网络测得的声压级已不再是客观物理量的声压级，而是经过听觉修正的声压级，称为计权声级或噪声级。

声级计中设置了 A、B、C 三种“频率计权网络”对所测量的噪声进行听觉修正，其中 A、B 计权网络对中、低频声音有衰减，C 计权网络基本无衰减。对于大多数噪声而言，用 A 计权网络修正比其他计权网络修正更能接近人耳的听觉响应特性，因此测量噪声声压级常用 A 计权网络。在测量汽车噪声时，国家标准也规定使用 A 计权网络。

4. 噪声控制标准

（1）保护听力的容许标准。在高噪声环境中，人耳长期感受高的噪声级会使听力受到损伤，从暂时性听阈偏移逐渐演变为永久性听阈偏移。由噪声产生的永久性听阈偏移是随着人耳暴露于噪声中的时间的延长而逐渐发展的。由噪声诱发听力损失的发展情况如下：在人耳开始暴露于噪声中的短期内，听力先在噪声频率为4 000 Hz左右时有一定程度的降低，随着暴露时间的延长，频率范围逐渐扩大，尤其在噪声频率为2 000～4 000 Hz时听力降低得特别多，噪声为中、低频下的听力损失不到20 dB，而噪声频率在2 000～4 000 Hz下的听力损失可达50 dB以上，当听力损失大于25 dB时称为噪声性耳聋。

为了清楚地反映噪声级、工龄与产生噪声性耳聋的危险率之间的关系，国际标准化组织曾经公布过一份详细的统计资料，这一统计资料认为噪声级低于80 dB（A）时，听力损失主要是自然原因造成的。产生噪声性耳聋的危险率随着噪声级（这里用等效连续A声级）的增加而增加：噪声越高，产生噪声性耳聋的危险率随工龄增长的速度也越来越高；在不同噪声级下，产生噪声性耳聋的危险率随着工龄的增长而达到最高值，以后又逐渐下降。根据这一统计资料，可以提出保护听力的容许噪声标准。若将危险率定为10%，则可看出，容许噪声标准为85 dB（A）时，在整个工龄期间都是比较安全的。也就是说，若将听力保护的容许噪声标准定为85 dB（A），则在整个工龄期间，因噪声诱发耳聋的危险率不会超过10%。若规定容许噪声标准为90 dB（A），则因噪声诱发耳聋的危险率的最高值要超过20%。由此可见，为了保护听力，容许噪声标准不应超过90 dB（A），这是目前国际上比较一致的认识，许多国家在这一方面的标准均为90 dB（A）。如表4－15所示为一些国家的听力保护容许噪声标准。

表4－15　一些国家的听力保护容许噪声标准

国别	稳态噪声声压/dB（A）	暴露时间/h	最高限度/dB（A）	脉冲声声压级峰值/dB	减半率/dB（A）
中国	90	8	—	—	—
德国	90	8	—	—	—
法国	90	40	—	—	—
英国	90	8	135	150	3
美国	90	8	115	140	5
加拿大	90	8	115	140	5

（2）机动车辆噪声标准。机动车辆噪声标准，是控制城市环境噪声的一个重要基础标准。世界上已有几十个国家颁布了这种标准。它不仅作为一种产品质量标准，为各种车辆的研究、设计和制造提供了噪声控制指标，而且是城市机动车辆管理、监测的依据。

根据公安部的最新统计数据，2021年全国新注册登记机动车3 674万辆，比上一年增长10.38%，截至2021年12月，全国机动车保有量达到了3.95亿辆，其中汽车保有量为3.02亿辆，并且每年还生产、进口几百万辆。为了提高我国车辆的设计、制造水平和控制城市交通噪声污染，我国颁布了《汽车加速行驶车外噪声限值及测量方法》（GB 1495—2002）。其主要内容如表4－16所示。

表4－16　汽车加速行驶车外噪声限值

汽车分类	噪声限值/dB（A）	
	第一阶段	第二阶段
	2002年10月1日—2004年12月30日期间生产的汽车	2005年1月1日以后生产的汽车
M_1	77	74
M_2（GVM≤3.5 t），或N_1（GVM≤3.5 t）：		
GVM≤2 t	78	76
2 t＜GVM≤3.5 t	79	77
M_2（3.5 t＜GVM≤5 t），或M_3（GVM＞5 t）：		
P＜150 kW	82	80
P≥150 kW	85	83
N_2（3.5 t＜GVM≤12 t），或N_3（GVM＞12 t）：		
P＜75 kW	83	81
75 kW≤P＜150 kW	86	83
P≥150 kW	88	84

注：1. M_1、M_2（GVM≤3.5 t）和N_1类汽车装用直喷式柴油机时，其限值增加1 dB（A）。

2. 对于越野汽车，其GVM＞2 t时：如果P＜150 kW，则其限值增加1 dB（A）；如果P≥150 kW，其限值增加2 dB（A）。

3. M_1类汽车，若其变速器前进挡多于4个，P＞140 kW，P与GVM之比大于75 kW/t，并且用第三挡测试时其尾端出线的速度大于61 km/h，则其限值增加1 dB（A）。

4. GVM为最大总质量（t）；P为发动机额定功率（kW）。

4.6.2　噪声检测概述

1. 声级计的结构

声级计是一种能按人耳听觉特性近似地测定工业噪声、生活噪声和交通噪声等的噪声级的仪器。根据声级计在标准条件下测量1 000 Hz纯音所表现出的精度不同，将声级计分为两类：一类叫作精密声级计；一类叫作普通声级计。有些国家推行四类分法，即将声级计分为0型声级计、1型声级计、2型声级计和3型声级计，它们的精度分别为±0.4 dB、±0.7 dB、±1.0 dB和±1.5 dB。根据声级计所用电源的不同，还可将声级计分为交流式声级计和直流式声级计两类，其中直流式声级计又称为便携式声级计，应用最广。便携式声级计具有体积小、质量小和现场使用方便等优点。声级计一般都有“快”和“慢”两挡，其中“快”挡反应的平均时间为0.27 s，比较接近人耳听觉的生理平均时间；“慢”挡反应的平均时间为1.05 s。

声级计一般由显示器、声级计传感器、灵敏度调节电位器、时间计权开关和电源等组成。其结构原理及组成如图4－18所示。

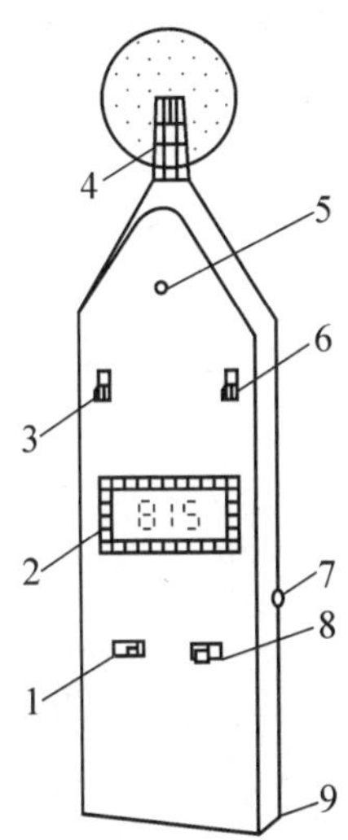

1—电源开关；2—显示器；3—量程开关；4—声级计传感器；5—灵敏度调节电位器；
6—读数/保持开关；7—复位开关；8—时间计权开关；9—电池盖板。

图4－18　声级计结构原理及组成

（1）传声器。传声器是把声压信号转变为电压信号的装置，也称为话筒，是声级计传感器。常见的传声器有晶体式、驻极体式、动圈式和电容式等多种形式。电容式传声器是声学测量中比较理想的传声器，具有动态范围大、频率响应平直、灵敏度高、在一般测量环境中稳定性好等优点，因而应用广泛。

（2）放大器和衰减器。目前流行的许多国产与进口的声级计，在放大线路中都采用两级放大器，即输入放大器和输出放大器，其作用是将微弱的电信号放大。输入衰减器和输出衰减器用来改变输入信号的衰减量和输出信号的衰减量，以使表头指针指在适当的位置，其每一挡的衰减量为10 dB，且输入衰减器和输出衰减器常常做成不同的颜色。

（3）计权网络。为了模拟人耳听觉在不同频率有不同的灵敏性，在声级计内设有计权网络。从声级计上得出的噪声级读数，必须注明测量条件，若单位为分贝，且使用的是A计权网络，则应记为dB（A）。

（4）检波器和指示仪表。为了使经过放大的信号通过表头显示出来，声级计还需要检波器，以便把迅速变化的电压信号转变成变化较慢的直流电压信号。这个直流电压的大小正比于输入信号的大小。

指示仪表主要有数字式和指针式两种类型，用于显示噪声级的值。

2. 汽车噪声检测的种类及方法

国家标准《汽车加速行驶车外噪声限值及测量方法》（GB 1495—2002）和《声学汽车车内噪声测量方法》（GB/T 18697—2002）适用于各种类型的汽车、摩托车、轮式拖拉机等机动车辆的车外和车内噪声测量。标准规定使用的测量仪器有精密声级计或普通声级计和发动机转速表，并要求在测量前后按规定校准仪器。

汽车噪声检测有汽车加速行驶车外噪声检测、车内噪声检测等。

（1）汽车加速行驶车外噪声检测。

①测量条件要求。

A. 测量场地和测量区域及传声器的布置如图 4－19 所示。应达到的声场条件如下：在该场地中心放置一个无指向小声源时，半球面上各方向的声级偏差不超过 ±1 dB。如果下列条件满足，则可以认为该场地达到了这种声场条件。

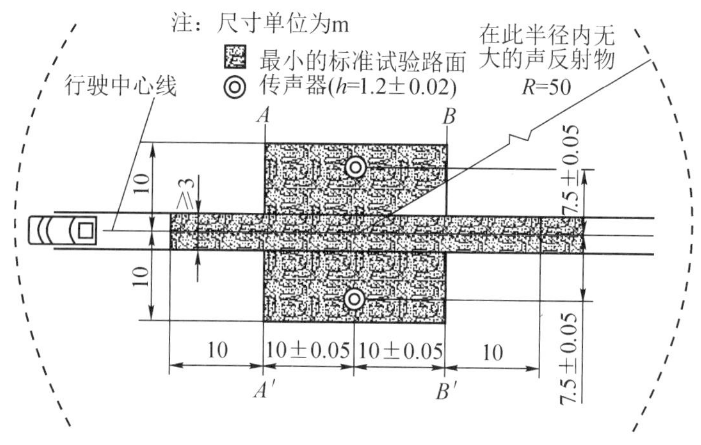

图 4－19　测量场地和测量区域及传声器的布置

a. 以测量场地中心为基点，半径为 50 m 的范围内没有大的声反射物，如围栏、岩石、桥梁或建筑物等。

b. 试验路面和其余场地表面干燥，没有积雪、高草、松土或炉渣之类的吸声材料。

c. 传声器附近没有任何影响声场的建筑物，并且声源与传声器之间没有任何人站留。进行测量的观察者也应站在不致影响仪器测量值的位置。

B. 气象。测量应在良好天气中进行。测量时传声器高度的风速不应超过 5 m/s。必须注意测量结果不受阵风的影响，可以采用合适的风罩，但应考虑到它对传声器灵敏度和方向性的影响。

气象参数的测量仪器应置于测量场地附近，高度为 1.2 m。

C. 背景噪声。背景噪声（A 计权网络）至少应比被测汽车噪声低 10 dB。

D. 汽车。

a. 被测汽车应空载，不带挂车或半挂车（不可分解的汽车除外）。

b. 被测汽车装用的轮胎由汽车制造厂选定，必须是为该车型指定选用的型式之一，不得使用任一部分花纹深度低于 1.6 mm 的轮胎。必须将轮胎充至厂定的空载状态气压。

c. 在开始测量之前，被测汽车的技术状况应符合该车型的技术条件（特别是该车的加速性能）和《汽车道路试验方法通则》（GB/T 12534—1990）的有关规定（包括对发动机温度、燃油、火花塞等的规定）。

b. 如果汽车有两个或更多的驱动轴，则测量时应采用道路上行驶常用的驱动方式。

e. 如果汽车装有带自动驱动机构的风扇，则在测量期间应保持其自动工作状态。如果该车装有诸如水泥搅拌器、空气压缩机（非制动系统用）等设备，则在测量期间不要启动这些设备。

②汽车加速行驶车外噪声测量方法。在进行汽车加速行驶车外噪声测定时，车辆以50 km/h的稳定车速到达起始线。此时，发动机转速应为额定转速的3/4；手动变速器有4 挡以上的挡位时，使用2 挡和3 挡测量，4 挡及4 挡以下者用2 挡测量。如果该车的自动变速器装用手动选挡器，则应使选挡器处于制造厂为正常行驶而推荐的位置来进行测量。

（2） 车内噪声检测。

①测量条件要求。

a. 从汽车辐射的声音只能通过道路表面的反射成为车内噪声的一部分，而不能通过建筑物、墙壁或汽车外的类似大型物体的反射成为车内噪声。在进行测量的过程中，汽车与大型物体之间的距离应该大于20 m。

b. 汽车外面的气温必须在 -5 ℃到 +35 ℃范围内，沿着测量路线在约1. 2 m 高度的风速不得超过5 m/s。其他的气象条件不得影响测量结果。风速和风向对于汽车行驶方向的情况应该在试验报告中加以说明。

c. 对于所有 A 声级测量时，由背景噪声和仪器内部电噪声而确定的测量动态范围下限应该至少低于所测声级 10 dB。

d. 汽车车内噪声一般受道路表面结构的粗糙度影响很大，平滑路面可以产生平稳的车内噪声，因此，试验的路段应该是硬路面，必须尽可能平滑，不得有接缝、凹凸不平或类似的表面结构，否则将会增加汽车内部的声压级。

e. 道路表面必须干燥，不得有雪、污物、石块、树叶等杂物。

f. 在测量过程中，发动机的所有运行条件，如燃料、润滑油、点火正时或喷油时间等都应该符合制造厂家的规定。在测量开始前，发动机应该稳定在正常的工作温度范围内，或以中等速度行驶一段路程。

g. 所采用的轮胎应该与制造厂家规定的型号一致，而且型号应该是普遍采用的。轮胎的压力必须符合制造厂家的规定要求。如果车辆备有可选择非公路用特殊轮胎，则应该使用公路用轮胎。

轮胎应较新，其花纹无明显磨损（特别是不应有偏磨）。

轮胎型号和充气压力应该在报告中加以说明。如果认为车轮不平衡可能影响汽车车内噪声，则需对汽车车轮进行静态和动态平衡调校。

h. 车辆载荷的基本条件应该符合《道路车辆　质量　词汇和代码》（GB/T 3730. 2—1996）中的4. 4 或4. 6 的规定，这些规定与汽车制造厂家所做的规定是相同的。汽车在测试噪声时必须是空载（除驾驶员、测量人员和测试装备外，不得有其他载荷）。

只有汽车的标准装备、测试装备和必不可少的人员可留在车内。在轿车、货车、牵引车和类似汽车的驾驶室内，人员不得超过2 人（驾驶员和测量人员）。在公共交通用车且座位在8个以上的汽车中，在车内的人员也不得超过3人①。

②传声器位置。由于汽车车内噪声级明显与测量位置有关，所以应该选择能够代表驾驶员和乘客耳旁的车内噪声分布的足够的测点。

传声器的垂直坐标是（无人）座椅的表面与靠背表面的交线以上（0.70±0.05）m处，如图4－20所示。水平坐标应在座椅的中心面（或对称面）上。

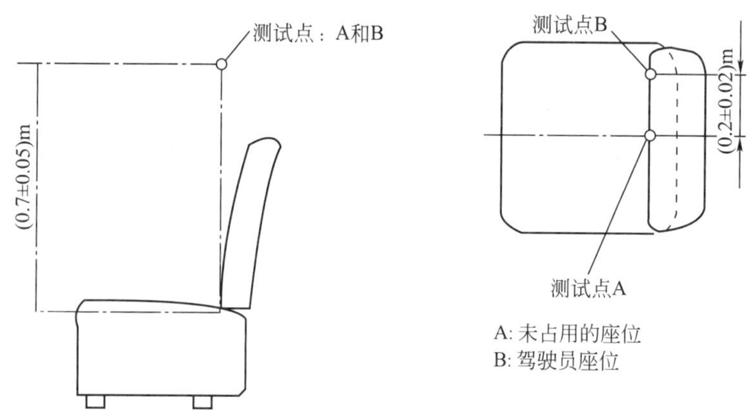

图4－20　传声器相对于座椅的位置

在驾驶员座位上，水平横坐标向右（右置方向盘的汽车则向左）到座位中心面的距离为（0.2±0.02）m。可调节的座位应进行调节。

站立处的传声器位置：垂直坐标应在地板以上（1.6±0.1）m处。水平坐标应在所选测点站立的位置上。

卧姿的传声器位置：卧姿指处于汽车或货车的卧铺和救护车的担架等状态。传声器须放在（无人）枕头的中部以上（0.15±0.02）m处。

③测量步骤。对于匀速行驶试验，至少要在所规定的5个车速下记录A计权网络的数值。

对于油门全开加速试验，应记录在所规定的加速范围内出现的A计权网络最大值，并应在测试报告中加以说明。

对于定置噪声试验，应记录怠速时A计权网络读数和油门全开过程中最大声级读数，并要在测试报告中加以说明。在稳定的高速空转转速时声级值可作为附加读数。

对于验证性试验，必须在每一个测点上，对每一种运转工况，至少测2次。如果A计权网络在任何一种运转工况下，两次测量值之差超过3 dB，则必须继续测试，一直到两次连续的测量读数差值在3 dB范围内为止。这两次测量的平均值便可作为测试结果。对符合规定的噪声测试来说，这样的平均值将被用来得到回归曲线。

在试验报告中给出的数值，应该修约到最接近的整数（单位为dB）。

---

① 这种测试条件是基于简化测试而规定的。上述条件并不代表正常使用条件，特别是对于货车、公共汽车和其他商用汽车，这可能导致所测得的内部噪声数值偏大。

对于检查性试验，在所选择的测点上，在每一个规定的测试条件下，各进行一次测试便可。

不符合一般声级特性的异常读数应予忽略。

如果所显示的声级计读数有波动，则应该确定读数的平均值。个别很高的峰值可不予考虑。

3. 汽车噪声控制措施

常用的噪声振动控制技术包括吸声、隔声、消声、隔振和阻尼减振，也称为无源控制技术。降低汽车噪声常用降噪技术、有源噪声控制、利用智能材料与结构进行车内噪声控制和开发多孔性路面 4 种方法。目前，在汽车设计、制造和使用中采用了多种措施来降低汽车噪声，具体如下：

（1）燃烧噪声控制。汽油机可以采取消除爆燃和表面点火的方法降低燃烧噪声。对于直喷式柴油机，可通过调整其喷油规律，采用先缓后急的措施，以及提高进入燃烧室的燃烧空气温度，推迟供油，或者采用增压技术、提高压缩比、减小喷油器喷油孔的面积等方法来降低直喷式燃烧室柴油机的燃烧噪声。

（2）发动机机械噪声控制。可采用活塞销孔偏置和采取减小活塞冷态配缸间隙的方法降低活塞敲击噪声；提高齿轮的加工、安装精度，改变齿轮的技术参数和采用良好的机油以及采用传动带替代齿轮啮合都可良好地降低齿轮啮合噪声。对于配气机构的噪声，可采用良好的机油、液力挺柱、顶置式凸轮轴等技术，提高轴承和轴的刚度、加强润滑以降低噪声。

（3）风扇噪声控制。可采用叶片的不等间隔布置，缩小风扇叶尖和风罩之间的间隙，风扇面积和散热器面积应相互协调，采用弯曲叶尖叶片，用塑料风扇代替钢板风扇，并使用风扇自动离合器等方式降低噪声。

（4）进气噪声控制。采用光滑的进气歧管，提高加工制造工艺，缩短管道长度，避免管长等于 1/4 波长奇数倍的频率。

（5）排气噪声控制。可安装排气消声器来降低排气噪声。

（6）发动机液体动力噪声控制。将汽油机的电动燃油泵安装在油箱内；对于柴油机高压油管，要防共振和驻波两种现象。控制油管的固有频率在压力脉动频率的 1/3 到 33 倍范围以外，并要控制油管的长度。

（7）齿轮噪声控制。设计中增加齿轮重合度、齿宽、模数，提高齿轮的加工、安装精度，加强润滑。

（8）轴承噪声控制。提高轴承的精度，合理设计安装预紧力，进行良好润滑，防止灰尘、杂质等进入轴承。

（9）传动轴噪声控制。采用无缝钢管材料，提高轴管加工质量；进行动平衡检查；用等速万向节代替不等速万向节；保持各润滑点的润滑。

（10）轮胎噪声控制。在同种花纹条件下，降低汽车总质量，对于磨损的轮胎要及时翻新和更换。

（11）车身噪声控制。可使用加强肋提高板件强度，也可加装阻尼带或粘贴减振材料。在板件上涂防声涂料，降低其噪声辐射效率；车身外板、车顶和地板等各部位的共振频率错开；设计流线型车身，采用光洁的车身，减少车身突出物数量和程度，在突出后进行光滑过渡处理，均可降低车身噪声。

4.7 汽车车速表的检测

4.7.1 概述

车速表与汽车的行驶速度和行车安全直接相关，汽车驾驶员通过车速表随时准确地掌握车速信息，在不同的环境下控制好汽车的运行速度，是实现安全行车的前提保障，但是，车速表使用时间过长致使内部磁场减弱或车轮直径磨损，都会导致车速表计数失准。车速表的误差过大，极易误导驾驶员而造成交通事故。所以，为确保车速表的指示精度，就必须对车速表进行定期的检测与校正。

1. 车速表误差形成的原因

车速表误差形成的原因主要有如下3点。

（1）车速信号传递误差。汽车车速表主要有电磁式车速表和电子式车速表两大类，此外，还有机械式车速表。电磁式车速表通常通过蜗轮蜗杆和软轴将变速器输出轴的转速传递给车速表的主动轴，而后转换为车速信号。机械式车速表传递车速信号的可靠性较高，一般不会产生误差。电子式车速表一般通过安装在变速器处的各种车速传感器（如光电式、霍尔效应式、磁阻式等）获得反映汽车车速的脉冲信号，再由电子电路驱动车速表。车速传感器性能变差、老化、损坏，或驱动电路性能不良、存在故障，则会使车速信号在传递中产生误差，从而使车速表出现指示误差。

（2）车速表本身故障或损坏。电磁式车速表是利用磁电互感作用，通过指针摆动来显示汽车行驶速度的。车速表内有可转动的活动盘、转轴、轴承、齿轮、游丝等零件和磁性元件。在使用过程中，这些零件的自然磨损以及磁性元件的磁性变化，都会造成车速表的指示误差。而电子式车速表通常是一个电磁式电流表，用于接收驱动电路送来的车速信号，其接收的平均电流与车速成正比，并驱动车速表指针偏摆，指示相应的车速。由于无需软轴传动，电子式车速表的性能一般较为稳定，但当电磁式电流表失效或性能变差时，也会造成车速表的指示误差。

（3）车轮滚动半径的变化。汽车行驶速度可用式（4-3）计算：

$$V = 0.377\frac{rn}{i_g i_o} \tag{4-3}$$

式中：V——汽车行驶速度，km/h；

r——车轮滚动半径，m；

n——发动机转速，r/min；

i_g——变速器传动比；

i_o——主减速器传动比。

由式（4-3）可知，汽车实际行驶速度与车轮滚动半径成正比，即汽车实际行驶速度会因为车轮滚动半径的变小而变小；反之则变大。轮胎磨损、气压不足或气压过大都会引起车轮滚动半径的变化，从而导致车速表指示值误差。

2. 车速表检测的基本原理

车速表的检测方法有道路试验法和室内台架试验法两种。用道路试验法检测时，汽车以不同车速等速通过某一预定长度的试验路段，测出通过该路段的时间，然后计算出实际车速，把实际车速与车速表指示值进行对照，即可测出不同车速下车速表的指示误差。车速表的室内台架试验可以在滚筒式车速表试验台上进行。测量时，被测汽车的车轮置于车速表试验台的滚筒之上，由汽车车轮驱动滚筒旋转或由滚筒驱动汽车车轮旋转，由试验台的测量装置测出汽车的实际行驶速度（试验台滚筒线速度），然后与汽车车速表指示值对比，便可测出车速表误差值。

4.7.2 车速表试验台的类型

车速表试验台是检测汽车行驶速度的装置，它的主要评价指标是车速表的允许误差。汽车的车速表一般都是由变速器的转轴通过软轴驱动的。前置发动机的汽车车速表大多采用这种方式驱动，但对于后置发动机的汽车，由于变速器距驾驶室仪表板上的车速表太远，如果仍通过软轴由变速器驱动，那么势必会出现传动精度低和软轴寿命短等方面的问题。

为了保障行车安全，在《机动车运行安全技术条件》（GB 7258—2017）中，对汽车车速表的检测做了如下的规定：当车速表试验台的速度指示值为 40 km/h 时，车速表指示值应为 40 ~ 48 km/h；当车速表指示值为 40 km/h 时，车速表试验台的速度指示值为 32.8 ~ 40 km/h。

车速表的精确度是通过车速表试验台来检测的。为了适应汽车车速表不同的驱动形式，车速表试验台有三种类型：一是无驱动装置的标准型，它依靠被测车轮带动滚筒旋转（标准型）；二是有驱动装置的驱动型，它由电动机驱动滚筒旋转（驱动型）；三是把车速表试验台与制动试验台或底盘测功机组合在一起的综合型。

1. 标准型

标准型车速表试验台本身不带驱动装置，它的滚筒由被检汽车的驱动车轮带动旋转，来驱动试验台的速度表指示，如图 4 – 21 所示。

2. 驱动型

驱动型车速表试验台本身带有驱动装置，用其滚筒带动被检汽车的从动车轮旋转，驱动汽车车速表指示，如图 4 – 22 所示。

3. 综合型

把车速表试验台与制动试验台或底盘测功机组合在一起，构成综合型车速表试验台。综合型车速表试验台通常是一个多功能试验台，其车速表检测往往是一个附加功能而不是主要功能。例如，汽车底盘测功机、汽车惯性滚筒式制动试验台等，它们都有测速的功能，因此可以很容易地检测汽车车速表。

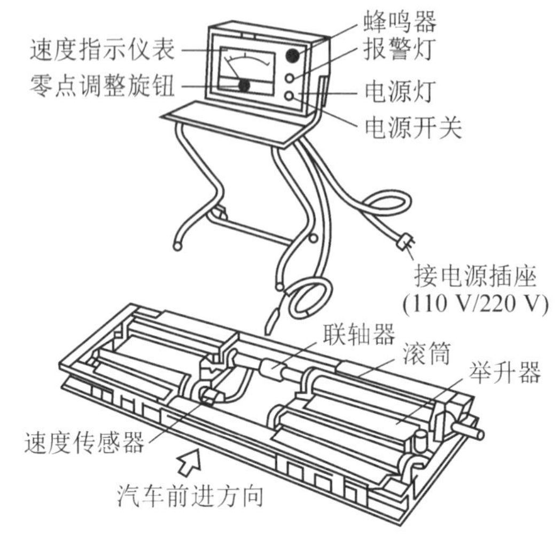

图 4-21　标准型车速表试验台

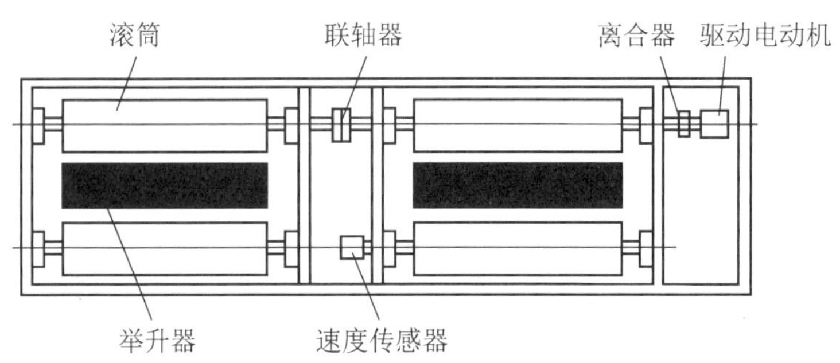

图 4-22　驱动型车速表试验台

4.7.3　车速表试验台的构造、使用方法

车速表试验台由速度检测装置、速度指示装置和速度报警装置等组成。

1. 标准型车速表试验台

（1）速度检测装置。速度检测装置主要由滚筒、速度传感器、联轴器和举升器等组成。

（2）速度指示装置。速度指示装置是按照测速发电机发出的电压工作的。它能根据滚筒外圆周长和其转速计算得到滚筒表面的线速度（km/h），并在指示仪表上显示。

（3）速度报警装置。为了便于检测人员更快地判明被检汽车的车速表是否合格，车速表试验台均具有速度显示的功能，包括将速度指示表的合格范围涂成绿色带、装上红色报警灯和蜂鸣器。

2. 驱动型车速表试验台

驱动型车速表试验台是为检测车速表由从动车轮驱动的汽车而设计生产的。它的结构基本上与标准车速表试验台相同，仅仅是在滚筒的一端装置一台电动机，用以驱动其滚筒再带动汽车从动轮旋转。

驱动型车速表试验台的滚筒和电动机之间一般都装有离合器。如果用离合器将电动机与滚筒脱开，就与标准型车速表试验台具有同样的功能。

3. 车速表试验台的使用方法

车速表试验台的牌号、形式不同，其使用方法是有区别的，因此，在使用前一定要认真阅读试验台的使用说明书，掌握正确的使用方法。

4. 车速表检测标准

车速表试验台是检测汽车行驶速度的装置，它的主要评价指标是车速表的允许误差。按照《机动车运行安全技术条件》（GB 7258—2017）的有关规定，车速表指示车速 V_1 与实际车速 V_2 之间应符合下列关系式：

$$0 \leqslant V_1 - V_2 \leqslant \frac{V_2}{10} + 4 \tag{4-4}$$

车速表指示误差的检验宜在驱动型车速表试验台上进行。对于无法在车速表试验台上检验车速表指示误差的机动车，可路试检验车速表指示误差。

将被测机动车的车轮驶上车速表试验台的滚筒上使之旋转，当该机动车车速表的指示值（V_1）为40 km/h 时，车速表试验台速度指示仪表的指示值（V_2）在32.8～40 km/h 范围内为合格。

当车速表试验台速度指示仪表的指示值（V_2）为40 km/h 时，读取该机动车车速表的指示值（V_1），当 V_1 的读数在40～48 km/h 范围内时为合格。

5. 车速表指示误差分析检测

车速表指示误差的出现主要有两个方面的原因：一是车速表传动或本身零部件损坏；二是轮胎磨损或气压不符合规定。

机件在使用过程中发生自然磨损、磁性元件的磁性发生变化和车轮滚动半径发生变化等，都会造成车速表指示误差增大。不管是电磁式车速表还是电子式车速表，在本身技术状况正常的情况下，车轮滚动半径的变化是造成车速表指示误差的主要原因。车轮滚动半径的变化主要是轮胎磨损、气压不足或气压过高等原因造成的。

4.7.4　车速表的检测方法

车速表的检测方法因车速表试验台的牌号、形式而异，应根据使用说明书进行操作。通用的检测方法如下：

1. 车速表试验台的准备

（1）在滚筒处于静止状态时，检查指示仪表是否在零点位置上。若指针不在零点位置上，则可用零点调整螺钉调整。

（2）检查滚筒上是否沾有油、水、泥、砂等杂物，如果有，则应清除干净。

（3）检查举升器的升降动作是否自如。若举升器升降动作阻滞或有漏气部位，则应予以修理。

（4）检查导线的接触情况，若有接触不良或断路的情况，则应予以修理或更换。

2. 被测车辆的准备

按规定调整好轮胎气压，若轮胎上沾有油、水、泥或花纹内嵌有小石子，则应清除干净。

3. 检测步骤

（1）接通车速表试验台电源，升起举升器。

（2）将汽车开上车速表试验台，使与车速表有传动关系的车轮停于两滚筒之间。

（3）降下举升器，直至轮胎与举升器托板脱离。

（4）当驾驶室内车速表指示值达到检测车速时，读取车速表试验台指示值（实际车速）；或当车速表试验台指示值达到检测车速时，读取驾驶室内车速表的指示值。

注意：对于标准型车速表试验台，应将变速杆挂入最高挡，踩下加速踏板使驱动轮带动滚筒平稳地加速运转。对于驱动型车速表试验台，应接合试验台离合器，使滚筒与电动机连在一起，并将变速杆挂入空挡，起动电动机，通过滚筒带动车轮旋转。

（5）读取数据后，轻轻踩下汽车制动踏板，使滚筒和车轮停止转动。对于驱动型车速表试验台，必须先关掉电动机电源，再踩制动踏板。

（6）升起举升器，将汽车驶离车速表试验台。

本章小结

汽车整车技术状况检测直接影响汽车行驶安全性和运行经济性，是汽车检测的重要内容。汽车动力性和制动性是机动车年度安全检验的必检项目。

1. 汽车的动力性是汽车各种性能中最基本、最重要的性能。

2. 汽车燃料经济性是指汽车以最低的消耗费用完成运输工作的能力，它是一个综合评价指标。

3. 检测前轮侧滑量的主要目的是确定前轮前束与前轮外倾的配合是否恰当。

4. 制动性能是汽车的重要使用性能之一。制动性能的好坏直接关系行车安全，性能良好和可靠的制动系统可保证行车安全，避免交通事故。

5. 汽车前照灯及信号装置检测是机动车运行安全检测的必检项目，通常用前照灯检测仪进行检测。

6. 汽车噪声检测是汽车年度安全检验的重要检测项目。汽车噪声一般为 60 ~ 90 dB，属于中等强度的噪声。声压和声压级是表示声音强弱的最基本的参数。

7. 车速表与汽车的行驶速度及行车安全直接相关，汽车驾驶员通过车速表随时准确地掌握车速信息，在不同的环境下控制好汽车的运行速度，是实现安全行车的前提保障。为确保车速表的指示精度，就必须对车速表进行定期的检测与校正。

自测题

一、单项选择题

1. 汽车燃料经济性是指汽车以最低的（　　）完成运输工作的能力。

A. 消耗费用　　B. 经济性　　C. 安全性　　D. 通过性

2. 动力性道路试验项目有滑行试验、加速性能试验、最高车速试验和（　　）。

A. 中速试验　　B. 最低车速试验

C. 减速性能试验　　D. 爬陡坡性能试验

3. 评价汽车制动性能主要评价（　　）、制动效能的恒定性、制动时汽车的方向稳定性 3 方面。

A. 制动效能　　B. 制动的台试结果

C. 制动的路试结果　　D. 制动效能的经验性

二、判断题

1. 汽车动力性检测中，台架测试主要测定最高车速、加速能力、最大爬坡度等。（　　）

2. 汽车的制动性能是汽车各种性能中最基本、最重要的性能。（　　）

3. 侧滑是轮胎胎面在前进过程中的横向滑移现象。（　　）

三、简答题

1. 什么是汽车的动力性？

2. 什么是汽车燃料经济性？

3. 汽车制动性能主要从哪几个方面来评价？

第5章　排放污染物检测

导　言

本章主要介绍汽车排放污染物的主要成分及其危害；汽车排放污染物的评价标准、检测项目和方法；我国汽车排放法规与排放限值。

学习目标

1. 认知目标

(1) 理解汽车排放污染物的主要成分及其危害。

(2) 了解汽车排放污染物的检测评价标准。

(3) 了解汽车排放污染物的检测项目及我国汽车排放法规与排放限值。

2. 技能目标

(1) 通过对相关知识的学习，理解汽车排放污染物的危害。

(2) 理解汽车排放污染物检测的概念。

(3) 利用汽车排放污染物检测的项目及标准，完成对汽车排放污染物的简单检测。

3. 情感目标

(1) 初步养成自觉遵守国家标准的习惯。

(2) 增强空间想象能力和思维能力，努力提高学习兴趣。

(3) 培养一丝不苟、严肃认真的工作作风，注意操作安全。

5.1　废气中污染物的主要成分、产生原因及检测评价标准

随着汽车数量的剧增，从汽车发动机中排出的一氧化碳（CO）、碳氢化合物（HC）、氮氧化物（NO_x）和炭烟微粒等不仅污染大气，使环境恶化，而且这些污染物的最高体积分数层处在离地面1 m左右处，恰恰是行人的呼吸带部位，严重地影响了人类的健康。近年来，随着汽车工业的发展和国民经济各部门及人民生活对汽车的需求日益扩大，车辆年增长率达到了15%，汽车废气污染情况日趋严重。对汽车废气排放的控制与防治，已到了刻不容缓的地步。要做好汽车废气排放的控制与防治，必须强化检测手段并对在用车辆技术状态进行定期检查监督和强制维修。

根据使用燃油的不同，汽车发动机排出废气的成分也不相同。有害成分的排放量与汽车的技术状态有着密切的关系。这些有害成分将污染空气，危害生态环境，特别对汽车车

内的环境产生严重污染，对驾驶员、乘客的健康产生危害，甚至危及生命，因此对汽车废气的排放必须加以严格监控。

5.1.1　汽车废气中污染物的主要成分及产生原因

1. 废气中污染物的主要成分

汽车排放的污染物主要有 CO、HC、NO_x、硫化物、微粒、二氧化碳（CO_2）等。这些污染物由汽车的排气管、曲轴箱和燃油系统排出，分别称为排气污染物（又称尾气）、曲轴箱污染物和燃油蒸发污染物。随着汽车工业的迅速发展，汽车保有量急剧增加，汽车排放的污染物对大气的污染已经构成公害。它对部分人群，尤其是对大城市的人群造成了严重的健康威胁，同时它还损害生态环境，污染河流、湖泊，危及野生动植物的生存。

（1）一氧化碳（CO）。CO 是无色、无味、无刺激性的有毒气体，因不易被察觉，人们往往在不知不觉中因过量吸入 CO 而中毒。CO 一经吸入肺部并被血液吸收后，能与人体中的血红蛋白（hemoglobin，Hb）结合成一氧化碳血红蛋白（CO－Hb）。血红蛋白的作用是把氧气从肺部输送至人体的各功能器官，以维持正常的新陈代谢，但由于 CO 与血红蛋白的亲和力要比氧气与血红蛋白的亲和力大 250 倍，所以当 CO 存在时，血红蛋白首先与 CO 结合，且解离很慢，使血红蛋白失去与氧亲和并输送氧气的能力，导致人体缺氧。当大气中 CO 的体积分数为（70～80）$\times 10^{-6}$时，几小时以后，人体内 CO－Hb 的体积分数可达 10%，会引起头痛、心跳加速等症状。当 CO－Hb 的体积分数达 20% 时，就会引起中毒；当 CO－Hb 的体积分数达 60% 时，人即因窒息而死亡。

汽车排放的 CO 是燃料不完全燃烧的产物。当发动机混合气过浓或燃烧质量不佳时，易生成 CO。

（2）碳氢化合物（HC）。汽车废气中的 HC 是多种碳氢化合物的总称，是发动机未燃尽的燃料分解或供油系中燃料蒸发所产生的气体。汽车排放的污染物中，HC 主要来自曲轴箱窜气，其次是来自燃油箱中的蒸发，其余则由发动机排气管排出。

HC 中的大部分成分对人体健康的直接影响并不明显，但在 HC 中含有少量的醛（甲醛、丙烯醛）、醇、酮、酯、酸和多环芳香烃（苯并芘）等，其中甲醛与丙烯醛对鼻、眼和呼吸道黏膜有刺激作用，可引起结膜炎、鼻炎、支气管炎等，且有难闻的臭味。苯并芘是一种致癌物质，在每克 HC 中含 3，4－苯并芘约 75.4 μg，每辆汽车每小时约排出 300 μg 的 3，4－苯并芘，若人体吸入较多，则易得癌症。

（3）氮氧化物（NO_x）。排放污染物中的氮氧化物主要指 NO_2和 NO，通常可概括表示为 NO_x。NO_x主要是在高温燃烧过程中由空气中的氧和氮化合而成的，燃料中的含氮化合物也会部分形成氮氧化物后排放。汽车尾气中直接排出的氮氧化物基本上是 NO，汽油机排出的氮氧化物中，NO 占 99%，而柴油机排出的氮氧化物中 NO_2的比例稍大。

NO_x是复杂氮氧化物的总称，它包括 NO、NO_2、N_2O、N_2O_3、N_2O_4、N_2O_5等多种成分，其中主要成分是 NO 和 NO_2。NO 毒性不大，但高体积分数的 NO 能引起神经中枢的障碍，且它很易氧化成剧毒的 NO_2。NO_2 是棕色气体，有特殊的刺激性臭味，吸入肺后，能与肺部的水分结合生成可溶性硝酸，严重时会引起肺气肿。大气中 NO_2的体积分数为

5×10^{-6}时就会对哮喘病患者有影响，人们若在（100～150）$\times10^{-6}$的高体积分数 NO_2 的环境中连续呼吸 30～60 min，就会陷入危险状态。

HC 和 NO 在阳光下还会产生光化学烟雾、臭氧（O_3）和过氧化酰硝酸盐，这些物质对眼睛、咽喉有很大刺激作用，使人流泪，引发红眼病和咽喉肿痛等，严重时还会造成呼吸困难、四肢痉挛、神志不清。

（4）硫化物。发动机排出的硫化物主要为二氧化硫（SO_2）。它由所用燃料中的硫与空气中的氧反应而生成。SO_2有强烈气味，进入人体后遇水形成亚硫酸，有腐蚀作用。大气中 SO_2 的体积分数达到10×10^{-6}时，可刺激咽喉与眼睛；体积分数达到40×10^{-6}时，能使人在几分钟内中毒。

（5）微粒。汽油机排出的主要微粒是铅化物、硫酸盐、低分子物质；柴油机排出的主要微粒为炭化物质（炭烟）和高分子量的有机物（润滑油氧化和裂解的产物），其微粒的直径在 0.1～1 μm 范围内。柴油机产生的微粒量比汽油机多 30～60 倍，炭烟是柴油燃烧不完全的产物，它由直径较小的多孔性炭粒构成。

发动机排出的废气中含有极小的颗粒状物质，这些颗粒状物质主要由作为抗爆剂加入到汽油中的四乙铅经燃烧后生成的铅化物微粒，以及燃料不完全燃烧生成的炭烟颗粒等组成，柴油机排出的炭烟颗粒较汽油机更多。铅化物微粒散入大气后，对人体健康十分有害，当人们吸入这种有害物体并且其在体内积累到一定程度时，将阻碍血液中红细胞的生长与成熟，使心、肺等器官发生病变。若铅化物微粒侵入大脑，则引起头痛，甚至出现精神病的症状，因此，应使用无铅汽油。

炭烟本身对人的呼吸系统有害，且它的孔隙中往往吸附有 SO_2及有致癌作用的苯并芘等。炭烟较多时会形成黑雾，妨碍驾驶员的视线，容易引发交通事故。

（6）二氧化碳（CO_2）。CO_2是发动机排出废气中的主要成分之一，在正常情况下对人体无害，但这种气体的积累会使地球表面升温，产生“温室效应”，破坏生态平衡，也会对人体健康产生潜在影响，故有时也把 CO_2看作有害成分。

2. 影响发动机污染物排放量的因素

根据发动机排出的污染物形成的原因，影响其排放量的主要使用因素有以下几个方面。

（1）影响汽油机的 CO、HC 和 NO_x 排放量的主要使用因素。

①混合气体积分数。混合气体积分数常以空燃比或过量空气系数表示，空燃比是指空气质量与汽油量之比，汽油要得到完全燃烧，理论上的空燃比应为 14∶8。过量空气系数是指燃烧 1 kg 汽油实际供给的空气质量与理论上燃烧 1 kg 汽油所需的空气质量之比。若空燃比大于14∶8，或过量空气系数大于 1，则称混合气较稀或过稀；反之，若小于 14∶8 或 1，则称混合气较浓或过浓。

空燃比与污染物排放量的关系如下：

对于 HC，当空燃比大于 17～18 时，由于混合气过分稀释，易发生火焰不完全传播以致断火的情况，故使未燃 HC 排放量迅速增加。

对于 NO_x，用很浓的混合气时，由于燃烧温度和氧浓度都较低，所以 NO 的生成量也较低。若混合气过稀，虽然氧气的体积分数增加，但燃烧温度有所下降，所以 NO 增加。

对于 CO，空燃比越大，空气越充足，越易完全燃烧。

②发动机温度。发动机在冷态时，供给的燃油雾化不良，进入气缸的混合气遇到冷壁会发生冷凝，所以，需供给浓混合气，而在空气量不足的情况下，CO 增加，但此时燃烧温度低，使 NO_x减少而未燃 HC 增多。若温度过高，则会引起发动机过热、爆震及早燃等故障，使燃烧温度异常升高，NO_x增加。

③发动机负载。发动机负载一般由车辆的不同运行工况和装载质量决定。

发动机在怠速、减速行驶等低速小负载运动时，化油器所供给的高混合气燃烧速度减慢，引起不完全燃烧，CO 增加，且由于气体温度低，气缸中激冷面上的燃油未经燃烧，形成 HC 排出，而 NO_x排出较少。因此，在怠速工况下发动机排出的污染物最多。

④发动机转速。发动机转速升高，气缸内混合气紊流扰动增加，火焰传播速度加快，汽油燃烧比较完善，HC 排放体积分数降低。

发动机在加速运行时，由于要求发出大的功率，须将气缸内燃气的温度提高，因此既会产生大量的 NO_x，而且由于在短时间内，从化油器加速泵系统中供应过量的燃油，又会引起一部分燃料的不完全燃烧，导致 CO 和 HC 排放量均增加。

当发动机减速运行时，即汽车行驶时驾驶员迅速松开加速踏板，特别是发动机原先高速运行，一旦急速关闭节气门，在进气歧管内会产生瞬时的高真空度而吸入过量的燃料，使燃料和空气的混合气成分过浓。与此同时，气缸内的气体压力却降低了，因此燃烧温度也降低，由于产生不完全燃烧，CO 的生成量增加，又由于激冷区加大，HC 的生成量也增多。

在怠速时，发动机转速与排气成分 CO、HC 的体积分数也有关系，适当地提高怠速转速，有利于降低怠速时的这两种成分的排放体积分数。这是由于随着怠速转速的提高，进气节流度将减小，进入气缸的新气量将增加，于是，残余气体的稀释程度有所减小，燃烧改善，CO 和 HC 的排放体积分数随之降低。

⑤点火时刻。点火提前时间，由节气门开度、发动机转速和汽油质量等决定，如推迟点火提前时间，即接近活塞上止点时点火，则由于排气时间延长，排气温度增高，而此时气缸内容积相应减少，促进 CO 和 HC 的氧化与激冷面积减小，可使得 HC 排量减少，对 CO 排量影响不大，但过于推迟，因 CO 没有时间完全氧化，CO 排出量会增大。

（2）影响柴油机炭烟排出的主要因素。

①燃料。燃料的十六烷值较高时，因稳定性差，在燃烧过程中易于裂解，故有较大的冒烟倾向。

②喷油。提前喷油，可使着火备燃期延长，因此喷油量较多，使之循环温度升高，燃烧过程结束较早，排烟量可降低。非常滞后喷油时，其喷油发生在最小的着火备燃期之后，这时扩散火焰大部分发生在膨胀行程中，火焰温度较低，燃油高温裂解的条件差，所以炭烟减少。

③转速。对直喷式柴油机，排烟量随转速提高而稍有增加。因为转速提高，不易于混合气形成和燃料来不及燃烧，使未燃烧的油和局部混合气浓度增加。

④负载。排烟量随负载增加而增多，因为负载增加时，喷油量增加，燃烧温度亦提高，故容易生成炭烟。

5.1.2 汽车排放污染物检测评价标准

我国在吸收发达国家的成功经验后，制定了一条适合我国国情的汽车排放标准技术路线：对汽油车先实行怠速法控制，再实施强制装置法控制，即对曲轴箱排放和燃油蒸发进行控制，最后实行工况法控制；对柴油车则是先实行自由加速法及全负荷法控制烟度，然后与汽油车同步实行工况法，最后再考虑制定柴油车颗粒物排放标准。

我国于 1982 年颁布了大气质量标准，从 1983 年至今，我国与时俱进，陆续制定、修改、颁布并实施了多种汽车排放污染物检测标准。

汽车排放污染物检测标准可分为型式核准试验标准、生产一致性试验标准和在用汽车检测标准 3 类。其中，型式核准试验标准适用于对新设计车型的认证试验；生产一致性试验标准适用于从成批生产的车辆中任意抽取一辆或若干辆进行的抽样试验；在用汽车检测标准适用于对在用汽车的年检及抽样检测。

一般而言，型式核准试验标准严于生产一致性试验标准，但这两种排放标准今后有合而为一的趋势；而在用汽车检测标准通常与该车型生产时所达到的新车排放标准相对应。

1. 汽车污染物排放量表示方法

汽车排放污染物的排放量根据不同的排放项目，常用浓度排放量、质量排放量、比排放量和排气烟度来表示。

（1）浓度排放量。浓度排放量常用体积分数和质量浓度表示。体积分数是指排气体积中污染物所占的体积比，根据实际污染物浓度的不同，可分别用百分数（%）、10^{-6}或10^{-9}来表示。

例如，对排气中浓度较高的 CO 和 CO_2 一般用% 来表示；对浓度较低的 HC、NO_x 用 10^{-6}表示；而对浓度更低的成分可用 10^{-9}表示。质量浓度是指单位排气体积中污染物的质量，常用单位 mg/m^3 计量。

（2）质量排放量。质量排放量是指实际检测时每小时或每测试循环中发动机排放的污染物质量，常用 g/h 或 g/测试来表示。在实际环境治理工作中，若对排放污染物进行总量监测，或在车辆排放检测中按规定的工况循环测量排放量，则可用质量排放量表示。

（3）比排放量。比排放量是指检测时汽车单位行驶里程所排放的污染物质量或发动机发出单位功所排放的污染物质量，常用的比排放量量纲为 g/km 或 g/（kW・h）。

在整车试验时，用单位测试循环的质量排放量（g/测试）除以单位测试循环的运转公里数可得到每公里的排放量（g/km），这是排放法规中最常用的计量单位；当进行发动机排放特性试验时，可以用单位功所排放的污染物质量作为评价指标。

但一般测试仪器测出的是浓度排放量，此时可用浓度排放量、排气流量、排气密度及发动机有效功率进行计算得出单位功所排放的污染物质量。

（4）排气烟度。排气烟度常用波许（Bosch）烟度 R_b 值和光吸收系数 K 值表示。采用滤纸式烟度计检测排烟时，用 R_b 值表示其排烟的浓度。R_b 值越大，表示排烟越浓，碳微粒越多；采用不透光烟度计检测排烟时，用光吸收系数 K 值表示炭烟的质量浓度，K 值越大，表示炭烟的质量浓度越高。

2. 汽车污染物检测标准

《汽油车污染物排放限值及测量方法（双怠速法及简易工况法）》（GB 18285—2018）规定，汽油车排放污染物限值如下：

（1）汽油车双怠速法检验排气污染物排放限值如表 5－1 所示。从表 5－1 中可以看出，高怠速排放测量值应低于怠速排放测量值。

表 5－1 双怠速法检验排气污染物排放限值

类别	怠速		高怠速	
	CO	HC①	CO	HC①
限值 a	0.6%	80×10^{-6}	0.3%	50×10^{-6}
限值 b	0.4%	40×10^{-6}	0.3%	30×10^{-6}

注：①对天然气为燃料点燃式发动机汽车，该项目为推荐性要求。

怠速和高怠速时检测的 CO、HC 浓度应分别符合排放标准的要求，否则为不合格。

（2）汽油车简易工况法检验排气污染限值。《汽油车污染物排放限值及测量方法（双怠速法及简易工况法）》（GB 18285—2018）自 2019 年 5 月 1 日起实施。根据该标准的规定，在全国范围内进行的汽车环保定期检验应采用本标准规定的简易工况法进行，对无法使用简易工况法的车辆，可采用本标准规定的双怠速法进行。

（3）按照《柴油车污染物排放限值及测量方法（自由加速法及加载减速法）》（GB 3847—2018）的规定，柴油车在用汽车和注册登记排放检验排放限值等应符合表 5－2 的要求。

表 5－2 在用汽车和注册登记排放检验排放限值

类别	自由加速法	加载减速法		林格曼黑度法
	光吸收系数（m^{-1}）或不透光度	光吸收系数（m^{-1}）或不透光度①	氮氧化物②	林格曼黑度（级）
限值 a	1.2（40%）	1.2（40%）	$1\,500\times10^{-6}$	1
限值 b	0.7（26%）	0.7（26%）	900×10^{-6}	

注：①海拔高度高于 1 500 m 的地区加载减速法限值可以按照每增加 1 000 m 增加 0.25 m^{-1} 幅度调整，总调整不得超过 0.75 m^{-1}。

②2020 年 7 月 1 日前限值 b 过渡限值为 $1\,200\times10^{-6}$。

5.2 汽车有害排放物的测量方法

按照《汽油车污染物排放限值及测量方法（双怠速法及简易工况法）》（GB 18285—2018）和《柴油车污染物排放限值及测量方法（自由加速法及加载减速法）》（GB 3847—2018）的规定：汽油车排放污染物的检测方法有双怠速法与简易工况法；柴油车污染物排放的检测方法主要有自由加速法和加载减速法。

1. 双怠速法

按照《汽油车污染物排放限值及测量方法（双怠速法及简易工况法）》（GB 18285—2018）规定，装用汽油发动机的新生产汽车的型式核准和生产一致性检查及在用汽油车的排放检查采用双怠速法。双怠速法是指汽车在空挡条件下，加油至高速和低速时检测污染物的方法，用于对汽油车怠速、高怠速工况下排气中的 CO 和 HC 浓度进行监测。

怠速工况：发动机在无负载运转状态，即离合器处于接合位置，变速器处于空挡位置（自动变速箱车辆处于“停车”或“P”挡位）；采用化油器供油系统的车辆，阻风门处于全开位置；加速踏板处于完全松开位置。

高怠速工况：离合器处于接合位置、变速器处于空挡位置（自动变速箱车辆处于“停车”或“P”挡位）；采用化油器供油系统的车辆，阻风门处于全开位置；用加速踏板将发动机转速稳定控制在《汽油车污染物排放限值及测量方法（双怠速法及简易工况法）》GB 18285—2018 标准规定的高怠速转速或制造厂规定的高怠速转速时的工况。

高怠速转速：轻型车（2 500 ± 200）r/min；重型车（1 800 ± 200）r/min。

高怠速时检测的 CO、HC 浓度应分别符合排放标准要求，对于使用闭环控制电子燃油喷射系统和三元催化转化器技术的汽车，高怠速时检测的过量空气系数应在 1.0 ± 0.05 之间或制造厂规定的范围内，否则为不合格。

检测所需设备主要是不分光红外线气体分析仪，由于不同的分析仪各有其特点，所以操作前一定要认真阅读设备使用说明书，严格按照设备使用说明书进行操作。

2. 简易工况法

简易工况法是一种带负荷的测试方法，它是模拟汽车有负荷上路时的检测，涵盖加速、减速、等速、怠速等各种工况过程，能如实反映车辆实际行驶时的尾气排放特征。其包括的简易瞬态工况法能够克服其他检测方法不能检测电喷车氧传感器故障的缺点，从而增加了对尾气排放缺陷的检测。与双怠速法相比，简易工况法误判率较低，能有效防止调校作弊行为，同时也能对汽车的 NO_x 排放进行检测，为在用车监管提供更加科学、客观的依据。

该方法的检测所需设备主要包括底盘测功机、排气取样系统、排气分析仪、气体流量分析仪和自动检测控制系统。

3. 自由加速法

自由加速法是指柴油车从怠速状态突然加速至高速空载转速过程中进行排气烟度测量的一种方法，它包括滤纸烟度法和不透光烟度法。

（1）滤纸烟度法。滤纸烟度法是指柴油车处于怠速状态，将加速踏板迅速踏到底并维持 4 s 后松开，在该工况下，从排气管抽取规定长度的排气柱所含的炭烟，用光电法确定清洁滤纸染黑的程度的检测方法。

（2）不透光烟度法。不透光烟度法是指将被测排气封闭在一个内表面不反光的容器内，并使用不透光烟度计来测量汽车排气的光吸收系数或不透光度的检测方法。不透光烟度计的显示仪表有两种计量单位：一种为绝对光吸收系数单位，从 0 趋于∞（m^{-1}）；另一种为不透光度的线性分度单位，从0到100%。两种计量单位的量程，均应以光全通过时为0，全遮挡时为满量程。

4. 加载减速法

加载减速法是一种在汽车底盘测功机上模拟车辆负载稳定运行时测量压燃式汽车排气烟度的方法。

测试设备主要包括底盘测功机、不透光烟度计和发动机转速表，由计算机控制系统集中控制。

根据《柴油车污染物排放限值及测量方法（自由加速法及加载减速法）》（GB 3847—2018）规定，对于汽车保有量达到500万辆以上，或机动车为当地首要空气污染源，或按照法律法规设置低排放控制区的城市，应在充分征求社会各方面意见的基础上，经省级人民政府批准，并依法经国务院生态环境主管部门备案后，可提前选用限值b，但应设置足够的实施过渡期。

5.3　试验规范与排放限值

5.3.1　我国现行的汽车排放试验规范

1. 在用汽车排放试验规范

《汽油车污染物排放限值及测量方法（双怠速法及简易工况法）》（GB 18285—2018）和《柴油车污染物排放限值及测量方法（自由加速法及加载减速法）》（GB 3847—2018）规定了我国在用汽车采用双怠速法、简易工况法检测汽油车辆的排气污染物，用自由加速法检测柴油发动机可见污染物。美国和日本等国家对在用汽车检测也基本采用上述试验规范。

（1）双怠速法。我国在用汽车排放标准《汽油车污染物排放限值及测量方法（双怠速法及简易工况法）》（GB 18285—2018）中规定采用的双怠速法的操作步骤如下：

①在发动机上安装转速计、点火正时仪、冷却液和润滑油测温计等测试仪器。

②发动机由怠速加速到0.7倍的额定转速，维持30 s后，降至高怠速。

③将取样管插入排气管中，深度为400 mm，并固定于排气管上。

④在发动机高怠速状态维持15 s后开始读数，读取30 s内的最低值及最高值，其平均值即高怠速污染物测量结果。

⑤发动机从高怠速降至怠速状态，在怠速状态维持15 s后开始读数，读取30 s内的最低值及最高值，其平均值即怠速污染物测量结果。

⑥若为多排气管，则分别取各排气管高怠速排放测量结果的算术平均值和怠速排放测量结果的算术平均值作为测量结果。

（2）简易工况法。我国在用汽车排放标准《汽油车污染物排放限值及测量方法（双怠速法及简易工况法）》（GB 18285—2018）中规定采用的简易工况法的操作步骤如下：

①测功机开机后应进行预热，使预热温度达到要求。

②测功机预热完毕后，要进行滑行测试，合格后方可进行后续的简易瞬态工况排放检测。

③如果测试结果无效，或者测试过程被中断，测试程序应允许重新开始测试。

具体操作见我国在用汽车排放标准《汽油车污染物排放限值及测量方法（双怠速法及简易工况法）》（GB 18285—2018）。简易瞬态工况法排气污染物配方限值如表5－3所示。

表5－3　简易瞬态工况法排气污染物配方限值

类别	CO/（g/km）	HC①/（g/km）	NO_x/（g/km）
限值a	8.0	1.6	1.3
限值b	5.0	1.0	0.7

①对于装有天然气为燃料的点燃式发动机汽车，该项目为推荐性要求。

（3）柴油车自由加速法试验规范。自由加速法是在发动机非稳态的工作状态下测量其从排气管中排出废气中的烟度。在柴油机怠速运转状态下，迅速但不猛烈地将加速踏板踩到底，使喷油泵供给最大油量并保持该位置，发动机一旦达到最高转速，立即松开加速踏板，使车辆恢复至怠速，重复操作至少6次，前3次用于吹净排气系统；用透光式烟度计测量并记录最后连续3次的光吸收系数，如果3次测量的光吸收系数值均在0.25 m^{-1}的带宽内，则其平均值为测量结果。

2. 轻型汽车和车用压燃式发动机排放试验规范

由于我国轻型汽车排放标准和车用压燃式发动机排气污染物排放标准等效采用欧洲排放法规，因此其试验规范也等同于欧洲汽车排放试验规范，即对轻型汽车实施ECE15＋EUDC工况循环。

5.3.2　我国现行汽车排放限值

1. 汽车排气污染物排放限值

从定型（型式核准）、批量生产（生产一致性）、新生产汽车到在用汽车，我国对其排气污染物都有相应的控制标准，即有不同的排放限值要求。

一般而言，型式核准排放限值严于生产一致性检查排放限值，但判定方法有所差异；新生产汽车的排放限值严于在用汽车的排放限值，但比型式核准及生产一致性检查限值稍宽松些。

（1）型式核准的排放限值。下面主要讲一下汽油车排放限值。根据《轻型汽车污染物排放限值及测量方法（中国第六阶段）》（GB 18352.6—2016）规定，在2025年7月1日前，第五阶段轻型汽车的“在用符合性检查”仍执行《轻型汽车污染物排放限值及测量方法（中国第五阶段）》（GB 18352.5—2013）的相关要求，装用点燃式发动机的轻型汽车在常温（Ⅰ型试验）和低温（Ⅵ型试验）下冷起动后其排气污染物排放限值见表5－4及表5－5。

表 5－4　Ⅰ型试验排放限值

Ⅰ型试验排放限值（6a 阶段）									
车辆类别		测试质量（TM）/kg	限值						
			CO/（mg/km）	THC/（mg/km）	NMHC/（mg/km）	NO_x/（mg/km）	N_2O/（mg/km）	PM/（mg/km）	PN①/（个/km）
第一类车		全部	700	100	68	60	20	4.5	6.0×10^{11}
第二类车	Ⅰ	TM≤1 305	700	100	68	60	20	4.5	6.0×10^{11}
	Ⅱ	1 305＜TM≤1 760	880	130	90	75	25	4.5	6.0×10^{11}
	Ⅲ	1 760＜TM	1 000	160	108	82	30	4.5	6.0×10^{11}
Ⅰ型试验排放限值（6b 阶段）									
车辆类别		测试质量（TM）/kg	限值						
			CO/（mg/km）	THC/（mg/km）	NMHC/（mg/km）	NO_x/（mg/km）	N_2O/（mg/km）	PM/（mg/km）	PN①（个/km）
第一类车		全部	500	50	35	35	20	3.0	6.0×10^{11}
第二类车	Ⅰ	TM≤1 305	500	50	35	35	20	3.0	6.0×10^{11}
	Ⅱ	1 305＜TM≤1 760	630	65	45	45	25	3.0	6.0×10^{11}
	Ⅲ	1 760＜TM	740	80	55	50	30	3.0	6.0×10^{11}

①2020 年 7 月 1 日前，汽油车过渡限值为 6.0×10^{12} 个/km。

表 5－5　Ⅵ型试验的排放限值

车辆类别		测试质量（TM）/kg	CO/（mg/km）	THC/（g/km）	NO_x/（g/km）
第一类车		全部	10.0	1.20	0.25
第二类车	Ⅰ	TM≤1 305	10.0	1.20	0.25
	Ⅱ	1 305＜TM≤1 760	16.0	1.80	0.50
	Ⅲ	1 760＜TM	20.0	2.10	0.8

（2）生产一致性检查排放限值。生产一致性检查排放限值见表 5－4，并根据《轻型汽车污染物排放限值及测量方法（中国第六阶段）》（GB 18352.6—2016）中附录《生产一致性保证要求》中的判定准则，判定该系列产品Ⅰ型试验是否合格。

装用压燃式发动机汽车以及装用天然气（natural gas，NG）或液化石油气（liquefied petroleum gas，LPG）作为燃料的点燃式发动机汽车生产一致性检查必须按《重型柴油车污染物排放限值及测量方法（中国第六阶段）》（GB 17691—2018）的规定，进行发动机排放一致性检验，其排放限值见表 5－7、表 5－8。

《轻型汽车污染物排放限值及测量方法（中国第六阶段）》（GB 18352.6—2016）规定，必须对在用车进行符合性检查，即对已通过污染物排放型式核准的车型，制造厂还必须采取适当措施，确保在正常使用条件下和汽车正常寿命期内，污染控制装置始终保持其功能。在表5－4所示的Ⅲ阶段必须在5年或80 000 km内、在Ⅳ阶段必须在5年或100 000 km（以先达到者为准）内，对这些措施进行检查，按标准规定的程序试验和判定方法进行符合性评价。

（3）新生产汽车排气污染物排放限值。根据《汽油车污染物排放限值及测量方法（双怠速法及简易工况法）》（GB 18285—2018）规定，装用汽油发动机的新生产汽车排气污染物排放限值见表5－1、表5－6、表5－7、表5－8。

表5－6　稳态工况法排气污染物排放限值

类别	ASM5025			ASM2540		
	CO	HC①	NO	CO	HC①	NO
限值a	0.50%	90×10^{-6}	700×10^{-6}	0.40%	80×10^{-6}	650×10^{-6}
限值b	0.35%	47×10^{-6}	420×10^{-6}	0.30%	44×10^{-6}	390×10^{-6}

①对装用以天然气为燃料的点燃式发动机汽车，该项目为推荐性要求。

表5－7　瞬态工况法排气污染物排放限值

类别	CO/（g/km）	$HC+NO_x$/（g/km）
限值a	3.5	1.5
限值b	2.8	1.2

表5－8　简易瞬态工况法排气污染物排放限值

类别	CO/（g/km）	HC①/（g/km）	NO_x/（g/km）
限值a	8.0	1.6	1.3
限值b	5.0	1.0	0.7

①对装用以天然气为燃料的点燃式发动机汽车，该项目为推荐性要求。

（4）在用汽车排气污染物排放限值。

①汽油发动机。《汽油车污染物排放限值及测量方法（双怠速法及简易工况法）》（GB 18285—2018）规定，装用汽油发动机的在用汽车排气污染物排放应符合表5－1、表5－6、表5－7、表5－8中的限值a。

②压燃式发动机。对于装用压燃式发动机的汽车，应按《柴油车污染物排放限值及测量方法（自由加速法及加载减速法）》（GB 3847—2018）所述方法进行试验测定（见表5－2）。

2. 汽车燃油蒸发污染物排放限值

（1）轻型汽车燃油蒸发污染物排放限值。根据《轻型汽车污染物排放限值及测量方法（中国第六阶段）》（GB 18352.6—2016）规定，装用点燃式发动机的轻型汽车都必须进行蒸发污染物排放试验（Ⅳ型试验——密闭室法）。试验时，蒸发污染物排放量应小于 2 g/试验。

（2）重型汽车燃油蒸发污染物排放限值。根据《装用点燃式发动机重型汽车　燃油蒸发污染物排放限值及测量方法（收集法）》（GB 14763—2005）规定，装用点燃式发动机的重型汽车按照该标准附录《燃油蒸发物排放试验规程》的要求进行蒸发污染物排放试验，其蒸发污染物排放量应小于 4.0 g/测量循环。

3. 汽车曲轴箱污染物排放限值

（1）轻型汽车曲轴箱污染物排放限值。根据《轻型汽车污染物排放限值及测量方法（中国第六阶段）》（GB 18352.6—2016）规定，装用压燃式和点燃式发动机的轻型汽车都必须进行曲轴箱污染物排放试验（Ⅲ型试验）。试验时，发动机曲轴箱通风系统不允许有任何曲轴箱污染物排入大气。

（2）重型汽车曲轴箱污染物排放限值。根据《装用点燃式发动机重型汽车　曲轴箱污染物排放限值及测量方法》（GB 11340—2005）规定，重型汽车发动机曲轴箱通风系统应符合标准的相关规定。

4. 欧洲汽车排放试验规范

联合国欧洲经济委员会于 1993 年开始对轻型汽车实施更严格的 MVEG—1 法规，并对行驶工况做了相应的变更，即冷起动后 40 s 怠速（不测量），在原来的 ECE15 工况 4 个循环后增加了 1 个郊外高速 EIJDC 工况，共行驶 1 220 s，最高车速为 120 km/h，行驶距离为 19.44 km，用定容取样（constant volume sample，CVS），分析确定试验结果。

本章小结

汽车排放的污染物恶化了人类的生存环境，已成为全球性的严重的社会问题。汽车排放污染物检测是汽车年度安全检验的必检项目。本章主要介绍了汽车排放污染物的主要成分及其危害、检测方法、试验规范和排放限值。

自测题

一、单项选择题

1. 汽车排放污染物主要包括 CO、HC、NO_x、SO_2和（　　）等。

A. 水　　B. O_2　　C. 微粒　　D. H_2

2. 影响柴油机炭烟排出的主要因素有燃料、（　　）、转速、负载。

A. 空气　　B. 环境　　C. 喷油　　D. 加速

3. 汽车排放污染物的排放量的表示方法有浓度排放量、质量排放量、（　　）和排气烟度。

A. 比排放量　　B. 排烟浓度　　C. 混合气体积分数　　D. CO 浓度

二、判断题

1. 即使使用不同的燃料，汽车发动机排出废气的成分也是相同的。 (　　)
2. 汽车排放的 CO 是燃料不完全燃烧的产物。 (　　)
3. 一般而言，型式核准试验标准严于生产一致性试验标准。 (　　)

三、简答题

1. 汽车废气中污染物的主要成分有哪些?
2. 汽车有害排放物的测量方法有哪些?
3. 我国汽车排放污染物检测标准可分为哪三类?

第 6 章　汽车发动机技术状况检测

导　言

本章主要介绍汽车发动机技术状况的检测，尤其是影响汽车安全性的几个发动机技术状况的检测方法。通过检测汽车发动机的技术状况参数，不仅可以评价发动机的技术状况，还为判定汽车是继续行驶还是进行维修提供可靠依据。

学习目标

1. 认知目标

（1）了解汽车发动机技术状况参数的检测项目。

（2）理解汽车发动机技术状况参数检测的基本方法。

（3）理解汽车发动机技术状况参数的有关概念。

2. 技能目标

（1）能够将汽车发动机技术状况参数检测的有关内容用于实际检测中。

（2）能用检测汽车发动机的各种检测方法对其进行简单的检测。

3. 情感目标

（1）初步养成自觉遵守国家标准的习惯。

（2）培养一丝不苟、严肃认真的工作作风。

（3）增强空间想象能力和思维能力，提高学习兴趣。

6.1　发动机功率的检测

功率是发动机的动力性指标。由于发动机在工作过程中存在不可避免的能量损失，如发动机内部运动零件的摩擦损失、驱动附属机构的损失、泵气损失等，使得发动机发出的功率并没有完全对外输出，因此，采用发动机的有效功率作为其综合性能评价指标。

发动机的有效功率是指曲轴对外输出的净功率，一般利用测功试验，通过测量和计算得出。按照检测机理的不同，发动机测功分为两种：稳态测功和动态测功。

6.1.1　稳态测功

稳态测功是指在发动机节气门开度一定（或油量调节机构位置一定）、转速一定、其他参数都保持不变的稳定状态下，通过人为地给发动机施加一定的负荷，在测功仪上测定其功率的一种方法。由于稳态测功时，需要对发动机施加外部负荷，所以稳态测功又称为有负荷测功或有外载测功。

测试过程中，由测功器测出发动机的转速和转矩，再通过计算得出功率。发动机的有效功率、有效转矩和转速之间的关系为

$$P_e = \frac{M_e n}{9\ 559}$$

式中：P_e——发动机有效功率，kW；

M_e——发动机有效转矩，N · m；

n——发动机转速，r/min。

根据负荷类型的不同，稳态测功器可分为水力测功仪、电力测功器和电涡流测功器 3 种。水力测功器以水的阻力作为模拟负荷，目前应用不多。电力测功器以发电机作为模拟负荷，将发动机的驱动功率转化为发电机的电功率，其功能最强，但成本较高。电涡流测功器以转子旋转时产生的涡流阻力矩作为模拟负荷，其体积小、运转平稳、测量精度高，应用最为广泛。

稳态测功的数据准确，测量精度较高，但需要采用固定安装的大型测功器，其操作不便，成本也较高。因此，稳态测功多用于发动机设计、制造及高等院校和科研机构的性能试验，一般的汽车运输、维修企业和汽车检测站极少采用，故本书对稳态测功方法不做详细介绍。

6.1.2 动态测功

动态测功是指发动机在节气门开度和转速均发生变化的状态下测定其功率的一种方法。由于动态测功无须对发动机施加外部负荷，因而又称其为无负荷测功或无外载测功。

动态测功不需要大型设备，既可以在发动机试验台架上进行，也可以就车进行，操作方便，测试成本低，特别适用于在用汽车发动机的功率检测。因此，虽然其测量精度稍低，但仍在汽车维修行业和检测站得到广泛的应用。

动态测功时，只要测出加速过程中的某一参数，即可计算出发动机的功率。通常采用两种测量方法：一是用测定瞬时角加速度的方法测量瞬时有效加速功率；二是用测定加速时间的方法测量平均有效加速功率。

1. 瞬时有效加速功率的测量

在发动机加速过程中，某一转速下的有效功率与该转速下的瞬时加速度成正比。因此，只要测出加速过程中的这一转速及对应的加速度，即可求出该转速下的瞬时有效加速功率。对于一定型号的发动机，其转动惯量 I 为一常数；修正系数可通过台架对比试验得出。

2. 平均有效加速功率的测量

实际应用中，常常测量加速过程中某段时间内的平均有效加速功率。

发动机在起止转速范围内的平均有效加速功率与其加速时间成反比，即当节气门突然全开时，发动机由起始转速加速到终止转速的时间越长，有效功率越小；反之，则有效功率越大。因此，只要测得发动机在设定转速范围内的加速时间，便可得出平均有效加速功率。

无负荷测功法简单易操作，对测试结果的准确度要求不高时，如对于同一台发动机调整前后或维修前后的质量判断、一般的车况分析等，动态测功还是十分有效的。

3. *动态测功方法*

在用汽车发动机的有效功率多使用无负荷测功仪来测量。无负荷测功仪有两种类型：单一功能的便携式无负荷测功仪和具有测功功能的发动机综合性能分析仪。便携式无负荷测功仪一般有指针式、数字显示式和等级显示式，其中，指针式和数字显示式无负荷测功仪可指示出功率和加速时间的具体数值，并适用于多种车型，应用较为广泛，而等级显示式无负荷测功仪不能显示具体数值，只能显示良好、合格、不合格 3 个等级，其仅适用于单一车型。发动机综合性能分析仪的测试项目较多，一般都具有测功功能，如 QFC－5、WFJ－1、EA－1000、EA－2000、EA－3000 型发动机综合性能分析仪等都可以进行无负荷测功。

发动机功率的动态测功方法有怠速加速法和起动测试法。

①怠速加速法。发动机在怠速下稳定运转时，突然将节气门开到最大位置，发动机转速迅速上升。当转速达到所设定的测试转速（测瞬时功率）或超过设定的终止转速时，仪器即显示出所测功率值。为保证测试结果可靠，通常重复测量 3 次取其平均值。

怠速加速法既适用于汽油发动机，又适用于柴油发动机，是发动机测功最常用的方法。

②起动测试法。首先将节气门开到最大位置，再起动发动机加速运转，当转速达到所设定的测试转速（测瞬时功率）或超过设定的终止转速时，仪器即显示出所测功率值。

6.1.3　发动机功率检测标准

根据《机动车运行安全技术条件》（GB 7258—2017），发动机功率应大于或等于标牌（或产品使用说明书）标明的发动机功率的 75%。常见汽车发动机额定功率和额定转速如表 6－1 所示。

表 6－1　常见汽车发动机额定功率和额定转速

车型	最大功率/kW	最大功率转速/（r/min）
奥迪 A6L	140	4 200 ~ 6 200
奥迪 Q3	110	5 000 ~ 6 000
奥迪 Q5	169	4 300 ~ 6 000
进口奥迪 Q7	185	5 000 ~ 6 000

续表

车型	最大功率/kW	最大功率转速/（r/min）
进口宝马 730Li	190	5 000～6 500
进口宝马 740Li	240	5 500～6 500
进口宝马 320i	135	5 000
北京奔驰 C 180L	115	5 300
北京奔驰 E 200L	135	5 500
北京奔驰 GLC 260L	135	5 500
本田 CR－V 240 TURBO	142	5 600
本田 XR－V 1.5L LXi	96	6 600
本田 UR－V 240 TURBO	142	5 600
别克 英朗 1.5T	92	5 600
别克 昂科威 20T	124	5 600
别克 君威 20T	125	5 600
长安 CS75 1.5T	125	5 500
长安 CS55 1.5T	115	5 500
长安 逸动 1.6L	125	5 500
北京 BJ40L 2.0 TDi	110	4 000
北京 BJ20 1.5T	110	6 000
红旗 H7 1.8T	138	5 500
丰田 卡罗拉 改款 D－4T	85	5 200～6 000
丰田 RAV4 荣放 2.0L	111	6 000
丰田 皇冠 2.0T	173	5 200～5 800

若发动机检测功率偏低，则应首先检查燃料供给系统和点火系统的技术状况。若这两个系统正常，则应检查气缸的密封性，以判断发动机机械部分是否存在故障。若整机检测功率偏低，则可能由个别气缸技术状况不良而引起，可进行单缸断火后测功试验进行验证。

6.2 发动机气缸密封性的检测

发动机的功率取决于气缸的平均工作压力。密封性能良好是保证气缸正常工作压力的基本条件，是发动机动力性的保障。气缸压力过低将导致发动机难以起动（甚至不能起动）、怠速不稳、加速无力、油耗增加、排放超标等故障，因此气缸密封性的好坏是判断发动机技术状况的重要依据。

气缸的密封性可以通过检测气缸压缩压力、曲轴箱窜气量、气缸漏气量（率）及进气歧管真空度等多项参数进行综合检测。目前，汽车维修行业主要通过检测气缸压缩压力和进气歧管真空度来判断气缸的密封性。

6.2.1　气缸压缩压力的检测

气缸压缩压力（缸压）反映了气门组件及气缸垫的密封状况、气缸与活塞组件的配合及磨损状况，已成为发动机的重要检测参数。气缸压缩压力可用气缸压力表检测，也可用气缸压力分析仪或发动机综合分析仪检测。

1. 用气缸压力表检测气缸压缩压力

气缸压力表简称缸压表，用气缸压力表检测气缸压缩压力是汽车维修企业最常用和最实用的检测方法。气缸压力表的类型较多，但其工作原理完全相同，只是安装组件略有不同，如图6－1所示。

测量前，先拆下缸盖上的火花塞（对于汽油机）或喷油器（对于柴油机），将气缸压力表头接在压力表杆上，然后将气缸压力表杆紧紧地压入（软管式需拧紧）火花塞或喷油器孔中，用起动机带动发动机空转数圈，气缸压力表显示的压力读数即气缸压缩压力。用手按下气缸压力表头上的卸荷按钮，表针即恢复零位。注意，由于柴油机压缩压力较大，需用喷油器压板将气缸压力表杆压紧。

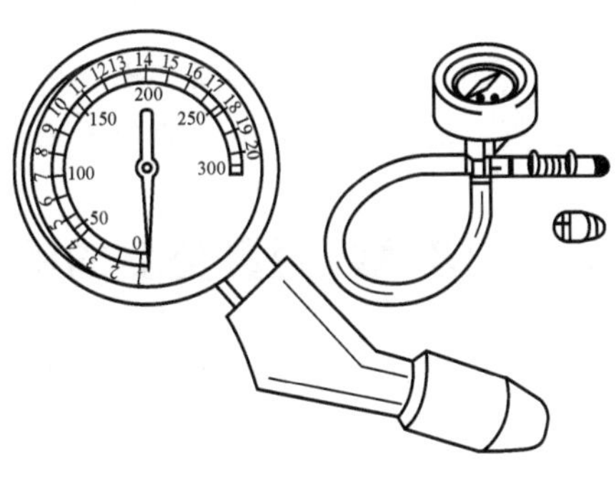

图6－1　气缸压力表

检测缸压时应保证蓄电池电压充足，有足够的起动转速，节气门全开，发动机工作温度正常。

2. 用气缸压力分析仪检测气缸压缩压力

气缸压力分析仪有压力传感器式、起动电流或起动电压降式、电感放电式等多种类型。气缸压力分析仪常用于评价各气缸压缩压力的均衡情况。检测时将仪器接入火花塞孔即可。

3. 用发动机综合分析仪检测气缸压缩压力

发动机综合分析仪通过测量起动电流或起动电压降来测试缸压，其检测原理如下：起动机带动发动机曲轴所需的转矩是起动机电流的函数，并与气缸压缩压力成正比。发动机起动时的阻力矩主要由曲柄连杆机构产生的摩擦力矩和各缸压缩行程受压气体的反力矩两部分组成，前者可认为是稳定的常数，而后者是随各缸压力变化而变化的波动量。因此，起动电流的变化与气缸压缩压力的变化存在对应关系，通过测量起动时某缸的起动电流，即可确定该缸的气缸压缩压力。

通过测起动电源（蓄电池）的电压降，也可获得气缸压缩压力。这是因为起动机工作时，蓄电池端电压的变化取决于起动机电流的变化，当起动电流增大时，蓄电池端电压降低，即起动电流与电压降成正比，因此起动时蓄电池的电压降与气缸压缩压力也成正比，所以通过测蓄电池电压降也可以测得气缸压缩压力。

4. 检测结果分析

（1）气缸压缩压力标准。《汽车修理质量检查评定方法》（GB/T 15746—2011）规定，发动机各气缸压缩压力应不低于标准值的85%，且各气缸压力差应不大于3%（极限值为10%）。

不同类型汽车发动机的气缸压缩压力相差较大，具体数值可通过查阅其维修手册获得，一般轿车发动机的缸压为1.0～1.3 MPa。

（2）影响气缸密封性的原因分析。气缸、气缸盖、气缸垫、活塞、活塞环及进、排气门的工作状况直接影响气缸的密封性，具体原因如下：

①气缸盖端面磨损、变形，气缸盖螺栓松动造成密封不良。

②气缸垫损坏造成漏气，往往伴随有漏液、漏油。

③气缸、活塞、活塞环磨损过大，活塞环对口、弹性下降、断裂将导致向下窜气，同时向上窜油；气缸裂纹造成漏气、漏水。

④气门、气门座工作面磨损、烧蚀、积碳导致密封不良。

⑤气门间隙或配气正时调整不当。

6.2.2 进气歧管真空度的检测

进气歧管真空度是汽油机的重要检测参数之一，它不仅与气缸活塞组件、气门组件的磨损有关，还与进、排气系统，点火系统，供给系统的工作性能有关。通过检测并分析进气歧管真空度的变化规律，可判断发动机机械部分的磨损情况及相关系统的故障。

进气歧管真空度既可用真空表检测，也可用发动机综合性能分析仪检测。一般情况下，发动机冷态时进气歧管真空度为40～46 kPa，达正常温度后为36.5～40 kPa。一个缸火花塞不跳火时进气压力会升高6.7 kPa，一个缸进气门漏气时进气压力会上升13.4 kPa，点火正时比标准值提前，进气压力会下降3.3 kPa。

（1）用真空表检测。真空表读数反映进气歧管内与发动机外大气压之间的压力差。真空表读数因海拔不同而变化，因此，相对于海平面以上的不同高度，真空表读数应加以修正。

检测前，将真空表软管连接到节气门后方的专用真空接管上（通常选用长约30 cm的真空管，以防止表针摆动过量），起动发动机运转至正常温度，然后开始检测。

①起动时的真空度检测。节气门完全关闭，起动发动机，检查起动时的进气歧管真空度。

②怠速时的真空度检测。

③急加速时的真空度测试。在发动机急加速时测试进气歧管真空度，可判断活塞的漏气程度。急加速时，真空表的读数应迅速下降；急减速时，真空表指针将在原怠速时的位置向前大幅度跳跃，即当迅速开启和关闭节气门时，真空表指针应随之在7～84 kPa摆动。

（2）用发动机综合性能分析仪检测。由于发动机的进气过程是周期性的，因此进气歧管内的进气压力也存在脉动变化，而气门组件、气缸活塞组件、配气相位的参数变化必然会影响进气压力。发动机综合性能分析仪能够检测进气压力的变化，并给出真空度变化波形，可通过观察波形的变化，分析发动机机械部分的故障。

6.3　发动机点火系统的检测

目前，汽车上使用的电子点火系统包括普通电子点火系统和微机控制点火系统，轿车普遍采用微机控制点火系统。微机控制点火系统主要由发动机控制单元、点火器（有的发动机无点火器，点火控制电路在发动机控制单元内）、点火线圈、配电器及各种传感器等组成。其主要传感器有发动机转速传感器、曲轴位置传感器、凸轮轴位置传感器、爆燃传感器等。微机控制点火系统可分为有分电器点火系统和无分电器点火系统，其中无分电器点火系统又有同时点火和单独点火（直接点火）方式之分。所谓同时点火，就是两个气缸共用一个点火线圈，即一个点火线圈有两个高压输出端分别与一个火花塞相连，对两个气缸同时点火。单独点火又称为直接点火，是在每个气缸的火花塞上配用一个点火线圈，单独对一个气缸点火。

汽油发动机50%以上的故障是由电气系统工作不良造成的，其中点火系统的影响最为突出。在汽油机的五大系统中，点火系统对发动机的工作性能影响最大，因其故障率相对较高，而其检测较为方便，所以发动机的故障检测和性能检测往往从点火系统开始。

6.3.1　点火系统基础检测

在发动机的实际检修过程中，常常通过一些基础检测来判断点火系统的工作性能，其检测流程如图6－2所示。

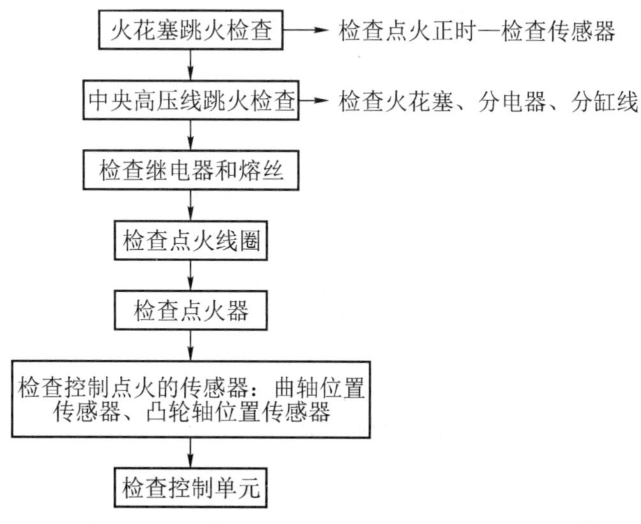

图6－2　点火系统检测流程

6.3.2 点火正时检测

点火提前角是影响发动机动力性、经济性和排放性能的重要参数。若点火过早，则发动机易产生爆燃，导致工作粗暴；若点火过迟，则发动机就会出现起动困难，转动无力，过热并产生回火放炮等现象，因此，必须对点火提前角进行检查和调整。

点火正时仪（如图6－3所示）是利用上述闪光原理检测点火正时的仪器，俗称正时灯。在发动机曲轴带轮或飞轮上都刻有正时标记，在与其相邻的机壳上也有相应的标记，当曲轴转动到两个标记对齐时，第一缸活塞刚好到达上止点位置。如果用第一缸的点火信号去触发，使一个闪光灯亮，并用闪光灯照射带轮或飞轮，那么，每次闪光灯亮（第一缸点火）时，由于点火提前角的存在，此时第一缸活塞尚未到达上止点，带轮或飞轮上的标记与机壳上的标记还没有对齐，两个标记之间的间隔所对应的曲轴转角即点火提前角。

闪光灯亮（闪光）和点火是完全同步的，由于频闪效应，当发动机转速不变时，带轮或飞轮上的标记是不动的，两个标记之间有一个固定的角度差，如图6－4所示。

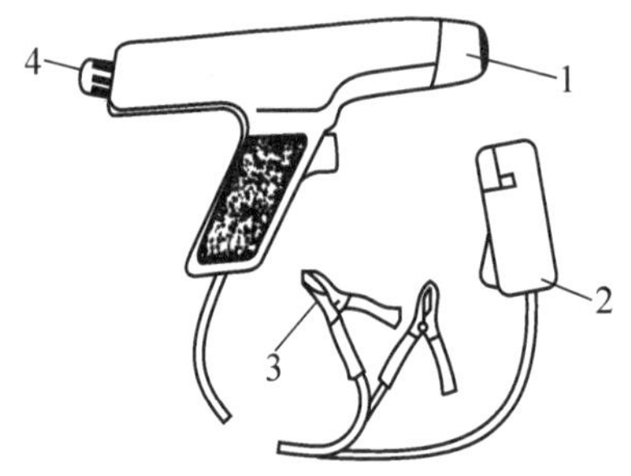

1—发射头；2—感应传感器；3—电源夹；4—电位器旋钮。

图6－3 点火正时仪

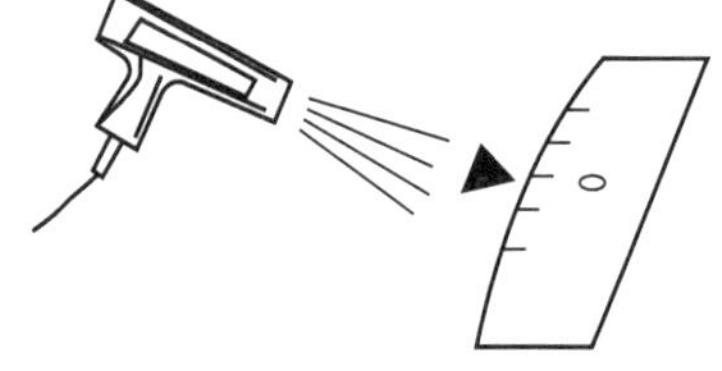

图6－4 点火提前角检测

6.4 发动机燃油供给系统的检测

发动机燃油供给系统的工作状况直接影响发动机的空燃比，导致混合气过稀或过浓，进而对汽车的动力性、经济性及尾气排放产生非常大的影响。因此，燃油供给系统的检测就显得尤为重要。

6.4.1 汽油机燃油供给系统的检测

汽油机燃油供给系统主要由燃油箱、电动燃油泵（安装在燃油箱内）、汽油滤清器、燃油压力调节器、喷油器、进回油管及控制系统组成，其检测项目主要包括元件性能检测和燃油压力检测。

1. 燃油系统检修注意事项

（1）在拆卸电子元件及各导线插接器时，首先要关掉点火开关，即点火开关转到“OFF”位置。

（2）拆卸供油元件和油管时，必须先释放油路中的压力（泄压）。常用的泄压方法有以下几种。

①燃油泵泄压。拔下燃油泵继电器或熔丝，或脱开燃油泵的导线插接器，然后起动发动机，直至发动机自然停机。

②油管接头泄压。将一油盆放在油管接头下面，用毛巾等物盖住接头，慢慢松开油管接头，并将油导入油盆。

③手动真空泵泄压。在油压调节器的真空管上连接一个手动真空泵，利用真空吸力打开油压调节器的回油阀口，使燃油流回燃油箱。

④泄压单向阀泄压。许多美系车发动机的供油管路上安装有油压检测孔（兼有泄压作用），可用工具压下孔内的单向阀进行泄压，同时用毛巾、棉纱等物垫在检测孔处吸收燃油。

⑤喷油器泄压。将发动机熄火，人为地给喷油器提供12 V电压，使喷油器喷油泄压。

（3）连接高压油管接头时，应注意操作顺序，并按规定力矩拧紧。

（4）拆装喷油器时应注意：勿重复使用O形密封圈，安装新的O形密封圈时不要将其损坏；安装前用汽油湿润O形密封圈，切勿使用机油、齿轮油或制动液。

（5）燃油系统检修后要确认无漏油现象。

①在发动机停机状态下，多次将点火开关转到“ON”位置，观察是否漏油。

②在燃油泵工作时，适当夹住回油软管，高压油管内的汽油压力会升高。在此状态下，检查燃油系统是否有漏油部位（注意只能夹住软管，不可弯曲软管，否则会使软管破裂）。

2. 喷油器的检测

喷油器在使用过程中会因为自身运动而磨损，汽油中所含的杂质也会堵塞或锈蚀喷油器的针阀。喷油器是燃油供给系统中故障较多的部件之一，汽油喷射系统相当一部分故障是由喷油器的堵塞、卡滞、泄漏等引起的。

（1）人工经验检测法检测。

①听诊。喷油器线圈通电时会发出“咔哒”的吸合声，针阀打开喷油时会发出“嚓嚓”的喷油声。听诊主要是听是否有吸合声和喷油声，以判断喷油器是否工作。

②触摸。在发动机怠速运转时，用手或听诊器触摸喷油器的相应部位，喷油器喷油时应有轻微的振动感；否则，说明喷油器没有喷油。

③断缸。在发动机怠速运转时，拔下某缸喷油器的导线插接器，若发动机转速明显下降（下降50~100 r/min），或发动机抖动较为明显，则说明该喷油器工作良好；否则，说明该喷油器不工作或工作不良。

（2）常用仪表检测。

①利用万用表检测。利用万用表既可检测喷油器线圈，也可检测喷油器的控制线路。

②利用测试灯检测。许多汽车上自带有专用测试灯，也可自制测试灯：用一个发光二极管串接上一个大阻值的电阻（约1 kΩ）即可制成一个简易的二极管测试灯。

③利用燃油压力表检测喷油器的脏堵和滴漏。

（3）发动机故障检测仪或示波器检测。发动机故障检测仪多具有“执行元件测试”功能，利用此功能可对喷油器进行就车检测。此外，还可利用示波器或发动机综合性能分析仪检测喷油器波形。

（4）喷油器单件检测。

①将燃油分配管和喷油器一起拆下，观察喷油器是否脏污、积碳。若喷油器喷孔处有明显黑痕，则说明喷油器有泄漏。

②在工作台上铺一块干净的白布，将燃油分配管及喷油器内的残余汽油倒在白布上，若有铁锈或水珠，则说明喷油器已锈蚀。

（5）喷油量和雾化情况检测。

①用软管将带喷油器的燃油分配管与发动机输油管路相连，同时用软管将油压调节器的回油口与回油管相连。

②接通点火开关，短接燃油泵使其运转（发动机不起动），建立油压。

③观察喷油器有无滴漏现象。要求喷油器 1 min 内的漏油量不多于两滴，否则，说明喷油器密封不良。

④把喷油器放置在一个量筒上，人为地给喷油器提供 12 V 电压 15 s，观察喷油雾化情况，同时记录喷油量。不同发动机的喷油量标准也不相同，一般应在 40 ~ 50 mL/15 s 范围内，各缸喷油器喷油量的差值应少于 5 mL。

（6）喷油器的综合性能检测。喷油器超声波清洗测试机可完成对喷油器的上述检测内容，还可对喷油器进行清洗。

操作时，拆下所有喷油器，清洗外表并安装到喷油器超声波清洗测试机支架上，打开电源开关，待机器自检后，选择需要测试的功能键，按下“START”键即可完成该功能的测试。

3. 燃油泵的检测

燃油泵最常见的故障是滤网堵塞，安全阀、出油单向阀泄漏及电动机故障，常用以下方法检测。

（1）听诊法检测。一般情况下，将点火开关转到“ON”位置时，油泵运转 2 s 后停止，发动机起动后燃油泵才继续工作。

①打开点火开关（不起动发动机），在油箱处查听燃油泵的运转声音（可拆下燃油箱盖查听），若听不清楚，则可以用手感觉进油软管的压力。若听不到燃油泵的运转声，也感觉不到进油管的压力，则说明燃油泵不工作。

若在油路中安装油压表，将点火开关转到“ON”位置时，则油压表指针迅速从 0 跳跃到 0.20 MPa 以上。

②人为地给燃油泵提供 12 V 电压，可断开燃油泵插接器，直接与蓄电池相连；也可用一根跨接导线分别连接蓄电池正极和燃油泵继电器“F_P”端子，打开点火开关但不要起动发动机。打开油箱盖，仔细倾听有无燃油泵运转的声音。

（2）万用表检测。

①关闭点火开关，拔下燃油泵插接器，辨别燃油泵接线（一般 2 条粗线为燃油泵控制线），用万用表测量燃油泵电阻。燃油泵电阻值应在 2 ~ 10 Ω，大部分燃油泵的电阻值为 2 ~ 3 Ω。

②燃油泵控制电路中设置有继电器和熔丝，因此当燃油泵不能正常运转时还需检查其继电器、熔断器及导线和插接器。

（3）油压检测。安装油压表，按前述方法检测系统油压和燃油泵的最大供油压力，油压应符合技术要求。

6.4.2 柴油机燃油供给系统的检测

柴油机燃油供给系统有机械控制喷射和电子控制喷射之分，如图6－5所示。机械控制喷射柴油机燃油供给系统由燃油箱、输油泵、柴油滤清器、高低压油管、喷油泵、喷油器等组成；电子控制喷射柴油机燃油供给系统则增加了若干电子元件。例如，捷达轿车柴油发动机喷射系统设有发动机转速传感器、冷却液温度传感器、进气歧管温度传感器、燃油温度传感器、调节活塞位移传感器、油量调节器、针阀升程传感器、喷油始点信号阀、电子控制单元及各种开关等。

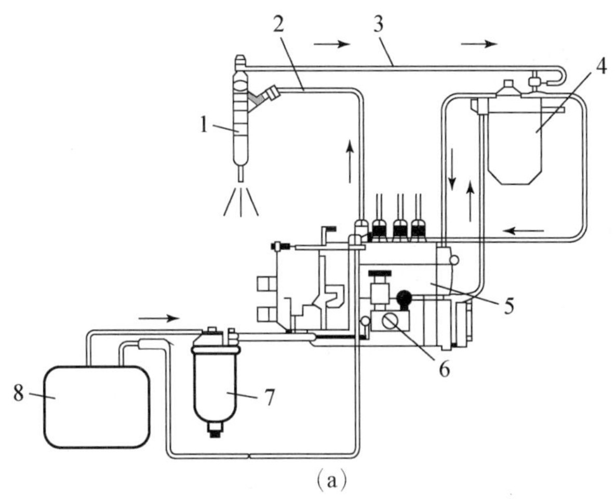

(a)

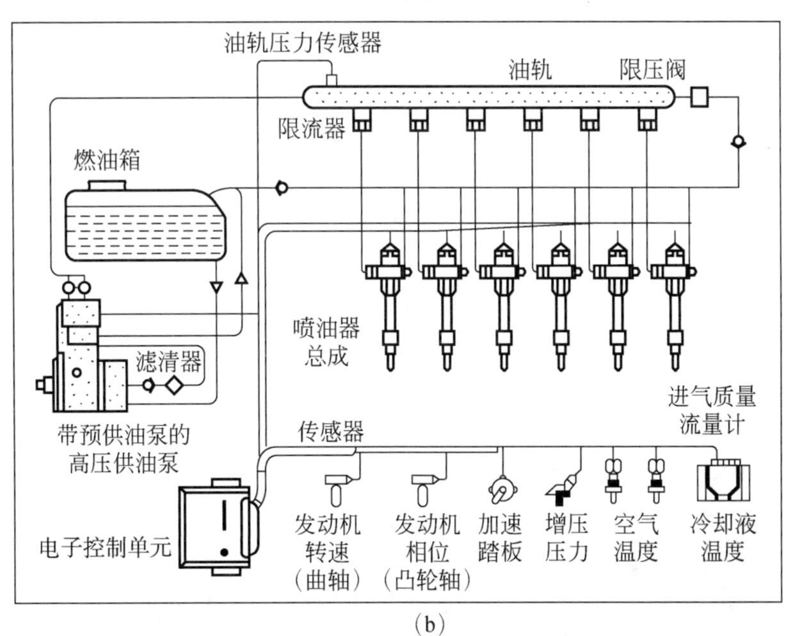

(b)

1—喷油器；2—高压油管；3—回油管；4—柴油滤清器；5—喷油泵；6—输油泵；7—油水分离器；8—燃油箱。

图6－5 柴油机燃油供给系统

(a) 机械控制喷射柴油机燃油供给系统示意图；(b) 电子控制喷射柴油机燃油供给系统示意图

燃油供给系统出现故障将导致柴油机不能起动或运转无力，同时会伴随有大量黑烟或白烟排出。燃油供给系统故障的检测方法有不解体检测和元件检测两种：不解体检测是使用发动机综合性能分析仪检测喷油提前角和压力波形；元件检测则是在柴油机专用试验台上对喷油泵和喷油器进行检测与调整，使喷油提前角、供油量、喷雾质量等达到最佳。

1. 利用发动机综合性能分析仪检测

（1）喷油提前角检测。

（2）压力波形检测与分析。

①正常压力波形。

②压力波形检测。

③喷油器故障波形分析。

a. 喷油器积碳。

b. 喷油器针阀卡死。

c. 喷油器滴漏。

d. 喷油压力过低。

e. 针阀开启压力过高。

④喷油泵故障波形分析。

a. 出油阀密封不良。

b. 出油阀磨损。

c. 喷油泵柱塞磨损。

2. 喷油泵的检测

喷油泵是柴油机的核心部件，应在柴油机专用试验台上使用专用测量工具和仪表进行检测和调整。

（1）静态喷油提前角的检测和调整。

（2）发动机在增压状态下全负荷的检测和调整。

（3）发动机在没有增压状态下满负荷供油量的检测和调整。

（4）调速器轴的调整。

（5）喷油提前调节器自动提前装置的检测和调整。

（6）调速器最大转速特性的调整。

（7）调速器怠速特性的检测和调整。

（8）喷油阀喷油始点的动态检查。

（9）喷油阀喷油始点的调整。

3. 喷油器的检测

（1）喷油压力的检测。

（2）密封性检测。

（3）喷雾质量和喷雾锥角的检测。

6.5　发动机润滑系统的检测

发动机润滑系统由油底壳（机油盘）、集滤器、滤清器、机油泵、限压阀、旁通阀、机油散热器、机油压力表、报警开关和报警器等组成，常见故障为机油压力异常、机油变质、机油消耗过大等。发动机润滑系统对发动机机械运动部件的工作有重大影响，严重时会导致发动机“拉缸”“烧瓦”等重大故障。发动机润滑系统的检测内容包括机油压力、机油消耗量和机油品质，这些参数既能反映润滑系统的技术状况，又能反映曲柄连杆结构和配气机构的配合状况。

6.5.1　机油压力检测

车型不同，发动机的机油压力不同；发动机工况不同，其机油压力值也不相同。发动机转速越高，所需要的润滑强度越大，机油压力也相应提高。发动机的机油压力必须符合其维修手册的技术要求，通常汽油机机油压力为 190～490 kPa，柴油机机油压力为 290～590 kPa。一般来说，汽车怠速时机油压力不能低于 49 kPa，当其机油压力低于 30 kPa 时警告灯会闪烁；转速升高到 2 000 r/min 且机油温度达到 80 ℃时，机油压力至少应达到 200 kPa，若机油压力低于 180 kPa，则警告灯闪烁且蜂鸣器鸣叫；若转速进一步提高，则机油压力也应进一步提高，但不可超过 700 kPa。部分车型发动机润滑系统的机油压力标准可参见表 6－2。

表 6－2　部分车型发动机润滑系统的机油压力标准

车型	发动机转速/（r/min）	润滑系统机油压力/kPa	发动机怠速时润滑系统压力/kPa
帕萨特 B5	2 000	200	120～160
奥迪 A6 1.8 L	2 000	250～450	150
奥迪 A6 2.4 L	2 000	200	120～160
广州本田 1.8 L	3 000	300	70
广州本田 2.0 L	3 000	490	70
东风日产阳光	3 200	314～392	78
奇瑞	2 000	280	100

发动机润滑系统的机油压力可通过汽车驾驶室内仪表盘上的机油压力表随时进行查看。若机油压力表误差较大或传感器出现故障，则应使用专用油压表进行机油压力检测。检测时，拆下机油压力传感器或机油压力报警开关，在对应的位置上安装一只机油压力表，起动发动机并使其在规定转速下运转，从机油压力表上读取对应转速下的机油压力值。

若机油压力过低，则在分析故障原因时应考虑润滑系统元件（如机油泵、安全阀及机油滤清器等）、机油温度、机油黏度和质量及曲柄连杆机构配合间隙的综合影响。例如，机油泵性能下降，安全阀磨损或卡滞，滤清器堵塞等将导致机油压力过低；机油黏度小、发动机温度升高也会使机油压力减小。此外，曲轴主轴承、连杆轴承、凸轮轴轴承间隙过大也会造成机油压力降低。试验表明，曲轴主轴承间隙每增加 0.01 mm，机油压力约下降 0.01 MPa。

6.5.2 机油消耗量检测

发动机正常工作时，机油消耗量为 0.1～0.5 L/100 km。发动机润滑系统密封不良、气缸活塞组件磨损过大、气门油封损坏等，将导致机油消耗过量。发动机润滑系统密封不良时，泄漏部位常常有明显的污渍；气缸活塞组件及气门油封耗损会使过多的机油进入燃烧室烧掉，导致排气管大量排蓝烟、火花塞有油污、燃烧室积碳现象严重。

检测机油消耗量常用的方法有两种：油尺测定法和质量测定法。油尺测定法操作较为简单，但测量误差较大。与油尺测定法相比，质量测定法费时费力，但测量精度较高。

6.5.3 机油品质的检测

在使用过程中，高温氧化、燃油稀释、杂质污染、混入冷却液等，会导致机油品质下降，甚至丧失润滑功能。判断机油是否老化变质的方法有两种：理化性能指标检测法和人工经验判断法。

1. 理化性能指标检测法

常用的检测机油品质的方法有不透光度分析法、介电常数分析法、光谱分析法、铁谱分析法等。具体检测方法如下：使用相应的润滑油质量检测仪，定期对在用机油取样检验，检测其理化性能指标相对于同牌号新机油的变化，定量评价在用机油的老化程度。

使用理化性能指标检测法检测机油品质时需要配备一定的设备，检测成本高，且检测和分析过程较为复杂，因此该检测法实用性和推广性很差，维修行业均不予采用。

2. 人工经验判断法

人工经验判断法主要有感官判断法、爆裂试验和滤纸斑点分析法 3 种方法，是各维修企业检测机油质量最实用的方法。

（1）感官判断法。感官判断法就是利用人的感官并结合检测经验来评价机油质量，即看、闻、捏。

①看。拔出机油尺，观察机油颜色。为易于辨别，也可将机油滴在白纸或滤纸上。若机油呈黑色，则说明机油已经氧化变质；机油在滤纸上的油斑核心部分颜色很深，甚至呈褐黑色或墨黑色，也表明机油已经氧化，颜色越深，氧化程度越高。若机油浑浊、黏稠呈乳白色，则说明混入了冷却液（机油液面会升高），多为冷却系统发生泄漏所致；若机油尺上的油滴呈乳浊状并有泡沫或含黄白色乳化油膜，则说明机油含水量极高；机油滴在滤

纸上的扩散斑点周围存在环形圈，也是机油含水的表现。环圈数越多，含水量越高。将机油滴在塑料纸上，如果油滴表面颜色逐渐变得暗淡，甚至完全失去光泽，则说明机油氧化变质。

②闻。鼻子靠近机油尺或滤纸上的机油扩散斑点，若闻到汽油味，则说明机油里已混入汽油。机油被汽油稀释后，其原有的物理、化学性质被破坏，黏度降低，油膜承载能力减弱，液体摩擦转为边界摩擦，甚至会发生油膜破裂，机件发生干摩擦。

③捏。将机油滴在食指和拇指中间搓捏，有细粒感则说明机油含杂质过多，可能由燃烧炭渣、零件磨屑或其他杂质过多所致。两指头分开，油丝长度若大于 3 mm，则表明机油黏度过大；两指头搓捏无滑腻感，手指分开后油丝长度小于 2 mm，则说明机油黏度过小或被稀释。

（2）爆裂试验。将油样滴在温度为 110 ℃以上的铁片上，如果机油有爆裂现象，则说明机油中含有 0.1% 以上的水分。

（3）滤纸斑点分析法。将使用中的机油滴一滴到专用滤纸上，油滴随即向四周浸润扩散，杂质的粒度不同，扩散的远近程度也不同，最终在滤纸上形成中央有深色核心的颜色深浅不同的多圈环形斑点，如图 6－6 所示。油斑从内到外依次为沉积环、扩散环、油环，也可相应称为中心区、扩散区和半透明区。

①沉积环。斑点的中心是油内粗大颗粒杂质沉积物集中的地方。由沉积环颜色的深浅可粗略判断机油被污染的程度。

②扩散环。在沉积环外围的环带称为扩散环，它是悬浮在机油内的细颗粒杂质向外扩散留下的痕迹。颗粒越细，扩散得越远。扩散环的宽窄和颜色的均匀程度是判断机油质量的重要因素，它表示机油内的添加剂对污染杂质的分散能力。

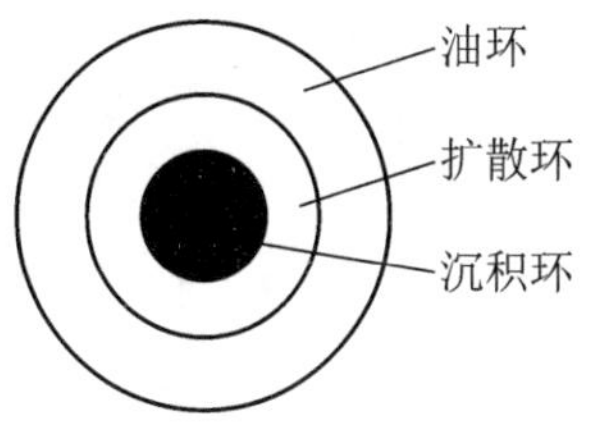

图 6－6　机油滤纸油斑

③油环。在扩散环外围的油环多呈半透明状态，颜色由浅黄到棕红色，表示油的氧化程度。

一般情况下，如果机油中杂质粒度小，且清净分散剂性能良好，则杂质颗粒会扩散到较远处，沉积环与扩散环的杂质浓度及颜色深浅程度差别较小；反之，杂质颗粒多集中在沉积环内，沉积环与扩散环的杂质浓度及颜色深浅程度差别也就越大。因此，机油斑点沉积环的杂质浓度反映了机油的总污染程度，而沉积环单位面积的杂质浓度与扩散环单位面积的杂质浓度之差可反映机油中清净分散剂的清净分散能力。

通过观察机油的斑点形态并加以细致分析，即可辨别机油品质。

一级：油斑的沉积环和扩散环之间无明显界限，整个油斑颜色均匀，油环淡而明亮，说明机油质量良好。

二级：沉积环色深，扩散环较宽，二者有明显分界线，油环为不同深度的黄色，说明油质已被污染，但机油尚可使用。

三级：沉积环呈深黑色，沉积物密集，扩散环窄，油环颜色变深，说明油质已经劣化。

四级：只有沉积环和油环，没有扩散环，且沉积环颜色乌黑，沉积物密而厚稠，不易干燥，油环呈深黄色和浅褐色，说明油质已经氧化变质。

经过分析可知，当机油达到三、四级品质时，必须予以更换。

滤纸斑点分析法简单、快速，适合现场作业，并能给人以直观印象，但其只能对机油品质进行定性评价，无法实现定量分析。

6.6 发动机冷却系统的检测

发动机冷却系统由散热器、风扇及离合器或热敏开关、水泵、节温器、冷却液温度传感器、百叶窗、水套及指示与报警装置等组成。发动机的正常工作温度为90～100 ℃，冷却系统工作不良往往导致发动机过热，影响其动力性和经济性，且容易产生爆燃，甚至还会造成严重的机械故障。发动机冷却系统常见故障原因分析如表6－3所示。

表6－3 发动机冷却系统常见故障原因分析

序号	故障部位	主要故障原因	主要故障现象和危害
1	百叶窗	不能完全打开或关闭	发动机过热或冷却液温度过低
2	散热器	堵、变形、破裂	发动机过热、漏水
3	风扇	传动带过松、离合器失效、热敏开关或电动机损坏	发动机过热或冷却液温度过低
4	水泵	传动带过松或断开、水封损坏、叶片折断	发动机过热、漏水
5	节温器	失效、漏装	发动机过热
6	水套	堵塞	发动机过热

发动机冷却系统的工作性能多依靠测试经验进行就车检测，检测项目主要有外观检查、元件性能检测、密封性试验等。

6.6.1 检查冷却系统外观

发动机运转时，其温度可随时通过驾驶室内仪表盘上的温度表观察。若发动机过热，则仪表盘上的警告灯和蜂鸣器会及时提示。

冷却液液面高度应符合要求，不能过高也不能过低；散热器、水泵、软管接头、水套等部位应无泄漏痕迹，零部件应无变形和损坏；散热器及上、下水管应无明显的温度差别。风扇传动带应无老化、破损现象，其张紧度应符合规定，通常在30～40 N的力作用下，传动带挠度为10～15 mm，且高温时风扇应正常运转。

6.6.2 检查散热器

（1）散热器应无损坏、泄漏和明显变形。

（2）散热器各部位温差不能过大。用手触摸散热器，若某处温度明显较低，则可能原因是散热器局部堵塞；若散热器上、下部温差过大，则说明冷却液没有进行大循环。在上、下水管温差并不十分明显的情况下，最好用红外线测温仪检测散热器上、下水管处的温度，比较其温差。通常在电动风扇刚一停止运转时，温差约为 20 ℃。

（3）散热器盖应无腐蚀和损坏现象，如图 6 – 7 所示，拉动真空阀使其打开并释放，检查其能否完全关闭。用专用的散热器盖测试仪检查散热器盖的密封性和散热器盖蒸气放出阀的泄压压力，如图 6 – 8 所示，其压力值多打印在盖的顶面。例如，某轿车散热器盖的泄压压力标准值为 78 ~ 98 kPa，极限值为 59 ~ 98 kPa。

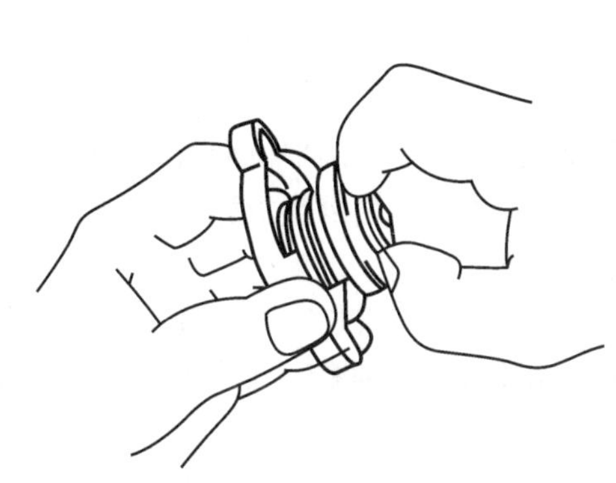

图 6 – 7　散热器盖真空阀的检查

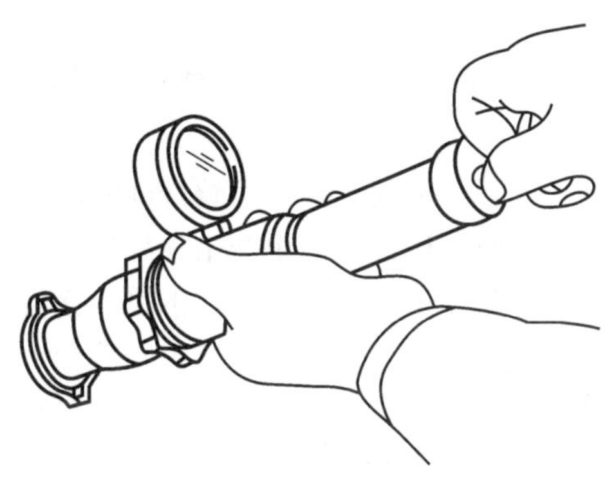

图 6 – 8　散热器盖泄压压力的检查

6.6.3　检查风扇

（1）风扇运转应平稳，无振动和噪声。

（2）风扇离合器的检查。发动机熄火后，用手转动风扇，应能平稳转动，并有阻力感。起动发动机并观察风扇转速，随着发动机转速升高，风扇转速应明显增加。

对于带有硅油离合器的风扇，如果在轮毂轴外面有油迹出现，或离合器前端的双金属圈感温器潮湿并有油污，则表明硅油泄漏。用手转动风扇，在冷车时发动机硅油离合器应只有很小的阻力，热车时转动阻力要大一些。如果在热车和冷车时硅油离合器上的风扇叶片都能很容易地转动，则说明硅油离合器失效。

6.6.4　检查节温器

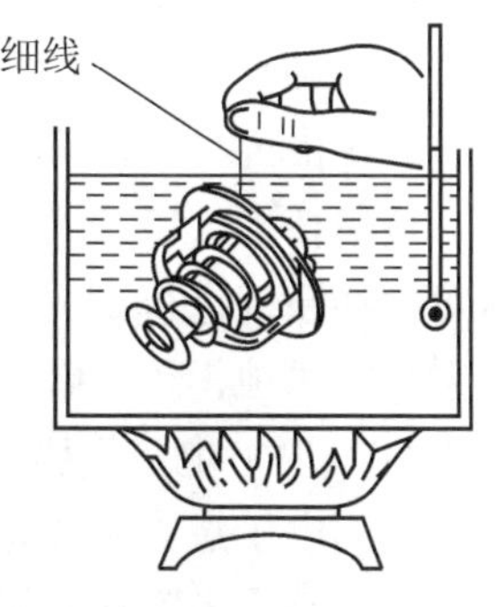

图 6 – 9　节温器的检测

（1）触试上、下水管，若上水管过热而下水管温度较低，温差很大，则说明节温器可能未打开，冷却液不能进行大循环。

（2）拆下节温器，将节温器和温度计放入水中加热，如图 6 – 9所示，观察节温器打开及全开时的温度与升程。

6.6.5 检查水泵

（1）水泵软管连接处、衬垫、密封垫及水封应无泄漏，水泵运转时应无噪声。

（2）检查水泵流量。运转发动机至正常工作温度，用手握住散热器的软管，在发动机加速时如能感觉到软管内冷却液流速随转速的增加而加快，说明水泵工作性能良好。

6.6.6 检查冷却系统的密封性

冷却系统密封不良将导致冷却液泄漏，如有外部泄漏，则在泄漏部位会留有水渍；若气缸有裂纹，则冷却液中会出现气泡，排气管排白烟、滴水；若气缸垫损坏，则冷却液中会出现大量气泡，冷却液液面下降，而机油液面升高且机油变质。

一般情况下，可通过目测观察冷却系统的密封状况，如果直观检查不十分明显，则需借助压力试验、红外线排气分析仪（检测冷却液中有无废气，以判断气缸垫和气缸壁是否存在泄漏）等进行测试。

6.6.7 冷却液测试

高质量的冷却液（防冻液）能够提高水的沸点并降低水的冰点，还可以防止或抑制零件生锈或腐蚀，并对水泵有一定的润滑作用，但冷却液中加入的硅酸钠防腐剂易于凝结，阻碍冷却液流动，并难以清洗，且易变成胶质，不宜长期存放。

冷却液的测试包括浓度测试、电化学腐蚀测试、pH 值测试等多项内容。

1. 冷却液浓度测试

冷却液浓度超过 70% 时冷却效果就会变差，其浓度以 40%～60% 为宜。冷却液的浓度可用折射计或冷却液密度计进行检测。

2. 电化学腐蚀测试

汽车发动机多采用铝合金缸盖和铸铁缸体，两种不同的金属放入电解液时就会形成电池，缸体和缸盖在冷却液的作用下会产生电化学腐蚀。

冷却液的导电性可以用电压表进行检查，方法如下：将电压表的正极棒触在散热器上，负极棒插入冷却液中，电压表的读数应小于 0.2 V。如果电压表读数大于 0.5 V，则应对冷却系统进行清洗，并更换新的冷却液。当测得的电压高于 0.4 V 时，不仅会引起冷却系统的腐蚀，还会影响冷却液温度传感器的工作而使冷却液温度表指示不准。冷却液浓度为 50% 时，电化学腐蚀会大大减轻。

使用电子点火系统尤其是无分电器点火系统的发动机，会造成冷却液带电，使得冷却系统内的碎屑黏附在金属零件上，引起散热器阻塞。这种情况只能靠更换冷却液或使用电离冷却液恢复系统进行修正。

3. pH 值测试

可用 pH 试纸检测冷却液的酸碱度。随着冷却液老化，其 pH 值会下降而呈酸性。大多数亚洲国家生产的汽车要求冷却液的 pH 值为 7 ~9，而美国和欧洲大多数国家生产的汽车要求冷却液的 pH 值为 8 ~9. 5。冷却液 pH 值偏低可能是因为防冻剂劣化或混合液中水分含量大，pH 值过高可能是因为维护过程中加入了过多的防冻剂或防腐剂。

6. 7　发动机异响的检测

发动机运转时往往会发出不同的声响，当发动机出现故障时，其声响会产生较大的变化，如出现间歇或连续的金属敲击声、无规律的金属碰擦声、气体冲击声等。通常把发动机运转时发出的超过技术文件规定的不正常声响称为异响。

异响是发动机工作性能下降的一种表现形式，其实质是发动机的某个部位发生了故障。在异响的检测过程中，要注意分辨发动机的异响和噪声，不要把发动机正常工作的声响混同为异响。发动机常见异响为气体与金属的冲击异响和金属与金属之间的敲击异响，如图 6 –10 所示。

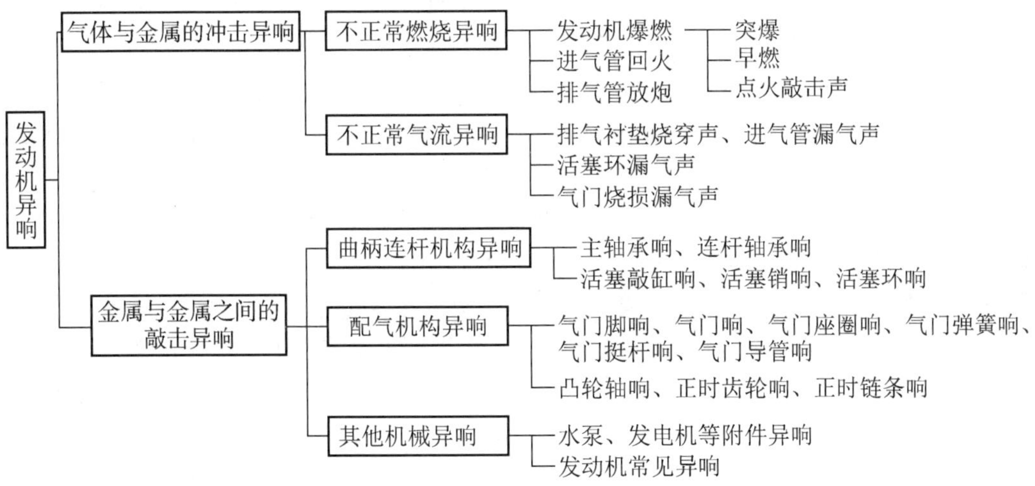

图 6 –10　发动机常见异响

6. 7. 1　影响发动机异响的主要因素

发动机异响与转速、负荷、温度、润滑条件、缸位、工作循环等多种因素有关。

1. 转速

一般情况下，发动机转速越高异响越严重，但高速运转时响声混杂，反而不易于听诊，检测异响应在响声最明显的转速范围内进行。异响部位不同，响声最为清晰的转速范围也不相同。

2. 负荷

许多异响与发动机负荷有关，如曲轴主轴承响、连杆轴承响、活塞敲缸响、点火敲击响等均随负荷增大（爬坡、加速、满载等）而增强，随负荷减小而减弱。而有些异响与发动机负荷无关，如气门响、凸轮轴响等，当负荷变化时响声基本不变。

3. 温度

在发动机的配合零部件中，有些零件的热膨胀系数较大，发动机温度变化时，其配合间隙也随之发生较大的变化，如活塞与气缸之间的间隙；而热膨胀系数小的零件，温度变化时其配合间隙不会发生大的变化，如曲轴主轴承间隙。因此，发动机的有些异响与温度有关，而有些异响与温度无关或关系不大。例如，活塞冷敲缸响在低温时响声明显，温度升高后异响减弱或消失；发动机过热会引起早燃突爆声；活塞因变形、配合间隙过小引起的敲缸异响等在低温时响声不明显，温度升高后异响明显加重；主轴承响、连杆轴承响、气门脚响等受温度影响较小。

4. 润滑条件

润滑条件对发动机运转零部件的工作状况有非常大的影响，若润滑不良，则曲柄连杆机构异响和配气机构异响均会明显加重。而有些异响又会导致润滑条件进一步恶化，如曲轴主轴承异响和连杆轴承异响，往往会造成机油压力过低、润滑不良。

5. 缸位

单缸断火（断油）或复火（复油）时响声有明显变化的现象称为异响上缸，即异响与缸位有关。例如，连杆轴承响、活塞环响、因气缸配合间隙过大造成的活塞敲缸异响等在单缸断火（断油）时响声减轻或消失；活塞销窜出或松旷响、连杆轴承盖螺栓松动响、活塞因裙部锥度过大造成的敲缸等，在单缸断火（断油）时响声明显加重。

不上缸则指异响在单缸断火（或断油）后，响声既不减弱也不增大，单缸是否工作对异响没有影响。例如，气门脚等配气机构异响在单缸断火时响声不变或变化不明显；曲轴主轴承响在单缸断火（断油）时响声变化不明显，相邻两缸同时断火（断油）时响声减轻或消失。

单缸断火（或断油）后声响不但不减弱反而明显增强则称为反上缸，如因配合间隙过小导致的活塞热敲缸异响。反上缸的异响通常都是恶性异响，往往会造成发动机重大机械故障，甚至导致发动机报废。

6. 工作循环

发动机异响与工作循环有很大关系，尤其是曲柄连杆机构和配气机构。一般曲柄连杆机构异响每工作循环发响 2 次，配气机构异响每工作循环发响 1 次。

6.7.2 异响的传播途径

1. 空气直接传播

空气直接传播是异响传播的主要方式之一，几乎所有的异响都能通过这种方式进行传播，但在实际检测中能够清晰听到的主要是一些音调较高（振幅较小，频率较高）的异响。

2. 各种壳体支撑架、座椅传播

发动机或底盘的振动和异响经过变速器的支撑胶垫及支撑架传给车身，由车身进行放大并通过座椅等路径传递。

3. 发动机与车身的连接件传播

底盘传动系统的振动和异响会直接传递给发动机，与发动机的振动和异响混合，再由发动机与车身的连接件（支撑胶垫、节气门拉索、各种管道及线束）传递给车身，由车身再进行放大，并通过座椅等传递给人体。

4. 变速器的变速杆系或拉索传播

发动机或底盘的振动和异响经变速器变速杆系或拉索传入车室。

5. 转向机构传播

发动机或底盘的振动和异响经过变速器的支撑胶垫、支撑架以及其他连接件传给车身，再经过转向传动杆系传递给人体。

6. 悬架系统传播

发动机或变速器的振动和异响与传动轴及悬架的振动和异响混合后，由悬架连接件传递给车身，再通过座椅等传递给人体。

6.7.3 异响检测方法

发动机异响的检测方法主要有人工经验检测法和仪器检测法两种。

1. 人工经验检测法

人工经验检测法就是通过改变发动机工况使异响发生相应变化，由检测人员利用听诊器或简易听诊工具听不同部位，找出异响特征和规律，并了解异响出现时发动机的运行状况及故障征兆，结合异响检测经验，准确判断出异响部位的方法。这是目前维修行业异响检测最普遍、最常用的方法。

（1）异响的区分。发动机的故障部位不同，其异响部位就不同，振动区域、声调特征、伴随现象也不相同，因此能够正确区分不同异响就成为准确判断异响的关键。

①区分发动机异响与变速器、离合器异响。由于离合器和变速器与发动机安装在一起，在检测时应特别注意区分异响是来自发动机还是离合器或变速器，否则会降低检测效率。

在无显著特征表明为变速器故障时，常常切断发动机与变速器的联系，以区分是发动机异响还是变速器异响。对于手动变速器，可踩下离合器踏板，若异响消失，则为手动变速器空挡转动部分元件的异响；对于自动变速器，可在拆下变速器总成后，短接P、N位开关，起动发动机，如果异响仍然存在，即可确诊为发动机异响。

②区分发动机自身异响和附件异响。附件异响经常被误认为是发动机其他部分的故

障，因此发动机有异响时，应对发电机、转向助力泵、二次空气喷射泵、空调压缩机和冷却水泵等附件进行仔细检查和察听。

③根据异响特征区分异响。判断发动机异响时，必须了解各种异响与发动机转速、温度、负荷、缸位、工作循环、润滑条件等因素的关系，充分利用异响特征来区分发动机不同部位的异响。

如前所述，发动机异响与转速、负荷、温度、工作循环等因素有关，除此之外，还应注意声调特征和听诊部位。

④根据发动机的故障现象区分异响。发动机出现异响时，常常伴随不同的故障现象。例如，机油压力降低、排气管排烟异常、发动机运转振抖不稳定、回火放炮、机油变质、曲轴箱通风管或加机油口脉动冒烟等。

（2）发动机常见异响的检测和分析。

①曲轴主轴承异响。发动机稳定运转时声响不明显，急加速或负荷较大时，发出较沉重、有力、有节奏的“咣咣”声，严重时机体振抖，可在发动机缸体下部及油底壳部位辅助听诊。

②连杆轴承异响。发动机怠速运转时无异响或响声较小，急加速时有明显的沉重且短促和连续的“咣咣咣”敲击声，连杆轴承异响较曲轴主轴承异响轻缓而短促。

③活塞冷敲缸异响。发动机怠速或低速运转时，在气缸的上部发出清晰而明显的、有节奏且连续不断的“嗒嗒嗒”金属敲击声，严重时响声沉重，即“咣咣咣”声。

④活塞热敲缸异响。发动机怠速时发出有规律的“嗒嗒”声，高速时发出“嘎嘎”的连续金属敲击声，并伴有机体抖动现象。当温度升高时，响声会加大。

⑤气门异响。发动机怠速时，在气门室处发出连续不断、有节奏的“嗒嗒嗒”声，响声清脆，易区分；若有多只气门脚响，则声音杂乱。

⑥液压挺杆异响。发动机怠速运转时，在凸轮轴附近发出有节奏的敲击声，中速以上时响声减弱或消失，单缸断油（断火）时响声无变化。

⑦正时齿轮异响。发动机怠速运转或转速变化时，在正时齿轮室盖处发出杂乱而轻微的“嘎啦”声，转速提高后声响有时消失，急减速时声响尾随出现，有时在正时齿轮室盖处有振动现象。声响有时受温度影响，高温时声响明显；单缸断火声响无变化。

⑧正时链条、链轮异响。在发动机运转时，其前端正时齿轮室盖处发出“喀啦、喀啦”的敲击声，减速运转时异响更加明显。通常磨损变松的链条都会产生“喀啦、喀啦”的响声，情况严重时链条还会将正时齿轮室盖磨破，并产生漏油现象。

⑨点火敲击异响。发动机空转急加速时或负荷较大时，发出尖锐、清脆的类似“嘎啦、嘎啦”的金属敲击声，好像几个钢球撞击的声音，随转速升高而逐渐消失。

发动机热车后进行路试，以最高挡最低稳定车速行驶，然后将加速踏板急速踩到底。如果在急加速的过程中发出“嘎啦、嘎啦”的强烈响声并长时间不消失，而当稍抬加速踏板时响声又会立即减弱或消失，再加速时又重新出现，则可确诊为点火敲击异响。

检测点火敲击异响时应注意其与气门异响的区别。气门异响可发生在任何转速下（包括空转转速），而点火敲击异响发生在汽车加速行驶、爬坡和满载等情况下，且适当推迟点火正时后响声即会消除。

2. 仪器检测法

在发动机运行过程中，各种异响模糊杂乱，现象与成因之间的关系复杂，因此异响检测一直是汽车检测中的难点，而使用异响检测仪，通过检测异响的振动波形、振幅和频率，可快速、准确地判断异响部位。

常用的异响检测仪有两种形式：便携式异响检测仪和带相位选择的用示波器显示的异响检测仪。许多发动机综合性能分析仪也具有检测发动机异响的功能，并均可检测异响波形。例如，WFJ－1型、YJ416型、QFC－3型、QFC－4型、EA1000型、BOSCH FSA－560型等发动机综合性能分析仪均可检测异响波形。

本章小结

本章主要介绍发动机技术状况检测，尤其是影响汽车安全的几个发动机技术状况的检测。

发动机技术状况的优劣直接影响汽车的动力性、经济性和可靠性，掌握汽车发动机技术状况的检测具有重要意义。

1. 发动机技术状况检测包括对发动机的功率、燃油消耗、点火性能、气缸密封性、机油质量、发动机温度以及运行时的异响、振动等的检测。

2. 发动机测功分为两种：稳态测功和动态测功。

稳态测功是指在发动机节气门开度一定（或油量调节机构位置一定）、转速一定、其他参数都保持不变的稳定状态下，通过人为地给发动机施加一定的负荷，在测功器上测定其功率的一种方法。

动态测功是指发动机在节气门开度和转速均发生变化的状态下测定其功率的一种方法。

3. 气缸的密封性能受气缸、气缸盖、气缸垫、活塞、活塞环及进、排气门等工作状况的直接影响，可以通过检测气缸压缩压力、曲轴箱窜气量、气缸漏气量（率）及进气歧管真空度等多项参数进行综合诊断。汽车维修行业主要是通过检测气缸压缩压力和进气歧管真空度来判断气缸密封性的。

气缸压缩压力可用气缸压力表检测，也可用气缸压力分析仪和发动机综合分析仪检测。发动机各气缸压缩压力应不低于标准值的85%，且各气缸压力差应不高于3%（极限值为10%）。

进气歧管真空度是汽油机的重要检测参数之一，它不仅与活塞气缸组件、气门组件的磨损有关，还与进、排气系统，点火系统，供给系统的工作性能有关。

4. 在汽油机的各个系统中，点火系统对发动机的工作性能影响最大。点火系统的工作性能可利用仪器检测。

点火提前角是影响发动机动力性、经济性和排放性能的重要参数。

5. 检测汽油机燃油系统时，主要检测燃油压力及燃油压力调节器、喷油器和喷油泵的工作性能。

柴油机燃油系统的检测方法有不解体检测和元件检测两种。不解体检测是使用发动机综合性能分析仪检测喷油提前角和压力波形；元件检测则是在柴油机专用试验台上通过对喷油泵和喷油器的检测与调整，以使喷油提前角、供油量、喷雾质量等达到最佳。

6. 润滑系统的检测内容包括机油压力、机油消耗量和机油品质，这些参数既能反映润滑系统的技术状况，又能反映曲柄连杆结构和配气机构的配合状况。通常汽油机机油压力为190～490 kPa，柴油机机油压力为290～590 kPa。机油消耗量常用的检测方法有油尺测定法和质量测定法。机油品质常用人工经验判断法和理化性能指标检测法进行判断。

冷却系统的工作性能多依靠测试经验进行就车检测，检测项目主要有外观检查、元件性能检测、密封性试验等。

7. 发动机常见异响为气体与金属的冲击异响和金属与金属之间的敲击异响，异响与转速、负荷、温度、润滑条件、缸位、工作循环等多种因素有关。

自测题

一、单项选择题

1. 下列参数中不是发动机点火系统中常用的检测参数的是（　　）。

A. 点火提前角　　B. 进气歧管真空度

C. 蓄电池电压　　D. 点火系统最高电压值

2. 怠速加速法既适用于汽油发动机，又适用于柴油发动机，是发动机测功（　　）的方法。

A. 最常用　　B. 最简单　　C. 最经济　　D. 最可靠

3. 发动机综合分析仪通过测量（　　）或起动电压降来测试缸压。

A. 起动力矩　　B. 瞬间功率　　C. 最大转矩　　D. 起动电流

二、判断题

1. 发动机测功分为两种：稳态测功和动态测功。（　　）

2. 气缸压缩压力不可用气缸压力表检测，只能用气缸压力分析仪和发动机综合分析仪检测。（　　）

3. 柴油机燃油系统的检测方法有解体检测和元件检测两种。（　　）

三、简答题

1. 发动机有几种测功方式？

2. 影响发动机功率的因素有哪些？

3. 气缸密封性的检测参数是什么？

第 7 章　汽车底盘技术状况检测

导　言

汽车底盘的技术状况既可以通过道路试验进行检测与诊断，又可以采用台架试验进行检测与诊断。本章主要介绍影响汽车安全性的几个汽车底盘技术状况的检测方法。

学习目标

1. 认知目标

(1) 了解汽车底盘技术状况的检测项目。

(2) 理解汽车底盘技术状况检测的基本方法。

(3) 了解汽车底盘技术状况检测的有关概念。

2. 技能目标

(1) 能运用汽车底盘技术状况检测的方法完成对汽车底盘技术状况的简单检测。

(2) 能将汽车底盘技术状况检测的有关内容用于实际检测。

3. 情感目标

(1) 初步养成自觉遵守国家标准的习惯。

(2) 培养一丝不苟、严肃认真的工作作风。

(3) 增强空间想象能力和思维能力，提高学习兴趣。

汽车底盘包括转向系统、行驶系统、传动系统和制动系统，其技术状况不仅影响汽车的动力性和经济性，而且直接关系到整车操纵稳定性和行车安全，因此，汽车底盘技术状况检测也是汽车检测技术的一项重要内容。

汽车底盘性能检测通常需要各种专用检测设备，主要有离合器打滑频闪测定仪、传动系统游动角度检测仪、四轮定位仪、车轮动平衡仪、转向系统检测仪、侧滑试验台、悬架装置检测台、制动试验台等。随着科学技术的发展，这些检测设备已大量采用光、机、电一体化技术，并采用微机控制，有些还具有智能化功能或专家诊断系统。正确地使用这些检测设备，可以在汽车底盘维修过程中获得可靠的技术数据，从而保证汽车底盘有效地工作。

7.1　转向系统技术状况检测

转向系统的性能直接影响汽车的操纵稳定性和行车安全，一般通过检测转向盘自由行程、转向机和转向力等参数来判断其技术状况。转向系统的常见故障有转向沉重、行驶跑偏、制动跑偏等。

7.1.1 转向系统技术要求

转向系统主要技术要求如表7－1所示。

表7－1 转向系统主要技术要求

项目	要求
转向盘	1. 机动车的转向盘应转动灵活，操纵方便，无阻滞现象。机动车应设置转向限位装置车轮，在转向过程中，不得与其他部件有干涉现象。 2. 机动车转向盘的最大自由转动量应小于或等于： ①最大设计车速大于或等于100 km/h的机动车：15°； ②三轮汽车：35°； ③其他机动车：25°。 3. 机动车在平坦、硬实、干燥和清洁的水泥或沥青道路上行驶，以10 km/h的速度在5 s之内沿螺旋线从直线行驶过渡到直径为25 m的圆周行驶，施加于转向盘外缘的最大切向力不得大于245 N
最小转弯直径	1. 当汽车前行向左或向右转弯时，转向盘的回转角和回转力不得有显著差异。 2. 机动车的最小转弯直径，以前外轮轨迹中心线为基线测量其值不得大于24 m。当转弯直径为24 m时，前转向轴和末轴的内轮差（以两内轮轨迹中心线计）不得大于3.5 m
前轮侧滑	1. 机动车前轮定位值应符合该车有关技术条件。 2. 机动车（摩托车、轻便摩托车和三轮农业运输车除外）转向轮的横向侧滑量，用侧滑试验台（包括双板和单板侧滑台，以下称侧滑试验台）检测时的侧滑量值应不大于5 m/km（但对独立悬架结构的转向轮的侧滑量不作要求）

7.1.2 转向盘转矩、转向角检测

转向盘的转动阻力和自由转动量直接关系到转向轻便、行驶稳定和行车安全，测量汽车的转向盘操纵力及转动角度可使用转向参数测试仪。

转向参数测试仪由测力机构和测角传感器组成。转向力可通过测力机构经传感器转换为电信号的方法来测量；转向角可通过测角传感器转换成电信号的方法来测量。通过测定转向盘的转向力和转向角，可以进一步地分析汽车的操纵性能。

目前，常用的转向参数测试仪有ZC－2A型（如图7－1所示）等，可用于汽车、拖拉机、工程机械及其他轮式车辆的转向性能检测和试验。

转向参数测试仪可以测量转向盘的自由转角、原地转向力、转向盘转矩、转向角和其他静态、动态参数。

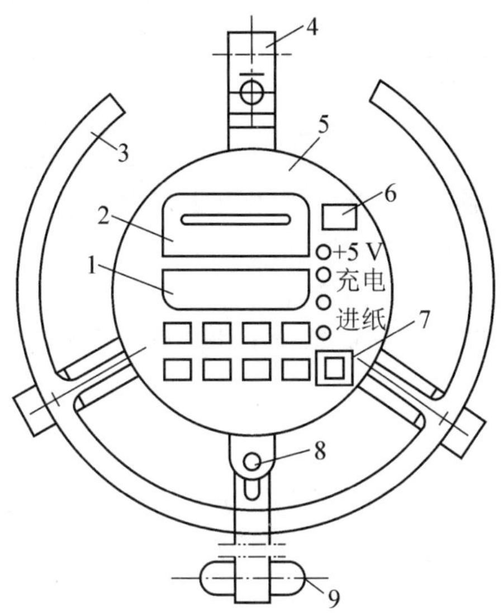

1—显示器；2—打印机；3—操作盘；4—连接叉；5—主机；
6—电压表；7—电源开关；8—固定螺栓；9—定位杆。

图7－1 ZC－2A型转向参数测试仪

1. 转向参数测试仪的结构

ZC－2A型转向参数测试仪由操作盘、连接叉、主机、定位杆4部分组成。操作盘由螺钉固定在三爪底板上，底板经力矩传感器同连接叉相连。连接叉上有3只可伸缩的活动卡头，测试时与被测车辆的转向盘连接。主机固定在底板中央，主机里面装有力矩传感器、转向角传感器和显示电路板。定位杆从仪器面板中心伸出，通过磁力座固定在被测车辆上。

2. 转向参数测试仪的安装

测量前，应将转向参数测试仪稳固地安装在被测车辆的转向盘上。安装时松开连接叉的3只伸缩爪上的紧固螺钉，松开连接卡头，将卡头扣在被测车辆的转向盘上并拧紧卡头。调整3只可伸缩的卡头，使仪器的中心线同被测车辆转向盘的中心线重合。

拧紧伸缩爪上的紧固螺钉，反复转动仪器的操作盘，确认仪器连接无松动现象和两中心线已重合，然后调整定位杆的长度，使其与吸在被测车辆仪表盘（或门框）上的磁力吸座相固定，至此，仪器安装完毕。

值得一提的是，不同的转向参数测试仪，其转向力和转向角的量程、测试精度及电源电压都不尽相同，应根据具体情况选用并在使用前认真阅读使用说明书。

转向盘的转动阻力是评价转向盘转动是否灵活、轻便的量化指标。转动阻力大，即转向沉重，会增加驾驶员的劳动强度，并影响行车安全。转向盘的转动阻力一般用弹簧秤拉动转向盘的轮缘的方法检测（见图7－2），或用专门的转向测力仪检测。

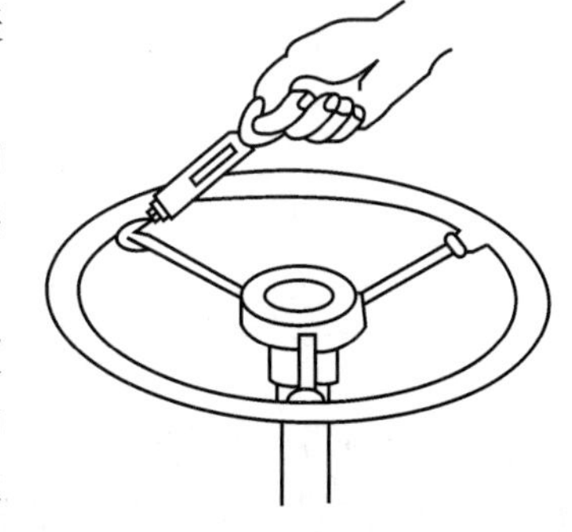

图7－2 转向盘转动阻力的检测

7.1.3 转向轮定位检测

为保证汽车的操纵稳定性和转向轻便性，转向轮定位必须满足设计要求。在汽车使用过程中，由于转向机构、车轴、车架的变形和磨损，转向轮定位会逐渐失准，汽车的操纵性能变差，易发生行车事故，同时，转向轮定位失准还会使车轮滚动阻力增大，汽车动力性下降，运行油耗增多，另外，由此引起的轮胎异常磨损也降低了汽车的使用经济性。因此，要对使用中的汽车适时地进行转向轮定位的检测，并根据检测结果进行调整，以保证其使用性能。

1. 转向轮定位及其作用

转向轮定位是转向轮静态安装后形成的一组几何角度与尺寸数值。设计汽车时，转向车轮上设计有主销后倾角、主销内倾角、转向轮外倾角和前束4个几何结构参数，这些几何结构参数统称为转向轮定位。

（1）主销后倾角 γ。万向节主销轴线或假想的主销轴线（某些独立悬架的汽车无实际主销）在纵向平面内向后倾斜，与铅垂线所形成的夹角称为主销后倾角。主销后倾角的作用在于当转向轮受外力影响偏离直线行驶方向时，形成稳定力矩而自动回正。

汽车直线行驶时，若转向轮偶遇外力作用而偏转，如向右偏转，则汽车的行驶方向也将向右偏转，如图7－3所示。由于汽车本身离心力的作用，在车轮与路面接触点处产生一个与离心力方向相反的侧向反力 Y。当主销后倾时，反力 Y 对车轮形成的绕主销转动的力矩正好与外力使车轮偏转的力矩方向相反，从而使车轮克服外力影响而回到原直线行驶位置。显然，若主销后倾角过大，则将使回正力矩太大而转向沉重。主销后倾角是影响汽车行驶稳定性的重要参数。其数值一般小于3°。

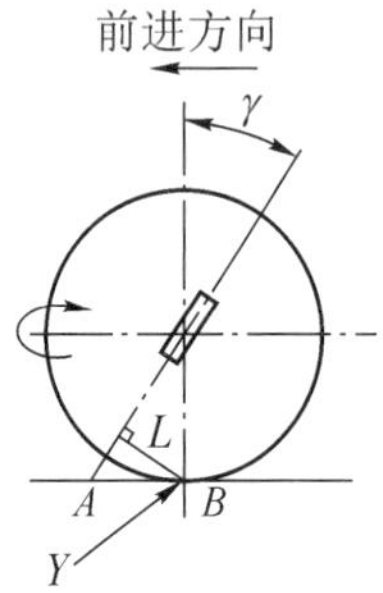

A—主销的延长线与地面的交点；B—车轮与地面的交点；L—力臂；γ—主销后倾角；Y—反力。

图7－3 主销后倾角及其回正作用示意图

（2）主销内倾角 β。万向节主销轴线或假想的主销轴线在横向平面内向内倾斜，与铅垂线所形成的夹角称为主销内倾角。主销内倾角亦有使车轮自动回正的作用，同时可使转向轻便。若主销有一定内倾，则车轮在外力作用下偏离直线行驶方向时，转向轮连同转向轴和汽车前部将会被轻微抬起（图7－4中画成转向180°，若无地面约束，则车轮下边缘将陷入地面以下），前轴重量对于较低位置所具有的重力势能产生使转向轮回到原直线行驶位置的效应，如图7－4所示。此外，主销内倾还使主销轴线延长线与路面的交点到车轮中心平面的距离（称主销偏移距）减小，从而可减小转向时施加于转向盘上的力矩，使转向轻便，同时也减小了从转向轮传递到转向盘上的冲击力。

（3）转向轮外倾角 α。转向轮安装时并非垂直于路面，而是向外倾斜一个角度，车轮中心平面与铅垂线的夹角称为转向轮外倾角，如图7－5所示。

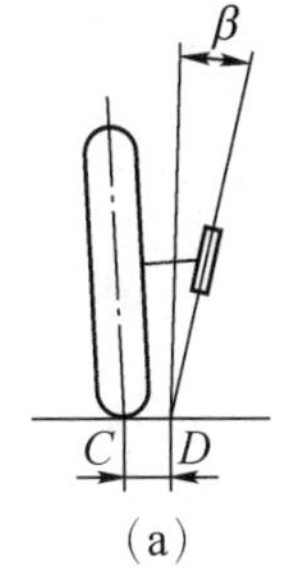

(a)

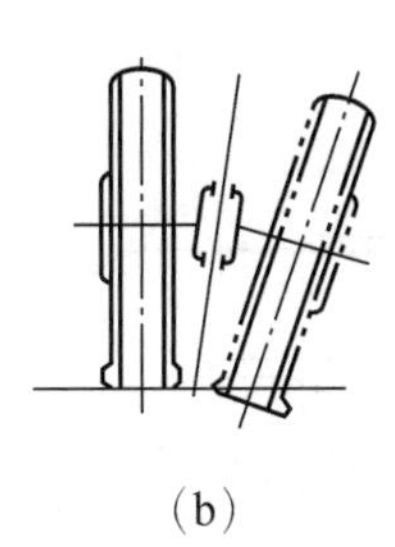
(b)

CD—主销轴线与路面交点C到车轮中心平面与地面交线D的距离。

图7－4　主销内倾角及作用示意图

(a) 主销内倾角；(b) 主销内倾角的作用

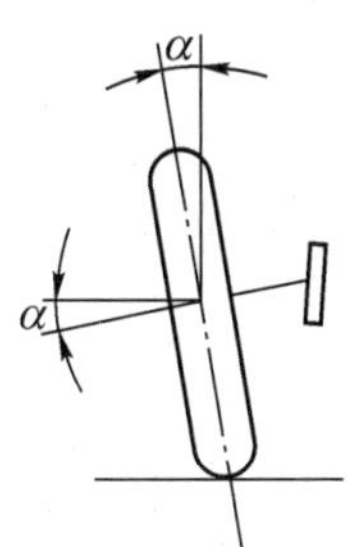

图7－5　转向轮外倾角示意图

转向轮外倾可使主销偏移距进一步减小，因而具有使转向轻便的作用；同时可使转向轮适应路面拱形，防止轮胎表面内外磨损不匀；此外，还能防止车桥承受载荷变形时出现车轮内倾，减小轴端小轴承及轮毂紧固螺母的负荷，以延长其使用寿命。

(4) 前束。转向轴上的两转向轮并非平行安装，其两轮前边缘距离 B 小于后边缘距离 A，$A-B$ 的值即前束，如图7－6所示。

前束的作用：克服车轮外倾所带来的不利影响，防止汽车直线行驶时，转向轮在地面上出现边滚边滑现象，从而减小轮胎磨损和滚动阻力。

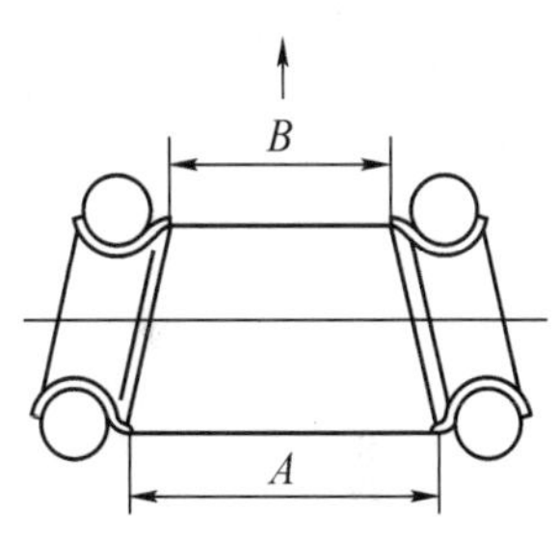

图7－6　转向轮前束

保持正确的转向轮定位，对于保证汽车行驶稳定性和操纵轻便性非常重要。主销后倾角或内倾角过大时，汽车转向沉重；过小时，转向轮不能自动回正，汽车直行时易发生偏摆现象而难以掌握，同时会造成轮胎胎面的不规则磨损。转向轮外倾角过大或过小，将造成轮胎外胎肩或内胎肩磨损加剧。前束过大或过小，均会引起转向轮轮胎的不正常磨损，并会使行驶方向漂浮不定，难以驾驶。前束过大时，外侧磨损严重；过小时，内侧磨损严重。无论前束过大或过小，均会使方向漂浮不定。

2. 转向轮定位仪的构成

转向轮定位的检测常采用静态检测法，即在汽车停驶情况下，用测量仪器对汽车转向轮定位的几何参数进行测量，其检测的基本依据是转向轮旋转平面与各定位角间的直接或间接的关系。目前，常用的转向轮定位仪有便携式光束水准车轮定位仪、便携式水准车轮定位仪等。

便携式光束水准车轮定位仪一般由一套水准仪、两套聚光器、两套支架、两套转盘、两套杆尺、两套标杆和一个制动踏板抵压器组成，适用于大、中、小型汽车；便携式水准车轮定位仪一般由水准仪和转盘组成，仅适用于小型汽车。水准仪有插销式和永久磁铁式两种，插销式水准仪用于便携式光束水准车轮定位仪，而永久磁铁式水准仪用于便携式水准车轮定位仪。图7－7和图7－8分别为插销式水准仪和永久磁铁式水准仪。

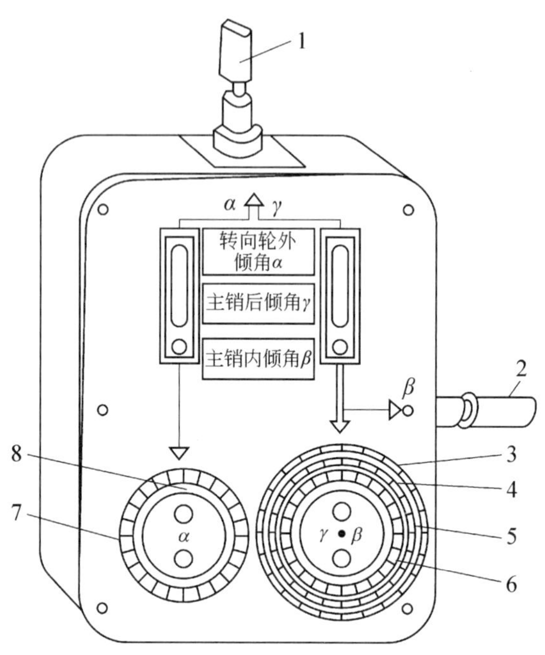

1—测 α、γ 插销；2—测 β 插销；3—测 γ 刻度盘；4—测左轮 β 刻度盘；5—测 γ、β 表盘指针；
6—测右轮 β 刻度盘；7—测 α 刻度盘；8—测 α 表盘指针。

图 7－7　插销式水准仪

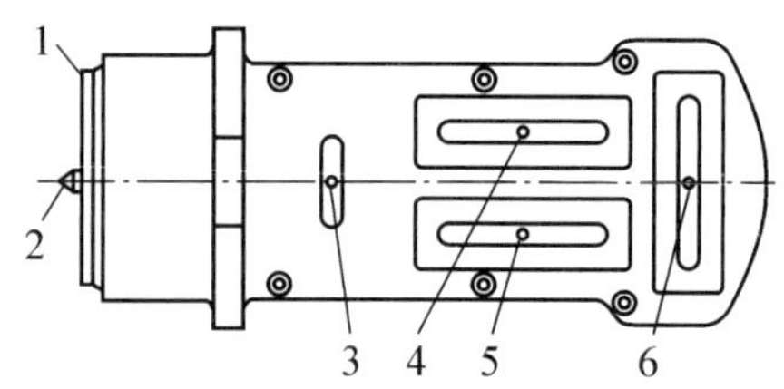

1—永久磁铁；2—定位针；3—水平校正水泡管；4—后倾角测量水泡管；
5—外倾角测量水泡管；6—内倾角测量水泡管。

图 7－8　永久磁铁式水准仪

支架为水准仪与轮辋间的连接装置，有卡紧式和磁力式两种类型，其结构如图 7－9 所示。支架总成配有内张式和外收式两种固定脚，可按轮辋的形式不同而选用。安装时，先将固定支架的两个固定脚卡在轮辋适当部位，再移动活动支架使其固定脚也卡在轮辋上，而后用活动支架的偏心卡紧机构将 3 个固定脚卡紧在轮辋上，使 3 个固定脚的定位端面贴紧在轮辋边缘上。松开调整支座弹性固定板的固定螺栓，使调整支座沿导轨滑动，并通过特制芯棒调整支座孔中心与车轮轴线重合后，拧紧固定螺栓。测量时，将插销式水准仪的插销插入调整支座中心孔。永久磁铁式水准仪带有永久磁铁和定位针，可以对准万向节枢轴的中心孔，直接吸附在轮辋端面，因而省却了支架。

转盘又称转角仪（如图 7－10 所示），一般由固定盘、活动盘、刻度尺、游标指针、横向导轨、纵向导轨和位于两盘之间的钢球构成。当汽车转向轮在转盘上转向时，可使之灵活偏转，并指示出转角大小。水准仪配合转盘可测量转向轮外倾角、主销内倾角和主销后倾角。转盘还可用于测量转向轮最大转角和左、右轮转角的关系。

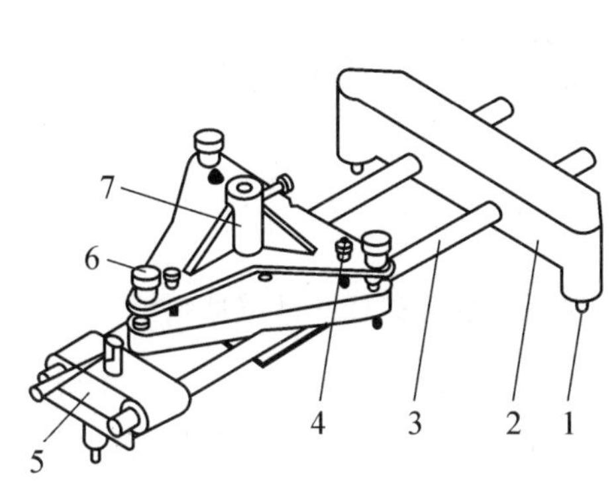

1—支架固定脚；2—固定支架；3—导轨；
4—定位螺栓、螺母；5—活动支架；
6—调节螺栓；7—调整支架。

图7-9　支架

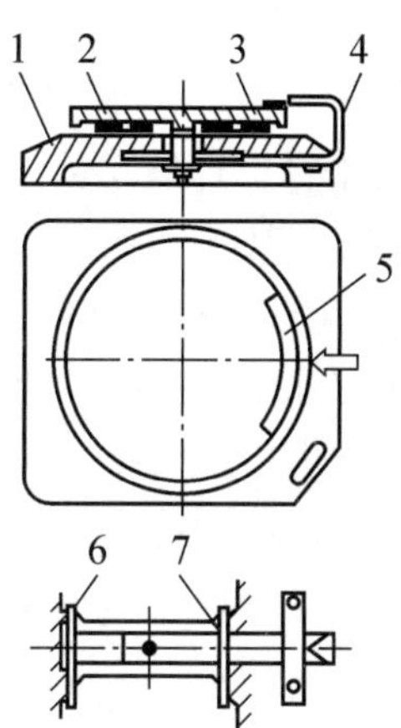

1—固定盘；2—活动盘；3—钢球；
4—游标指针；5—刻度尺；
6—横向导轨；7—纵向导轨。

图7-10　转盘的结构

聚光器上的定位销插入支架总成的支座孔中，可把聚光器固定于支架上，在标杆配合下可检测转向轮的前束值。在转向轮定位的检测过程中，有时需踩下制动踏板，使车轮处于制动状态。踏板抵压器可将制动踏板压下，而顶靠在驾驶座椅或其他支撑物上，以节省人力。

3. 转向轮定位检测注意事项

（1）对被检车辆的要求。

①被测车辆载荷和轮胎气压应符合规定。

②转向轮轮胎为新胎或磨损均匀的半新胎。

③转向轮轮毂轴承、万向节与主销不应松旷，否则应先修理调整后再检测。

④制动器制动可靠。

（2）对检测场地的要求。

①表面平整。

②为使车辆检测时处于水平位置，可将转盘放入预留坑中，左、右两转盘的距离应调整到与被测汽车转向轮的轮距相同；转盘放在地面上时，可在后轮下垫60 mm厚的木板，以保证前、后车轮在同一水平面上。

7.1.4　汽车四轮定位检测

1. 汽车四轮定位及作用

为适应汽车高速运行状态下的稳定性和舒适性要求，现代汽车广泛采用四轮独立悬架。为使汽车具有良好的转向特性，除转向轮定位外，汽车还具有后轮外倾角和前束等参数，称为四轮定位。

四轮定位的前、后轮定位参数依赖于悬架机构有关部件的相互位置在一个统一基准（线或面）上的合理匹配，以实现转向行驶系统的稳定效应，使汽车具有良好的行驶平顺性和操纵稳定性。只有当前、后轮定位参数均按标准值调整得当时，才能保证汽车转向精确，运行平稳，行驶安全，降低油耗并减轻轮胎磨损。

在汽车行驶中，出现下列情况时，需进行四轮定位的检测和调整：

（1）直线行驶困难。

（2）前轮摇摆不定，行驶方向漂移。

（3）轮胎出现不正常磨损。

（4）汽车更换悬架系统、转向系统有关部件或前部经碰撞事故维修后。

2. 汽车四轮定位检测指标

汽车四轮定位的检测指标包括转向轮前束值/角及前张角、转向轮外倾角、主销后倾角、主销内倾角、后轮前束值/角及前张角、后轮外倾角、轮距、轴距、转向20°时的前张角、推力角和左右轴距差等，如图7－11所示。四轮定位仪不仅可检测转向轮的定位参数，还可检测后轮定位参数。另外，转向轮定位参数的检测工作在转向轮定位仪上也可完成。

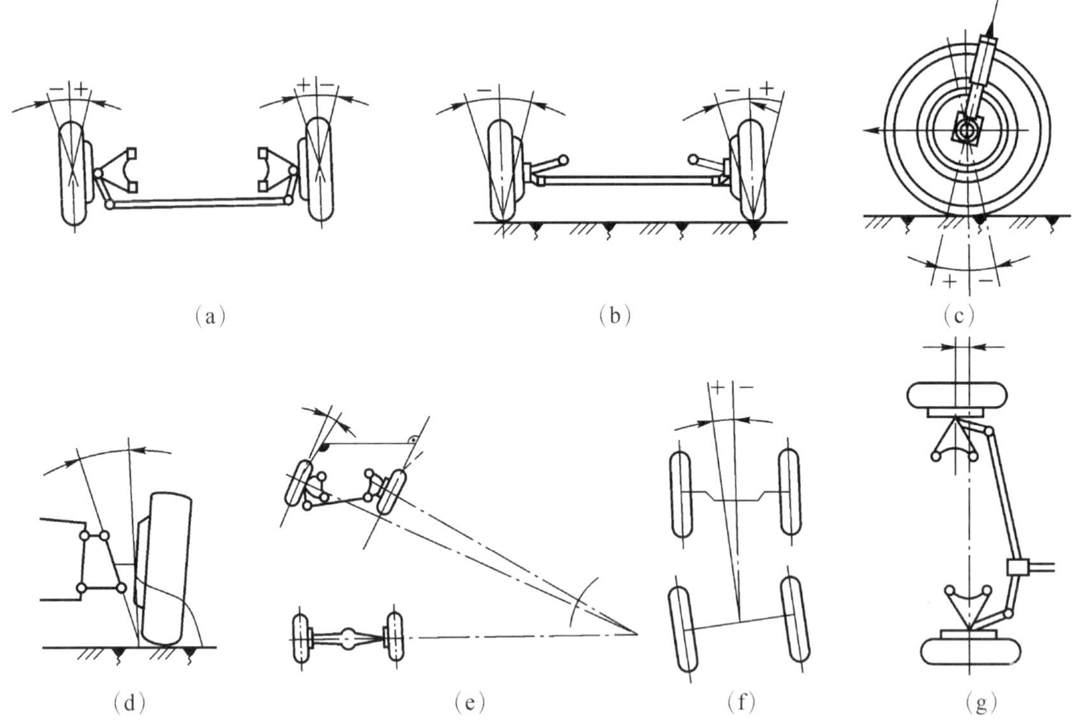

图7－11　四轮定位的检测指标

（a）车轮前束角和前张角；（b）车轮外倾角；（c）主销后倾角；（d）主销内倾角；（e）转向20°时的前张角；（f）推力角；（g）左右轴距差

不同车型汽车的四轮定位值不同。汽车的四轮定位合格与否，需要把检测结果与标准值进行比较才能确定。现代计算机四轮定位仪，不仅采用了先进的测量系统和科学的检测方法，而且储存了大量常见车型的四轮定位标准数据。在检测过程中，可随时把实测数据与标准数据进行比较，并通过屏幕用图形和数字显示出需要调整的部位、调整方法以及在调整过程中数值的变化，把复杂的四轮定位检测调整简化成“看图操作”。

3. 汽车四轮定位检测原理

不同类型的四轮定位仪所采用的检测方法、数据记录与传输方式有所不同，但基本检测原理一致。以下介绍四轮定位主要检测项目的检测原理。

（1）前束和左右轮轴距差检测。检测时，应将车体摆正，并把转向盘置于中间位置。为提高检测精度，依四轮定位仪的类型常通过拉线或光线照射及反射的方式形成一个封闭的矩形，并将被测车辆置于该矩形中，如图7－12所示。通过安装在车轮上的光学镜面或传感器，不仅可检测前后轮的前束值，还可检测同一车轴上左右车轮的同轴度及推力角等。

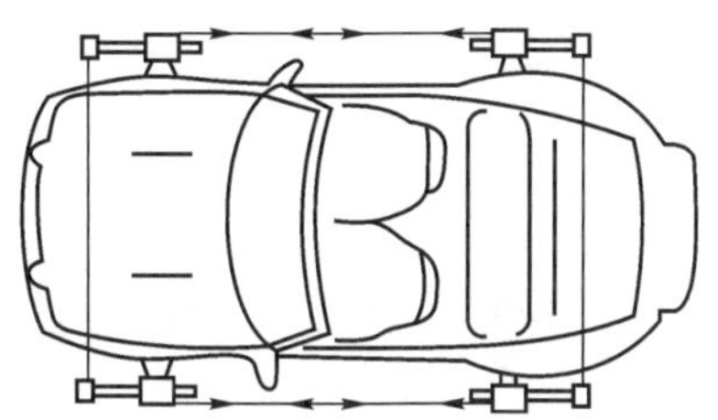

图7－12　8束光线形成的封闭矩形

安装在车轮上的传感器有不同类型，当采用光敏晶体管式传感器时，其检测原理如下：

①安装在两转向轮和两后轮上的传感器（又称定位校正头）均有接收光线和发射光线的功能，利用光线发射与接收刚好能形成如图7－12所示的矩形。传感器的受光平面上等距离地排列有一排光敏晶体管，当不同位置上的光敏晶体管受到光线照射时，所发出的电信号即可代表前束值/角或左右轮的轴距差。

②前束为零时，同一轴左、右车轮上的传感器发射（或反射）出的光束应重合。当检测出上述两条光束互相平行但不重合时，说明车轮发生了错位，左右车轮不同轴，依据光敏晶体管发出的信息可测量出左右轮的轴距差。

③当左、右车轮有前束时，左轮传感器上接收到的光束位置相对于原来的零点有一偏差值，该偏差值表示右侧车轮的前束值/角；同理，在右轮传感器上接收到的光束位置相对于原来零点的偏差值，则表示左侧车轮的前束值/角。转向轮和后轮前束的检测原理相同，所不同的是转向轮前束的检测是利用装在左、右转向轮上的两个传感器，而后轮前束的检测则是利用装在左、右后轮上的传感器。车轮前束值/角的检测原理如图7－13所示。

（2）推力角检测。车辆长期使用或发生交通事故后，其后轴发生变形，致使后轴中心

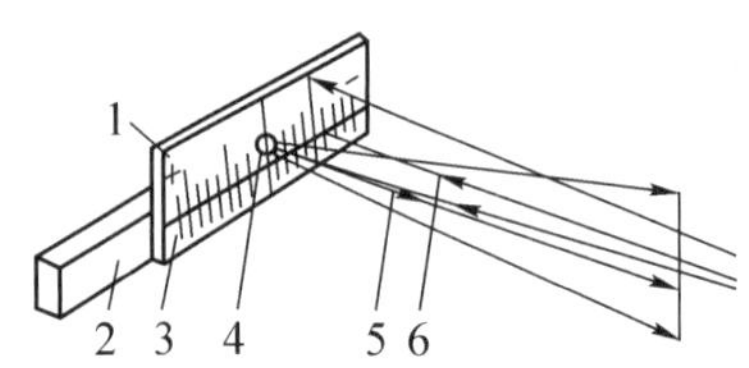

1—刻度板；2—投射器支臂；3—光敏传感器；4—激光器；5—投射激光束；6—接收激光束。

图7－13　车轮前束值/角的检测原理

对称线（推力线）发生偏斜，后轴中心线与汽车纵向对称线之间的夹角称为推力角。推力角并非设计参数，而是一种故障状态参数。推力角过大，会导致轮胎的异常磨损，汽车易偏离其直线行驶方向，严重时将发生后轴侧滑、甩尾等危险状况。

推力角检测原理如图7－14所示。当推力角为零时，前后轴同侧车轮上的传感器发射或接收的光束应重合；当两条光束出现夹角而不重合时，即说明推力角不为零。因此，可以用安装在汽车前轮上的传感器接收到的后轮传感器所发射的光束，根据其相对于零点位置的偏差值检测汽车推力角的大小。

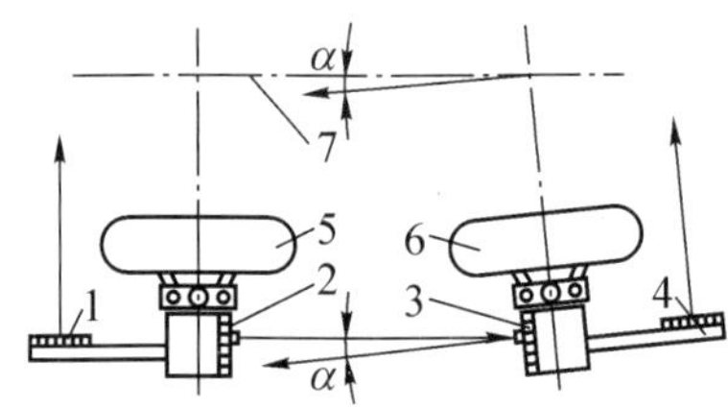

1～4—光线接收器；5—转向轮；6—后轮；7—汽车纵轴线；α—推力角。

图7－14　推力角检测原理

（3）转向轮外倾角检测。转向轮外倾角可在车轮处于直线行驶位置时直接测得。在四轮定位仪的传感器（定位校正头）内装有角度测量仪（如电子倾斜仪），把传感器装在车轮上，可直接测出转向轮外倾角。

（4）主销后倾角和主销内倾角检测。主销后倾角和主销内倾角不能直接测出，只能采用建立在几何关系上的间接测量方法测出。

若主销后倾角不为零，则在车轮向外转20°和车轮向内转20°两个位置时，车轮平面会发生倾角变化。该倾角变化可由传感器内的角度测量仪测出。

同理，若主销内倾角不为零，则在车轮向外转20°和车轮向内转20°两个位置时，垂直于车轮旋转平面的平面内将发生倾角变化，该倾角变化也可由传感器内的角度测量仪测出。

（5）转向20°时前张角检测。汽车在使用时，转向轮长期在凹凸不平的路面上行驶，并由于驾驶员经常使用紧急制动等，使转向轮常受到碰撞和冲击而引起汽车转向梯变形，会造成汽车在转向行驶过程中转向轮的异常磨损并使操纵性变差，影响汽车行驶安全。为了检测汽车转向梯形臂和各连杆是否发生变形，在四轮定位检测中设置了转向20°时前张角的检测项目。

检测转向20°时的前张角时，使被检车辆转向轮停在转盘中心，转动转向盘使右转向轮向左转20°后，读取左转向轮下转盘上的刻度值 φ_1，20° − φ_1 即向右转向20°时的前张角；使左转向轮沿直线行驶方向向右转20°后，读取右转向轮下转盘上的刻度值 φ_2，20° − φ_2 即向左转向20°时的前张角。

汽车在出厂时，使用说明书上一般均给出了转向20°时前张角的合格范围。将测量值与规定值进行比较，即可检测出汽车转向轮的转向梯形臂和各连杆是否发生了变形。若其超出规定值或左右转向20°时前张角不一致，则需要校正、调整或更换转向梯形臂和各连杆。

7.1.5　最小转弯直径检测

汽车的最小转弯直径和通道圆是汽车的机动性参数，其大小影响汽车的通过性。

1. 技术参数

如图7－15所示，汽车前轮处于最大转角状态行驶时，汽车前轴离转向中心最远车轮胎面中心在地面上形成的轨迹圆直径 d_1，称为前外轮最小转弯直径。

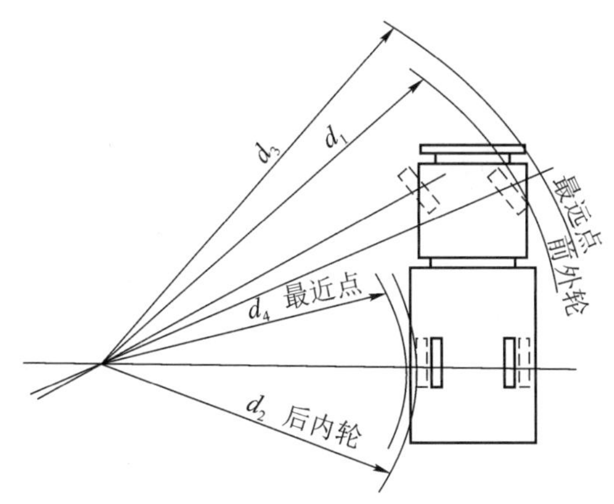

图7－15　汽车最小转弯直径示意图

汽车前轮处于最大转角状态行驶时，汽车后轴离转向中心最近车轮胎面中心在地面上形成的轨迹圆直径 d_2，称为后内轮最小转弯直径。

汽车前轮处于最大转角状态行驶时，车体离转向中心最远点形成的轨迹圆直径 d_3，称为最远点最小转弯直径。

汽车前轮处于最大转角状态行驶时，车体离转向中心最近点形成的轨迹圆直径 d_4，称为最近点最小转弯直径。

最远点最小转弯直径与最近点最小转弯直径之间的圆环称为汽车的通道圆。

汽车最远点最小转弯直径与最近点最小转弯直径之差的1/2，称为最小通道宽度 B，即

$$B=\frac{d_3-d_4}{2} \tag{7-1}$$

2. 最小转弯直径检测方法

《汽车最小转弯直径、最小转弯通道圆直径和外摆值测量方法》（GB/T 12540—2009）规定了适用于前轮转向的各类汽车的最小转弯直径的测定方法。

其试验条件要求：

（1）试验场地为平坦、硬实、干燥、清洁的混凝土或沥青地面，其大小应能允许汽车做全圆周行驶。

（2）汽车的前轮最大转角应符合该车的技术条件规定。

（3）汽车处于空载状态，只乘坐一名驾驶员，全轮着地。

（4）试验仪器应有行驶轨迹显示装置、钢卷尺。

用同样的方法测出汽车最内点及最外点的转弯直径，即可计算通道圆和最小通道宽度。

7.2 行驶系统技术状况检测

1. 概述

随着道路条件的改善和汽车技术水平的提高，汽车行驶速度不断提高，车轮不平衡将对汽车产生严重的影响。如果车轮不平衡，在高速旋转时由于车轮不平衡质量产生的不平衡力的大小和方向在不断变化，将引起车轮上下跳动和横向摆动，使得车辆难以控制，直接影响汽车操纵稳定性和行驶安全性。车轮不平衡还会加剧轮胎、转向机构、行驶系统及传动系统零部件的非正常冲击和磨损，缩短其使用寿命。因此，车轮动平衡检测已成为汽车检测的重要项目之一。

2. 车轮动不平衡的原因

车轮能达到动平衡状态肯定是静平衡的，所以检测调整的最终目的使车轮达到动平衡。引起车轮动不平衡的主要原因有如下几个方面：

（1）轮毂、制动鼓（盘）加工时轴心定位不准、加工误差大、非加工面铸造误差大、热处理变形、使用中变形或磨损不均。

（2）轮胎螺母质量不等、轮辋质量分布不均或径向圆跳动、轴向圆跳动太大。

（3）轮胎质量分布不均、尺寸或形状误差太大、使用中变形或磨损不均、使用翻新胎或垫、补胎。

（4）并装双胎的充气嘴未相隔180°安装，单胎的充气嘴未与不平衡点标记（经过平衡试验的新轮胎，往往在胎侧标有红、黄、白或浅蓝色的□、△、○或◇符号，用来表示不平衡点位置）相隔180°安装。

（5）轮毂、制动鼓（盘）、轮胎螺栓、轮辋、内胎、衬带、轮胎等拆卸后重新组装成车轮时，累计的不平衡质量或形位偏差太大，破坏了原来的平衡。

（6）车轮定位不当不仅影响汽车的操纵性和行驶稳定性，而且会造成轮胎偏磨，因而引起车轮不平衡。

（7）车轮碰撞造成的变形引起的车轮质心位移。

（8）高速行驶过程中，制动抱死导致的轮胎纵向和横向滑移所引起的轮胎局部不均匀磨损。

7.2.1　车轮技术要求

车轮技术要求见表7－2。

表7－2　车轮技术要求

序号	要求		
1	轮胎的磨损	乘用车	轮胎胎冠上花纹深度在磨损后应不小于1.6 mm
		其他车辆	轮胎胎冠上的花纹深度不得小于3.2 mm
2	轮胎胎面不得因局部磨损暴露出轮胎帘布层		
3	轮胎的胎面和胎壁上不得有长度超过25 mm、深度足以暴露出轮胎帘布层的破裂和割伤		
4	同一轴上的轮胎的型号和花纹应相同		
5	机动车转向轮不得装用翻新的轮胎		
6	车轮横向和径向摆动量	小型汽车和摩托车	不大于5 mm
		其他车辆	不大于8 mm

7.2.2　车轮平衡机与车轮不平衡检测

1. 车轮平衡的意义

由于车轮不平衡，其不平衡质量在高速旋转时引起车轮的上下振动和横向摆动，这不仅影响汽车的行驶平顺性，也影响乘客的乘坐舒适性，而且使汽车驾驶员难以控制行驶方向，影响行车安全。因此，随着汽车行驶速度的不断提高，车轮平衡问题日益为人们所重视。

车轮平衡问题越来越重要的另外一个原因是车辆维修的经济问题。汽车运输费用的提高，促使人们寻求一种延长汽车部件的额定寿命、降低汽车运输成本的途径，而车轮上的不平衡质量，会在车辆的转向部件上产生比它本身重量大2～300倍的作用力，这样会大大降低转向部件的寿命，这时必须更换转向部件，否则就会影响行车安全。

车轮是汽车的重要组成部分，车轮维修成本在汽车运输总成本中占10%～30%。车轮长年累月裸露在外，不仅要经受日晒、风吹、雨淋，而且与粗糙不平的路面接触，极易磨损。随着汽车行驶速度的不断提高，车轮轮胎磨损率也会越来越大，若水泥路面上车速为100 km/h，则车轮轮胎的磨损率是车速为40 km/h时的4倍。而车轮位置不正或失调（如不平衡）严重时，其磨损率是正常使用车轮的10倍，这将大大缩短车轮的使用寿命。因此，确保车轮平衡不仅是汽车技术发展的需要，而且在经济运输和安全可靠方面也是至关重要的。

2. 车轮不平衡的主要原因

（1）前轮定位不当，尤其是前束和主销倾角不当，不仅影响汽车的操纵性和行驶稳定性，而且会造成轮胎偏磨，这种胎冠的不均匀磨损与车轮不平衡形成恶性循环。因此，汽车在使用中出现车轮不平衡，也可能是车轮定位角失准的反映。

（2）轮胎和轮辋及挡圈等因几何形状失准或密度不均匀而先天形成的质心偏离。

（3）因轮毂和轮辋定位误差使安装中心与旋转中心难以重合。

（4）维修过程的拆装破坏了原有的整体综合重心。

（5）轮辋直径过小，运行中轮胎相对于轮辋在圆周方向滑移，从而发生波状不均匀磨损。

（6）车轮碰撞造成的变形引起质心位移。

（7）轮胎翻新中因定位精度不高而造成新胎冠厚度不均匀而使质心改变。

（8）高速行驶中制动抱死引起的纵向和横向滑移，会造成局部的不均匀磨损。

3. 车轮平衡机的分类

按检测方式，车轮平衡机分为离车式车轮平衡机和就车式车轮平衡机两种；按测量平衡原理，离车式车轮平衡机又可分为静平衡机和动平衡机两种。

利用离车式车轮平衡机进行的离车式检测是把车轮从汽车上拆下，然后在平衡机上检查其平衡状态，即将车轮与汽车行驶机构分离，使二者在无联系的条件下进行检测。

与此相反，利用就车式车轮平衡机进行就车式检测时，车轮仍装在汽车上，在不拆卸的状况下对它的平衡状态进行检测，因此更接近于车轮的实际工作状况。就车式检测能检测车轮的不平衡（精）度及车轮转动部分的好坏，但在车轮下安装就车式车轮平衡机较为不便，测试操作烦琐，且精度不易保证。

离车式车轮平衡机有静平衡机和动平衡机两类，动平衡机又分为软式和硬式两种。其中，软式又称为振动检测式，其安装车轮的转轴由弹性元件支撑，因此，旋转时与车轮一起振动，测定该振动即可求出车轮的不平衡量。

硬式动平衡机又称为离心力检测式动平衡机，其转轴由刚性元件支撑。车轮旋转时，其转轴不会产生振动，它通过直接测量车轮旋转时其不平衡点质量所产生的离心力来确定不平衡点的质量和相位。

在软式或硬式离车式车轮平衡机上进行车轮平衡作业时，可以测出车轮左、右两侧的不平衡量及其相位，因此又称为二面测定式平衡机。

目前，用得最多的是硬式二面测定动平衡机。

4. 车轮平衡机的结构

（1）就车式车轮平衡机的结构。利用就车式车轮平衡机（如图7－16、图7－17所示）检测车轮平衡时，由于不平衡车轮是在其原车桥上振动，不平衡力传感器装在车桥支架内，同制动鼓和车轮紧固件甚至传动系统（驱动轴）一同进行平衡，因此利用就车式车轮平衡机检测车轮平衡是真正在车轮实际使用状态时的平衡方法。

除力传感器外，其他如电测系统和光电相位装置以及仪表板和摩擦轮、驱动电机等均安装在一个驱动小车内。

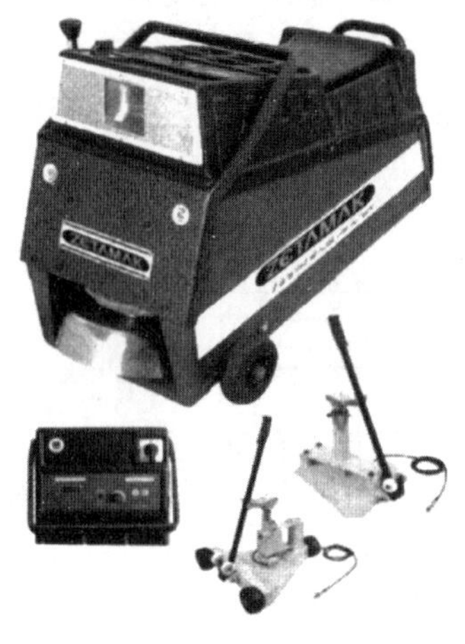

图7－16　就车式车轮平衡机

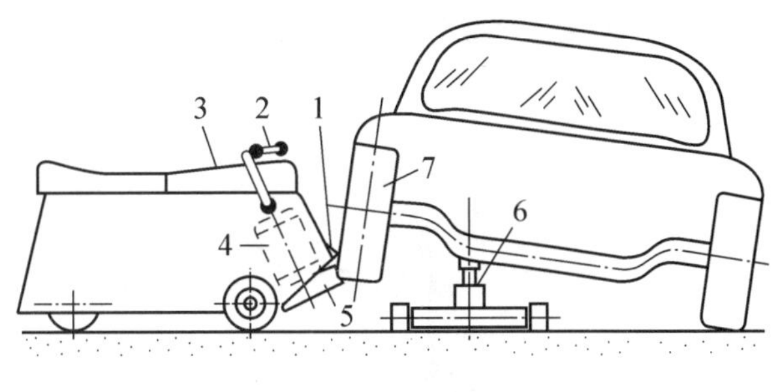

1—光电传感器；2—手柄；3—仪表板；
4—驱动电机；5—摩擦轮；6—车桥支架；7—被测车轮。

图7－17　就车式车轮平衡机工作原理

车桥支架是一个复杂的力传感器，它有两种形式，一种供轻型小客车使用，另一种为中型车设计，如图7－18所示。

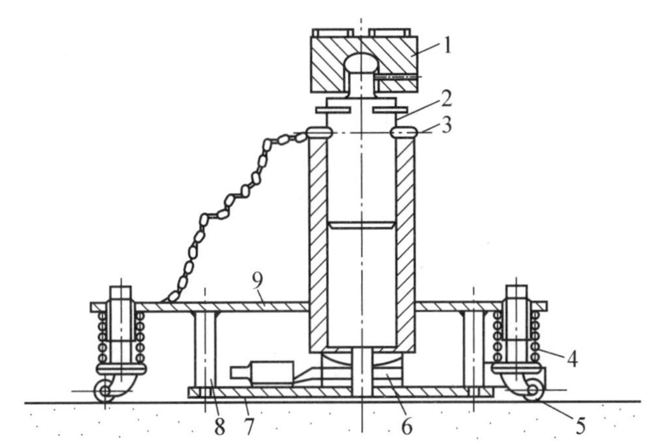

1—顶靴；2—顶杆；3—销钉；4—弹簧；5—脚轮；6—传感器；7—底板；8—支柱；9—应变梁。

图7－18　传感器支架

支架高度可由顶杆和销钉来调整以适应不同车型的要求，支架在车桥下就位，车桥被压下后，小轮弹簧即被压下缩入，底板直接接触地面，以增加支架的承载能力，车体重量和不平衡振动力的主要部分由应变梁通过支柱和底板传向地面，小部分力由传感器感知，达到不平衡力采样的目的。应变梁不仅可以减小传感器受力以避免压损，更重要的是应变梁必须正比地将不平衡力传递给传感器。因此，应变梁由应变线性良好的材料制成，使用中严格避免锤击和加热，因为任何改变应变梁弹性模量的操作都将危及应变梁的线性特性，从而完全破坏电测系统软件所预设的标定系数。

传感器支架的安装位置随被测车型和操作人员的习惯及现场条件而定，完全是随机的。因此，就车式车轮平衡机电测系统的计算机软件必须具有自标定功能。这一功能是智能化的，它能根据事先设定的已知不平衡量值（一般为30 g）反算出支架支点与车轮的悬臂和轮毂直径等参数，这是就车式车轮平衡机的一大特点。

驱动小车前下部靠近被测轮胎处装有光电传感器组，它包括一个指示灯和两个光电二极管，如图7－19所示。

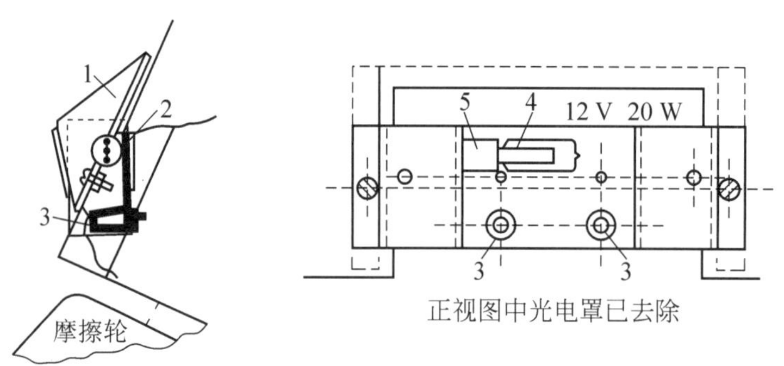

1—光电罩；2—光电线路板；3—光电二极管；4—指示灯；5—灯座。

图7－19 就车式车轮平衡机光电传感器组

指示灯用以照射轮胎上的反光标志，为光电二极管提供相位信号以供计算机识别，计算机同时根据两个光电二极管接收反光信号的前后来判断车轮的旋转方向。

（2）离车式车轮平衡机的结构。离车式车轮平衡机既可以检测不平衡力，也可以测定不平衡力矩。车轮被拆离车桥装于平衡机主轴上，一切结构和安装基准都已确定，所以无须自标定过程。因此，离车式车轮平衡机的构造和电测系统都较简单，只要将被测车轮的轮辋直径和轮胎宽度以及安装尺寸输入电测电路即可完成平衡作业，离车式车轮平衡机仪表即会自动显示轮胎两侧的不平衡质量及其相位。

离车式车轮平衡机按其主轴的布置方案不同，分为卧式和立式两种。

主轴采用卧式布置（主轴水平布置）的车轮平衡机，称为卧式车轮平衡机，如图7－20所示；主轴采用立式布置（主轴垂直布置）的车轮平衡机，则称为立式车轮平衡机，如图7－21所示。

卧式车轮平衡机最大的优点是被测车轮装卸方便，机械结构和传感装置较简单，造价也较低廉，因此深受汽车修理保养厂家的欢迎，同时也是汽车制造厂家的首选机型。但是，因车轮在悬臂较长的主轴上形成很大的静态力矩，影响传感系统的初始设定状态，尤其是垂直传感器的预紧状态，长时间使用后精度难以保证，零点漂移也较大。然而其平衡精度仍然能满足一般运营车辆的要求，其灵敏度能达到10 g。

立式车轮平衡机虽然装卸车轮不如卧式车轮平衡机方便，但其车轮重量直压在主轴中心线上，不会形成强大的力矩，垂直传感器受到的静载荷也比车轮重量小。应变件是一块与工作台面同大的方形应变板，水平传感器设计成左、右各一个，比卧式车轮平衡机的单

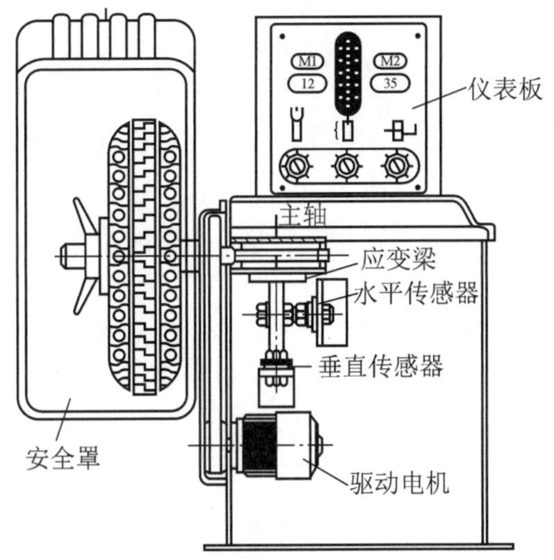

图 7-20　卧式车轮平衡机

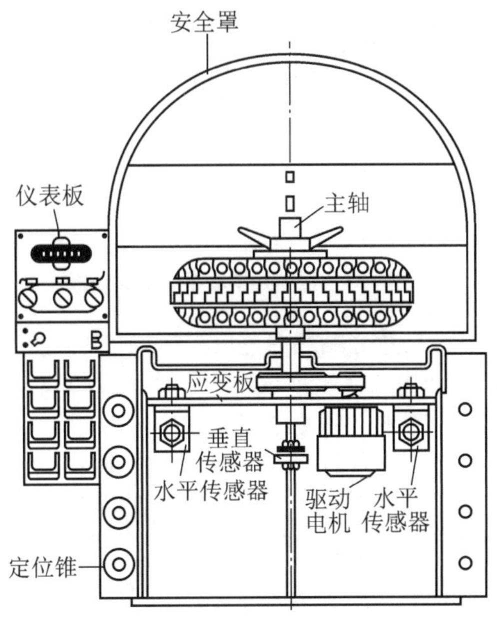

图 7-21　立式车轮平衡机

个水平传感器的力学结构要稳定得多，方形应变板上开有多个空槽以减小应变板的刚性，从而大大提高了传感系统的灵敏度。因此，立式车轮平衡机的精度极高，灵敏度可达到 3 g，且具有良好的重复性和稳定性。

这里必须着重指出，所有平衡机都有最大不平衡限值，严重失衡的车轮是不能上机平衡的。

5. 车轮平衡机的使用

（1）就车式车轮平衡机的使用。被测车轮事先由举升器举离地面，并使车桥坐落于传感器支架上（如图7－17所示）。

操作人员骑在就车式车轮平衡机上，推动手柄，使摩擦轮紧压于被测车轮上，起动电动机带动摩擦轮拖动车轮以相当于110 km/h的车速旋转，这时车轮的不平衡质量产生的不平衡力随即被力传感器感知并转变成电量，这一电信号由电缆传入驱动小车内的电测系统予以计量和处理。

光电传感器拾取车轮的初相位信号和转速信号，经电测电路处理后得到不平衡质量的数值和相位值，通过仪表板的4和5两组数码管进行显示，如图7－22所示。

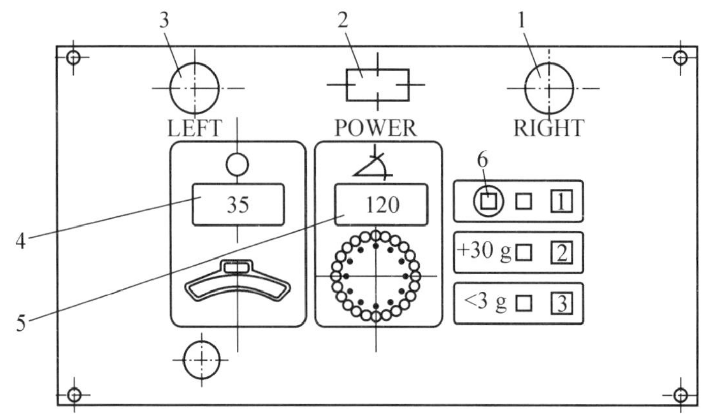

1—右转按钮；2—电源开关；3—左转按钮；4—质量显示数码管；5—相位显示数码管；6—指示灯。

图7－22　就车式车轮平衡机仪表板

测试前须在被测轮胎侧面任意处贴装白色反光标志，为使光电元件正常工作，胎侧距光电管不得超过5 cm，检测程序分3步进行。

①待摩擦轮与轮胎压紧后按下右转按钮（左转按钮也可），同时按压第一次试验按钮，驱动车轮旋转，待转速上升到适当值时，即分离摩擦轮同时释放按钮，电路即记录与不平衡力及其相位有关的原始数据并存入CPU，仪表板的质量显示数码管与相位显示数码管闪烁，显示这组未经标定的不平衡数值和相位。

②在反光标志处加装计算机预设的标定质量，如有的规定小客车为30 g，大货车为300 g，则按下第二次试验按钮，重复上述操作，即用已知预设质量对振动系统的刚性和结构参数进行计算。当转速上升到设定值时指示灯即点亮，计算机将第一次所测得的变量自动处理成常量显示于仪表板上，这就是就车式车轮平衡机的自标定功能。这时将显示的质量加装在所显示的相位处，然后除去标定重块。

③进行剩余不平衡量检测，以确认剩余不平衡量是否满足有关法规的要求。如果达不到要求，那么可进行复试，如仍达不到标准要求，则只能拆下轮胎，使用较高精度的离车式车轮平衡机进行平衡。

如果是驱动桥，则可用发动机拖动车轮旋转，其他操作如同前述。对于平衡要求较高的车辆，为了消除阻尼造成的相位误差，平衡时可令车轮左、右各转一次，取两次的平均值为最后测定值。

这里必须着重指出，所有平衡机都有最大不平衡量限值，严重失衡的车轮是不能上机平衡的。

（2）离车式车轮平衡机的使用。离车式车轮平衡机的参数显示和操作系统因采用阴极射线管（cathode ray tabe，CRT）显示，或用发光二极管显示，其外形结构差异很大，但其基本操作内容大同小异。

CRT显示形象美观，并有屏幕提示便于操作，但造价较高；发光二极管显示结构简单，工作可靠，参数调整方便，成本低廉。

图7-23所示的就是最为典型的一种操作面板。旋钮8设定轮胎宽度B，旋钮7设定轮辋直径D，旋钮6则设定安装尺寸C。对于立式车轮平衡机，C值是胎面至顶面安全罩的距离（安全罩转下处于工作状态）；对于卧式车轮平衡机，C值是胎面至平衡机箱体的距离。

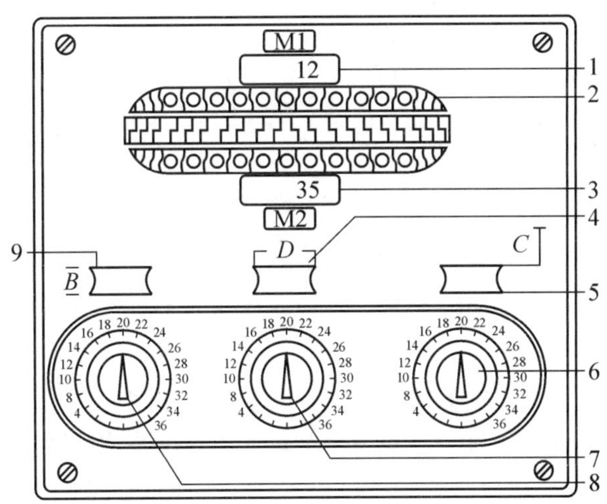

1—上平衡量；2—平衡相应指示；3—下平衡量；4—轮辋直径；5—安装位置；6—安装尺寸设定旋钮；7—轮辋直径设定旋钮；8—轮胎宽度设定旋钮；9—轮胎宽度。

图7-23　操作面板

车轮由专用的定位锥和紧固件安装就绪后即可起动电机实施平衡，待转数周期累积足够时，上下（或左右）不平衡值M_1和M_2即有数字显示，此时即可停车。

待车轮完全停止后即可用手转动车轮，这时发光二极管即会随转动而左右（或上下）跳闪，如将上排光点调至中点，这时就可在车轮的轮辋上平面正对外缘（操作者方向）处加装M_1，显示的平衡重处，如图7-24所示，用同样方法加装M_2值平衡重处。

加装完毕后进行第二次试验观察剩余不平衡量是否满足有关法规要求。各机型具体的操作步骤略有差异，使用者应按所用机型的使用说明书进行操作。

车轮在平衡机主轴上的定位至关重要，为了确保不同形式和不同规格的车轮的中心都能与主轴中心严格重合，所有离车式车轮平衡机均配有数个大小不等的定位锥体，如图7-25所示。

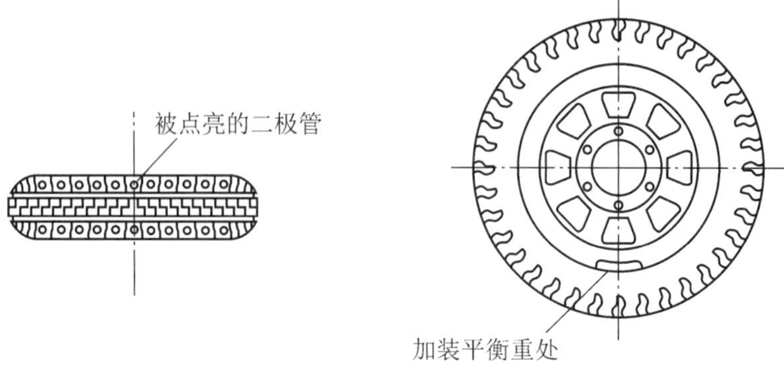

图 7－24 加装平衡重处

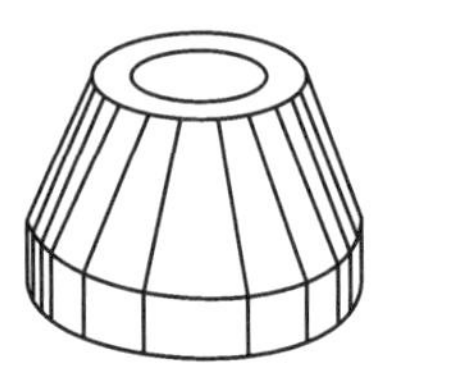
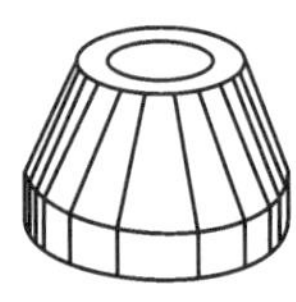

图 7－25 定位锥体

锥体内孔与主轴高精度配套，外锥面与轮辋中心孔紧密接合，并由专用快速蝶形压紧螺母紧压于主轴定位平台上，如图 7－26 所示。注意车轮的外侧向下（立式车轮平衡机）或向内（卧式车轮平衡机）。

为了方便用户，离车式车轮平衡机都随机配备一个专用卡尺，如图 7－27 所示，以供用户测量轮辋直径 D 和轮胎宽度 B，因为轮胎宽度用直尺是难以测量的。为了适应不同计量制式和刻度，平衡机上的所有标尺一般都同时标有英制和公制刻度。

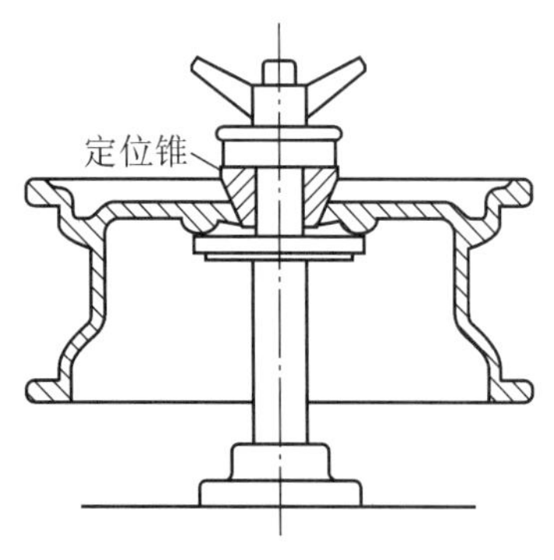

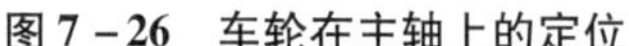

图 7－26 车轮在主轴上的定位

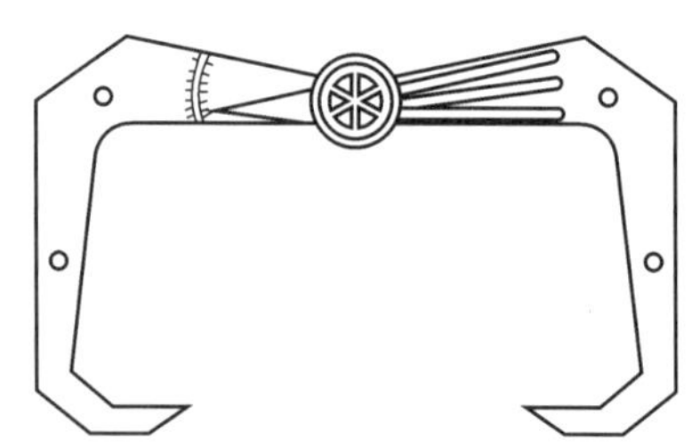

图 7－27 离车式车轮平衡机的专用卡尺

6. 平衡重

车轮平衡机的平衡质量俗称平衡重，也称配重，如图 7－28 所示。

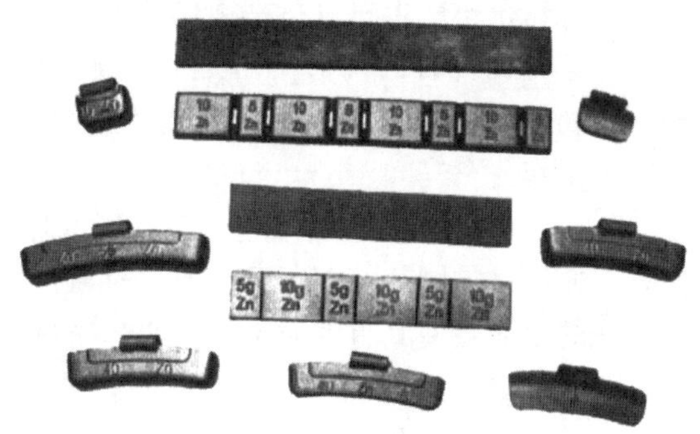

图7－28　车轮平衡重

目前，通常使用的配重有卡夹式和粘贴式两种形式。卡夹式配重用于大多数轮辋有卷边的车轮，如图7－29所示；对于铝镁合金轮辋，因无卷边可夹，则使用粘贴式配重，其外弯面有不干胶，可粘贴于轮辋内表面，如图7－30所示。

图7－29　卡夹式配重用于轮辋有卷边的车轮

图7－30　粘贴式配重用于轮辋无卷边的车轮

标准的配重有两种系列：一种系列以盎司（oz）为基础单位，分9挡，最小为14.2 g（0.5 oz），最大为170.1 g（60 oz），间隔为14.2 g（0.5 oz）；另一种以克（g）为基础单位，分14挡，最小为5 g，最大为80 g，60 g以上以10 g分为1挡。

7. 车轮平衡机使用注意事项

（1）离车式车轮平衡机的主轴固定装置和就车式车轮平衡机的支架上都装入精密的位移传感器和易碎裂的压电晶体传感器，因此严禁冲击和敲打主轴或传感器支架。

（2）在检修平衡机时，传感器的固定螺栓不得任意松动。因为这一螺栓不是一般的紧固件，它向压电晶体传感器提供必要的预紧力，当这一预紧力发生变化时，电算过程将完全失准。

（3）市场上供应的配重最小间隔为5 g，因此过分苛求车轮平衡机的精度和灵敏度并无太大的实际意义。特殊情况下，如高速小轿车和赛车，则可使用特制的配重。

（4）必须明确平衡机的机械系统和电算电路都是针对正常车轮使用条件下平衡失准或轻微受损但仍能使用的车轮而设计的，因交通事故而严重变形的轮辋或胎面大面积剥离的车轮是不能上机进行平衡作业的。一方面，不平衡量过大的车轮旋转时的离心力可能损伤平衡机的传感系统；另一方面，超值的不平衡力可能溢出电算范围而使设备自动拒绝工作。

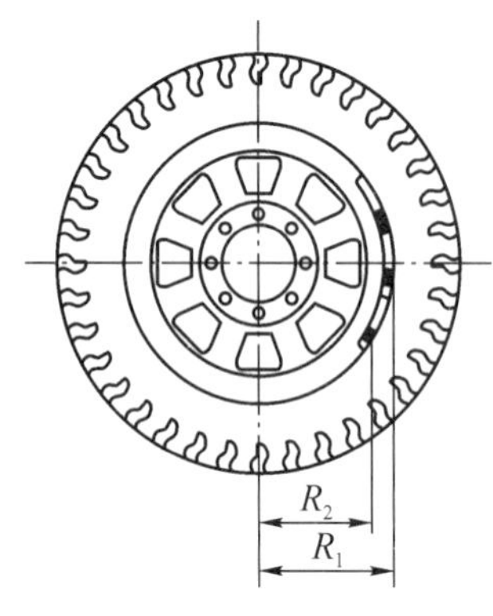

图7－31　多个配重的并用

（5）当不平衡量超过最大配重时可用两个以上配重并列使用，如图7－31所示，但这时要注意因多个配重占用较大的扇面会使其有效质量低于实际质量。

扇面边缘的质量所处半径 R_2 小于计算半径 R_1，如图7－31所示，这种情况不仅影响该面的平衡力，还会波及左右两面的力矩值（动平衡量）。因此，在使用多个平衡重时须慎重处理。

7.2.3　悬架特性技术要求

（1）悬架特性。对于最大设计车速大于或等于100 km/h，轴载质量小于或等于1 500 kg的载客汽车，应按悬架特性检验中规定的方法进行悬架特性检测。

①用悬架检测台按悬架特性检验的方法检测时，受检车辆的车轮在受外界激励振动下测得的吸收率（被测汽车共振时的最小动态车轮垂直载荷与静态车轮垂直载荷的百分比值）应不小于40%，同轴左右轮吸收率之差不得大于15%。

②用平板检测台按悬架特性检验的方法检测时，受检车辆制动时测得的悬架效率应不小于45%，同轴左右轮悬架效率之差不得大于20%。

（2）装备动力转向（或助力转向）系统的车辆，其卸载阀的工作时刻应符合原厂规定的技术条件。

（3）汽车应具有适度的不足转向特性，以使车辆具有正常的操纵稳定性。

（4）转向轮转向后应能自动回正，在平坦、硬实、干燥和清洁的道路上行驶不得跑偏，其转向盘不得有摆振或其他异常现象。

（5）转向盘应转动灵活，操纵方便，无阻滞现象。车轮转向过程中不得与其他部件有干涉现象。

（6）转向节及转向节臂，转向横、直拉杆及球销应无裂纹和损伤，且球销不得松旷。车辆进行改装或修理时，横直拉杆不得拼焊。

7.2.4　悬架特性试验台与悬架特性检测

1. 汽车悬架装置检测的意义

悬架装置是保证汽车平顺性的一个重要组成，它是连接车身和车桥的弹性部件。汽车悬架装置通常由弹性元件、导向装置和减振器3部分组成。路面作用于车轮上的垂直反力（支撑力）、纵向反力（牵引力和制动力）和侧向反力以及这些反力所形成的力矩都要通过悬架传递到车架（或承载式车身）上，以保证汽车的正常行驶。

汽车悬架装置的主要功能如下：缓和由路面不平引起的振动和冲击，以保证汽车具有良好的平顺性；迅速衰减车身和车桥的振动；传递作用在车轮和车身之间的各种力和力矩；保证汽车行驶时必要的安全性和操纵稳定性。同时，汽车悬架装置对汽车的安全性、操纵稳定性、通过性、燃料经济性等诸多性能都有影响。因此，汽车悬架装置的各元件品质和匹配后的性能，对汽车行驶性能都有着重要影响。

在设计汽车悬架时，首先，要保证汽车具有良好的平顺性，轿车和大客车在所有载荷范围内其固有频率尽可能不变，并且能够使车身的振动迅速衰减。其次，要保证汽车有良好的行驶平衡性，悬架导向机构应使汽车具有适度的不足转向特性。对于轿车，其簧载质量在侧向力作用下，侧倾应较小；在制动时应有抗“点头”作用，在加速时应有抗“仰头”作用。最后，要保证自身具有一定的使用寿命，质量小，安全可靠。另外，在汽车投入营运和使用以后，要求同一车桥上的左、右悬架高度应保持一致，防止汽车装载后发生偏斜，影响汽车行驶的稳定性；钢板弹簧不得有裂纹、断片和缺片现象，保证悬架具有原设计的承载能力、刚度和频率特征；中心螺栓和U形螺栓须紧固，防止运行中有松动现象出现，以保证行驶安全；对于装设有减振器的车辆，其减振器应能保持正常的工作性能，不得有损坏和缺油、漏油等影响其正常工作的故障。

汽车悬架装置最易发生故障的元件是减振器，而减振器对汽车行驶平顺性和操纵稳定性的影响很大。有研究表明，大约有四分之一的汽车上至少有一个减振器工作不正常，而有故障的减振器在汽车行驶中会使车轮轮胎有30%的路程接地力减小，甚至不与地面接触。其不良后果如下：汽车方向发飘，特别是弯道行驶时车身晃动加剧，难以控制；制动易发生跑偏或侧滑；轮胎磨损异常，车身长时间的余振影响乘坐舒适性；车轮轴承、车轴接头、转向拉杆、稳定器等部件出现过载、磨损速度加快等。

随着道路条件的改善，尤其是高速公路的发展，不仅是乘用车，货车和大客车以100 km/h车速行驶的情况也很常见。现代轿车设计的最高车速都已超过150 km/h，有的甚至超过200 km/h。在高速行驶状态下，汽车的操纵稳定性和安全性尤为重要。

影响汽车操纵稳定性的直接因素固然是轮胎特性，但轮胎与车身相连的部件是悬架装置，其性能和品质的好坏直接影响操纵稳定性、平顺性和行驶安全性，所以检测悬架装置的工作性能，尤其是减振器的工作性能，对于保证汽车乘坐舒适性、操纵稳定性和行驶安全性是十分重要的。

汽车悬架和转向系统各部件的间隙在使用中会逐渐增大，致使汽车行驶中出现跳动增加、横摆加剧、转向盘自由行程加大（引起汽车转向盘振抖）、转向轮摆头、行驶跑偏、轮胎异常磨损、行驶噪声增大和各种冲击增强等现象，严重地影响了汽车操纵稳定性、行驶安全性和使用寿命。

为了保证车辆在高速行驶下的性能，对汽车悬架中的弹性元件、减振器及其组合进行经常性的检测，使其保持良好的工作状态是很重要的。

检查汽车悬架装置的品质和性能，过去修理厂和检测站主要是通过人工检视，目视弹簧是否有裂纹，弹簧和导向装置的连接紧固螺栓是否松动，减振器是否漏油、缺油和损坏，凭经验判断是否需要更换或修理减振器。显然，这种方法主要靠经验，主观因素大，准确度不高。

对汽车悬架装置进行检测，主要是测试减振器性能，因为减振器和与之相连的弹性元件等构成了复杂的系统，在评价减振器性能的同时，也就对悬架装置的性能做出了综合的评价。悬架装置检测台是能快速检测汽车悬架特性的设备，国内各综合检测站已经利用其开展汽车悬架装置检测。

2. 汽车悬架和转向系统间隙检查仪

（1）悬架和转向系统间隙检测原理。汽车悬架和转向系统间隙过大，可能引起汽车转向盘振抖、行驶跑偏、乘坐性不良、轮胎异常磨损和行驶噪声等故障，这些故障现象只有在汽车行驶中才会出现，汽车停止时检查费时费力，不易觉察。

如图7－32所示，将汽车车轮置于测试板上，通过平板前、后、左、右等方向的强制移动，给车轮施加各个方向的作用力，模拟汽车在颠簸路面上运动时车轮的受力，就可充分暴露悬架和转向系统各零部件的技术状态和各连接处的松紧程度，从而可快捷、准确地判断故障部位。

（2）汽车悬架和转向系统间隙检查仪的组成。汽车悬架和转向系统间隙检查仪的组成，如图7－33所示。该检查仪主要由电控箱、手电筒开关、泵站和左、右测试机构等组成。

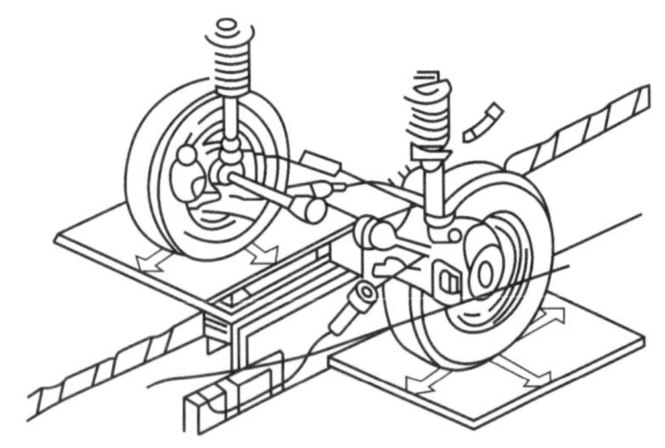

图7－32　汽车悬架和转向系统间隙检测原理

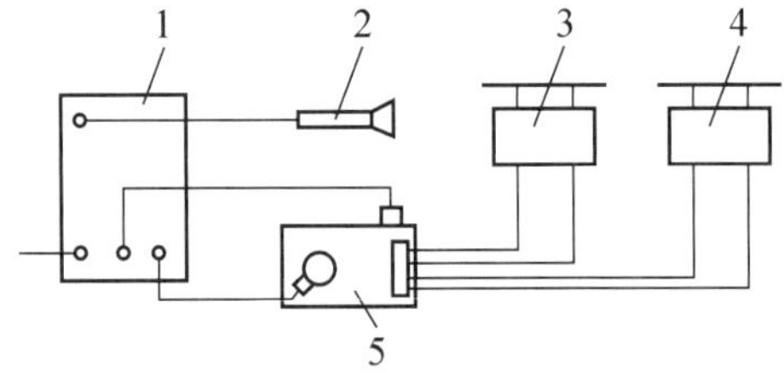

1—电控箱；2—手电筒开关；3—左测试机构；
4—右测试机构；5—泵站。

图7－33　汽车悬架和转向系统间隙检查仪的组成

①电控箱。电控箱主要由控制电路和保护电路两部分组成。在手电筒按键的控制下，电控箱中油泵电动机和电磁阀继电器动作，给泵站中油泵电动机和相应的电磁阀供电。保护电路具有油泵电动机过载和电路漏电保护功能。

②手电筒开关。手电筒开关由左、右测试板移动方向控制按键和照明两部分组成。按键用于控制电控箱中各继电器的动作，照明部分可方便检测时对各检测部位的观察。

③泵站。泵站由电动机、油泵、电磁阀、滤油器、溢流阀和压力表等组成。电动机带动油泵工作以建立一定的油压；电磁阀在电控箱中继电器作用下控制高压油流向相应的油缸，为测试板推动车轮提供动力。

④测试机构。测试机构包括左测试机构和右测试机构。按测试板可移动的方向不同，测试机构可分为前、后双向移动式，前、后、左、右四向移动式和前、后、左、右、左前、左后、右前、右后八向移动式3种类型。

可移动方向数不同，测试机构的复杂程度也不同，如图7－34所示为前、后双向移动式测试机构。它主要由润滑孔、导向杆、动力油缸、轴承座和箱体等组成。

检测时，在手电筒左、右测试板移动方向控制开关的作用下，控制电路控制油泵电动机和电磁阀继电器动作。在电动机带动下，油泵输出高压油液。电磁阀在继电器作用下控制高压油液流向对应的油缸，另外一个油缸处于卸荷状态。在动力油缸作用下，测试台的测试板及其上的悬架与转向系统部件，按导向杆给定的方向移动。换向后，另外一个油缸产生动力，前一油缸处于卸荷状态，于是测试台的测试板及其上的悬架与转向系统部件，按导向杆给定的相反方向移动，实现了前、后双向对悬架与转向系统间隙的检测。

汽车是一个复杂的多质量振动系统，为了便于分析，需要对其进行简化。若汽车在试验台上制动，没有横向绕纵轴的角振动，只考虑汽车垂直振动和绕横轴的纵向角振动，忽略汽车轮胎的阻尼，并把悬架质量 M 分解为前桥上的质量 M_1、后桥上的质量 M_3 以及重心 c 上的质量 M_2，则汽车振动系统可简化为图 7－35 所示的平面振动模型。

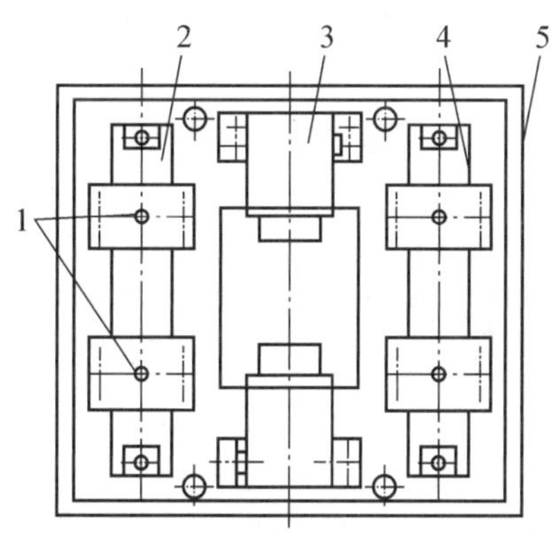

1—润滑孔；2—导向杆；3—动力油缸；4—轴承座；5—箱体。

图 7－34　前、后双向移动式测试机构

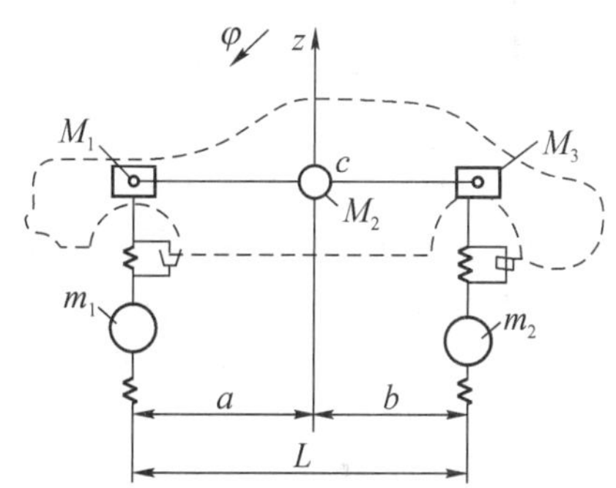

m_1、m_2—电动机；a、b—质心分别到前、后轴距离；L—轴距；z—纵轴。

图 7－35　双桥汽车简化的平面振动模型

根据振动知识可知，汽车以一定初速度驶上制动测试板并施以紧急制动时，由于汽车质心惯性力的作用，必然引起汽车前、后桥振动子系统发生振动，从而导致各车轮对测试板垂直作用力的交替变化，通过测量、分析安置在测试板四角的压力传感器输出的电信号就可了解各轮制动振动情况。

对各车轮悬架系统而言，由确定的质量、弹簧和减振器组成的振动系统，在制动惯性力作用下，其振动衰减具有一定的规律性。

若悬架系统中弹簧和减振器性能不良，则必然引起振动过程的改变，因此通过检测制动时各测试平板所受垂直作用力的变化过程，进行分析、对比就可确定汽车悬架系统中悬架弹簧和减振器的技术状况。

（3）悬架和转向系统检测方法。

①接通电控箱上的总电源，若电控箱上有空气开关则闭合空气开关。

②将手电筒上的工作开关按下，手电筒的工作灯应亮，电控箱上的绿色指示灯应亮，此时电动机应转动，油泵工作。若有异常，则应检查排除。

③按下手电筒上某一测试板的向前或向后键，系统升压，当测试板移动到一侧极限位置时，检查压力表油压是否正常。若不正常，则调节溢流阀旋钮，使其达到要求值。

④检查左、右测试板表面是否沾有泥、油、砂等杂物，若有，则应清除。

⑤车辆应运行至正常工作温度；检查轮胎气压是否符合规定，若不符合规定，则应调整到规定值；检查轮胎上是否有泥土和砂子，若有，则应清除。

⑥将前桥置于左、右测试板上，尽量使车轮在测试板上居中停放，车上的引车员踩紧制动器并抱住转向盘，车下的检验员按动手电筒开关上测试板的前、后移动方向键，使悬架做上、下、左、右、前、后运动。对于断开式前桥，应注意观察车轮与制动底板（或制动盘），上下摆臂和销与衬套以及上下球头销处运动是否正常；对于整体式前桥，应注意观察车轮与制动底板，U 形螺栓，钢板弹簧和前、后吊耳是否异常。

⑦车轮保持上述停放状态，按下手电筒开关上测试板左、右移动方向键，使悬架受到左右切向力的作用。对于断开式前桥，应注意观察车轮和轴头、减振器和螺旋弹簧、横向稳定杆和摇臂等部位是否正常；对于整体式前桥，应注意观察车轮和轴头、减振器及衬套、横直拉杆与球头是否异常。

⑧根据所测汽车悬架及转向系统的结构特点，选择左、右测试板不同运动方向组合方式，检查相关节点工作情况。

⑨前桥检测完毕，将后桥（或中桥）开上测试板，用上述检测方法进行检测。

⑩检测完毕，关掉手电筒开关，再关掉空气开关及总电源，工作结束。

（4）汽车悬架和转向系统间隙检查仪的维护。

①不使用检查仪时，应保持测试板及其周围环境的清洁，防止污物侵入检查仪。

②每使用一个月，按厂家规定的油品对各润滑点进行润滑；通过液压系统压力表指示的最大压力值大小判断液压系统密封性，若最大压力过低，则应进一步检查液压系统各零部件；若有泄漏，则应紧固或视情况更换零部件。

③每使用 3 个月，除进行第二项维护作业外，应检查液压油的数量和脏污程度，油量不足或液压油过脏时，应按厂家规定的油品进行补充或更换。

3. 悬架装置检测台

汽车悬架装置工作性能的检测方法有经验法、按压车体法和检测台检测法 3 种类型。

经验法是通过人工外观检视的方法，主要从外部检查悬架装置的弹簧是否有裂纹，弹簧和导向装置的连接螺栓是否松动，减振器是否漏油、缺油和损坏等。

按压车体法既可以用人工按压车体，也可以利用试验台的动力按压车体。当利用试验台动力按压车体时，试验台如图 7－36 所示。支架在固定于地面的导轨上移动。测量时，固定在支架上的测量装置随支架在导轨上移动，使汽车保险杠处于推杆下。接通电动机，凸轮旋转，压下推杆，车身被压低，压缩量与汽车实际行驶时静态与动态的载荷引起的压缩量之和相一致。压到最低点时推杆松开，同时车身回弹并做衰减振动。此时，光脉冲测量装置接通，得到相邻两个振动峰值，按指数衰减规律求得阻尼值，与厂家或有关标准对照，以此评价前（后）减振器的性能。

这种检测方法不够方便。另外，对同一桥左右悬架装置不能独立评价，因而有可能出现一个性能良好的悬架装置掩盖了同桥另一个性能欠佳的悬架装置的情况。

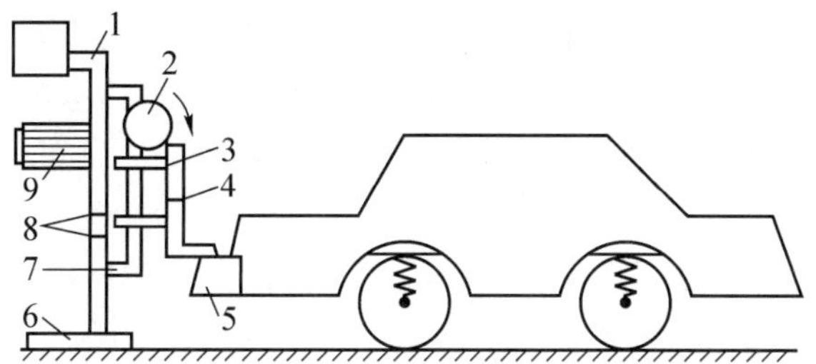

1—支架；2—凸轮；3—推杆；4，8—光脉冲测量装置；
5—汽车保险杠；6—水平导轨；7—垂直导轨；9—电动机。

图7－36　按压车体法试验台

人工按压法也是使车体上下运动，观察悬架装置减振器和各部件的工作情况，凭经验判断是否需要更换或修理减振器和其他部件。

显然，上述两种方法主要是靠检查人员的经验，因此存在主观因素大、准确度不高、只能定性分析、不能定量分析等缺点。

在20世纪80年代，国际上出现了能快速检测悬架装置工作性能的悬架装置检测台。根据激振方式不同，悬架装置检测台可分为跌落式（如图7－37所示）和谐振式（如图7－38所示）两种类型。其中，谐振式悬架装置检测台根据检测参数的不同，又可分为测力式和测位移式两种类型。

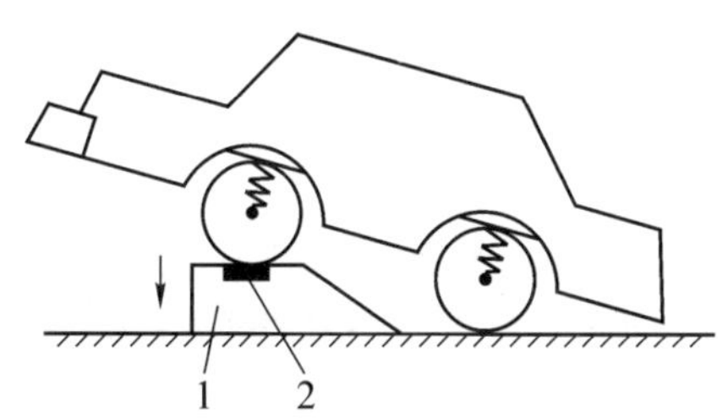

1—举升装置；2—测量装置。

图7－37　跌落式悬架装置检测台

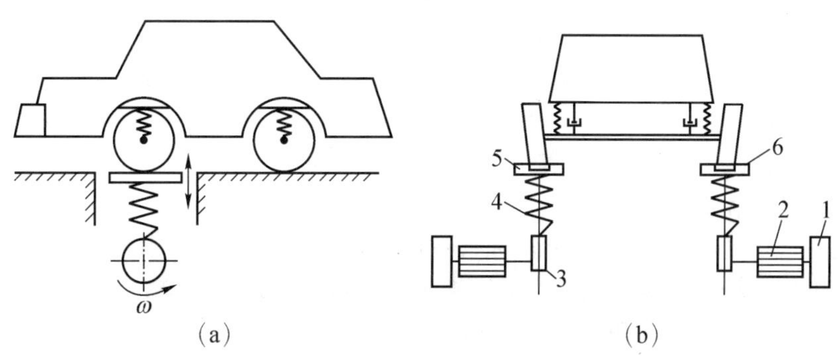

1—蓄能飞轮；2—电动机；3—偏心轮；4—激振弹簧；5—台面；6—测量装置。

图7－38　谐振式悬架装置检测台

跌落式悬架装置检测台在测试前，先通过举升装置将汽车升起一定高度，然后突然松开支撑机构，车辆落下产生自由振动。用测量装置测量车体振幅或者用压力传感器测量车轮对台面的冲击压力，对振幅或压力波形分析处理后，评价汽车悬架装置的工作性能。

谐振式悬架装置检测台通过电动机、偏心轮、激振器（由蓄能飞轮和激振弹簧组成），迫使检测台台面及被检汽车悬架装置产生振动。在开机数秒后断开电动机电源，从而由蓄能飞轮产生扫频激振。由于电动机的频率（ω）比车轮固有频率高，因此蓄能飞轮逐渐降速的扫频激振过程总可以扫到车轮固有振动频率处，从而使台面—汽车系统产生谐振。通过检测激振后振动衰减过程中力或位移的振动波形曲线，得到频率和衰减特性，便可判断悬架装置减振器的工作性能。

测力式悬架装置检测台用于检测振动衰减过程中力的大小，测位移式悬架装置检测台用于检测振动衰减过程中位移量的大小，其结构简图如图 7－39 所示。由于谐振式悬架装置检测台性能稳定、数据可靠，因此应用广泛。

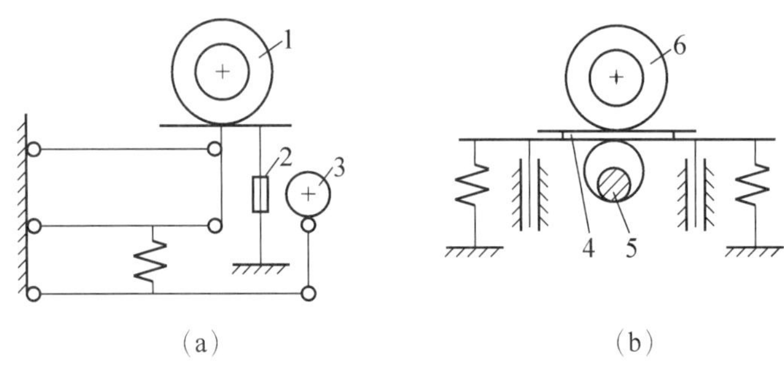

1，6—车轮；2—位移传感器；3—偏心轮；4—力传感器；5—偏心轴。

图 7－39　测位移式和测力式悬架装置检测台结构简图

（a）测位移式；（b）测力式

谐振式悬架装置检测台一般由机械和电子电气控制两部分组成。

（1）机械部分。谐振式悬架装置检测台的机械部分，由箱体和左、右两套相同的振动系统构成。图 7－40 所示为谐振式悬架装置检测台单轮支撑结构简图。由于振动系统左右对称，故另一侧可省略。每套振动系统均由上摆臂、中摆臂、下摆臂、支撑台面、激振弹簧、驱动电机等组成。传感器一端固定在箱体上，另一端固定在台面上。图 7－40 中的 A、B、C 分别为上、中、下摆臂轴，k 是激振弹簧的劲度系数，α 是中摆臂与中心线的夹角，β 是中摆臂轴与中心线的夹角。上摆臂、中摆臂和下摆臂通过 3 个摆臂轴和 6 个轴承安装在箱体上。上摆臂和中摆臂与支撑台面连接，并构成平行四边形的四连杆机构，以保证上下运动时能平行移动，以及台面受载时始终保持水平。中摆臂和下摆臂端部之间装有弹簧。驱动电机的一端装有蓄能飞轮，另一端装有凸缘。凸缘上有偏心轴。连接杆一端通过轴承和偏心轴连接，另一端和下摆臂端部连接。

检测时，将汽车驶上支撑平台，起动测试程序，驱动电机带动偏心惯性机构使整个汽车—台面系统振动。激振数秒钟达到角频率为 ω_0 的稳定强迫振动后，断开驱动电机电源，接着由蓄能飞轮以起始频率为 ω_0 的角频率进行扫频激振。

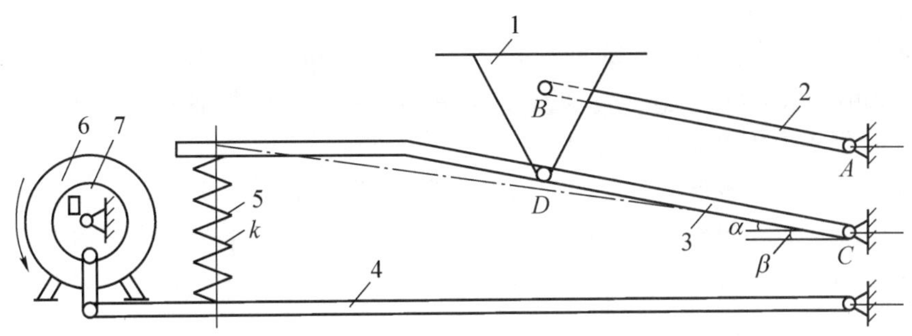

1—支撑台面；2—上摆臂；3—中摆臂；4—下摆臂；5—激振弹簧；6—驱动电机；7—偏心惯性机构。

图7-40　谐振式悬架装置检测台单轮支撑结构简图

由于停在台面上车轮的固有频率处于ω_0和0之间，因此蓄能飞轮的扫频激振总能使汽车—台面系统产生谐振。断开驱动电机电源的同时，起动采样测试装置，记录数据和波形，然后进行分析、处理和评价。

(2) 电子电气控制部分。谐振式悬架装置检测台电子电气控制部分，主要由计算机、传感器、A/D转换器、电磁继电器及控制软件等组成。

通过传感器测量汽车的振动参数（振动幅值、振动频率、相位），将采集的数据通过信号放大、低通滤波等前期处理后输入计算机，进行信号处理和分析。

控制软件是谐振式悬架装置检测台电子电气控制部分与机械部分联系的桥梁。控制软件不仅实现对谐振式悬架装置检测台测试过程的控制，同时也对谐振式悬架装置检测台所采集的数据进行分析和处理。

分析系统在接到采样信号后，对采样信号进行快速傅里叶变换分析，获得汽车在衰减振动过程中不同频率时的振幅等参数，并最终将检测结果显示并打印出来。

4. 国外悬架装置工作性能的检测标准

汽车车轮和道路的接触状态可用车轮作用在地面上的接地力（亦称抓地力）来表征。依据汽车行驶中车轮作用在道路上接地力的变化可评价汽车悬架装置的品质和性能。

目前，大多数悬架装置检测台基本上都是利用检测车轮和道路接地力的原理来快速评价悬架装置的品质和性能的。车轮接地性指数可以表征悬架装置的工作性能。车轮接地性指数是汽车行驶中车轮与路面间最小法向作用力与其法向静载荷的比值，即代表了车轮与路面间的最小相对动载荷，用A表示，在0~100%范围内变化。车轮接地性指数表明了悬架装置在汽车行驶中确保车轮与路面相接触的最小能力，是反映汽车行驶安全性的一个重要参数。

汽车行驶中，所有车轮的接地性指数并不完全相同。这是由各轮悬架装置工作性能不一、各轮承受载荷不一、各轮气压不一等原因造成的。如果在检测台上，人为地使各轮承受的载荷及轮胎气压一致，那么，车轮接地性指数就主要决定于悬架装置的工作性能。因此，完全可以用车轮接地性指数评价悬架装置的工作性能。

在国外，特别是在一些欧美国家，悬架装置检测台已被广泛应用在检测汽车悬架装置工作性能上。

欧洲使用的悬架装置检测台的主要生产厂家有德国霍夫曼（HOFMANN）公司和意大利赛博（CEMB）公司等。它们生产的悬架装置检测台也是由驱动电机、偏心轮、蓄能飞轮、弹簧、台板和力传感器等组成的。

检测中，检测台台板连同其上的被检汽车按正弦规律做垂直振动，振幅固定而频率变化。力传感器感应到车轮作用到台板上的垂直作用力，并将力信号存入存储器。当对全车所有车轮悬架装置检测完毕后，微机对力信号进行分析和处理，便可获得车轮的接地性指数。

悬架装置检测台测得的车轮接地性指数与刚性台面（相对轮胎）的振幅有关。车轮接地性指数是刚性台面振幅的函数。因此，为获得一个良好的测量结果可比性，检测台台面的振幅最好保持不变。

欧洲减振器制造协会推荐的评价车轮接地性的参考标准如表7－3所示。

表7－3　车轮接地性的参考标准

车轮接地性指数	车轮接地状态	车轮接地性指数	车轮接地状态
80%～100%	很好	1%～39%	弱、不够
60%～79%	好	0	车轮与路面脱离
40%～59%	足够		

需要指出的是，表7－3中的车轮接地性指数是在悬架装置检测台台面振幅为6 mm时测得的，这也是大部分悬架装置检测台使用的激振振幅。

表7－3中的参考标准适用于大多数汽车，但非常轻的小型乘用车和微型车例外。这是因为这类汽车同一车桥（一般为后桥）的两车轮接地性指数非常低，而它们的悬架装置是正常的。

评价汽车悬架装置一直是采用平顺性的评价指标，它是以人体所能承受的加速度均方根值来评价的，但这种评价方法不适合在用汽车的快速检测分析和评价。

上述评价方法不仅考虑了悬架装置对汽车平顺性的影响，更重要的是考虑了对汽车操纵稳定性和行驶安全性的影响，考查的是汽车在工作条件最差的情况下，即地面激振使悬架达到共振时，车轮与地面的接触状态。这是一个比较直观的评价指标，既能够快速检测，又能够综合评价汽车悬架装置的弹簧与减振器的匹配性能及品质。

5. 我国汽车悬架检测标准

《机动车安全技术检验项目和方法》（GB 38900—2020）对悬架特性的评价指标和检测方法做出了具体规定。

对于谐振式悬架装置检测台，采用悬架吸收率（suspension absorptivity）作为悬架特性的评价指标。

悬架吸收率的定义如下：被测车轮（包括汽车的悬架装置）、车架（或车身）发生共振时，车轮的最小动态垂直载荷与该车轮的静态垂直载荷之比，以百分数（%）表示。其

计算公式为

$$\lambda = \frac{F_{min}}{W} \times 100\% \tag{7-2}$$

式中：λ——悬架吸收率；

F_{min}——车轮的最小动态垂直载荷，N；

W——车轮的静态垂直载荷，N。

采用谐振式悬架装置检测台检测汽车悬架特性时，悬架吸收率应不小于40%，同轴左右车轮悬架吸收率之差不得大于15%，受检车辆同时满足这两项要求为合格。

6. 悬架特性检测

用谐振式悬架装置检测台检验悬架特性。

（1）汽车轮胎规格、气压应符合规定值，车辆空载，不乘坐人（含驾驶员）。

（2）将车辆前桥（或后桥）车轮驶上谐振式悬架装置检测台，使轮胎位于台面的中央位置。

（3）起动检测台，利用激振器迫使汽车悬架产生振动，使振动频率超过振荡的共振频率。

（4）在共振点过后，将激振源关掉，振动频率逐渐降低，并将通过共振点。

（5）记录衰减振动曲线，纵坐标为动态轮荷，横坐标为时间。测量共振时的动态轮荷，计算并显示动态轮荷与静态轮荷的百分比及其同桥左右轮百分比的差值。

7.3　传动系统技术状况检测

汽车传动系统包括离合器、变速器、分动器、万向传动装置、主减速器、差速器和半轴等，传动系统的技术状况变化后将直接影响发动机动力的传递，进而影响汽车的动力性、经济性及滑行性能。传动系统的检测项目包括离合器打滑检测、传动系统游动角度检测等。

7.3.1　传动系统机械效率

汽车传动系统机械效率如表7－4所示。

表7－4　汽车传动系统机械效率

<table>
<tr><th colspan="2">汽车类型</th><th>传动效率</th></tr>
<tr><td colspan="2">乘用车</td><td>0.90～0.92</td></tr>
<tr><td rowspan="2">载货汽车和公共汽车</td><td>单级主减速器</td><td>0.90</td></tr>
<tr><td>多级主减速器</td><td>0.84</td></tr>
<tr><td>4×4越野汽车</td><td colspan="2">0.85</td></tr>
<tr><td>6×4载货汽车</td><td colspan="2">0.80</td></tr>
</table>

7.3.2　传动系统技术要求

《机动车运行安全技术条件》（GB 7258—2017）对传动系统的技术要求如表7－5所示。

表7－5　传动系统的技术要求

项目	要求
离合器	机动车的离合器应接合柔和（平稳）、分离彻底，工作时不得有异响、抖动和不正常打滑现象； 踏板自由行程应符合整车技术条件的有关规定； 离合器彻底分离时，踏板力不得大于300 N（运输用拖拉机不得大于350 N），手握力应不大于200 N
变速器和分动器	换挡时齿轮啮合灵便，互锁、自锁和倒挡锁装置应有效，不得有乱挡和自行跳挡现象； 运行中无异响； 换挡时变速杆不得与其他部件有干涉现象
传动轴	传动轴在运转时不得发生振抖和异响，中间轴承和万向节不得有裂纹和松动现象
驱动桥	驱动桥壳、桥管不应有裂纹和变形，驱动桥工作应正常且无异响

传动系统技术状况的优劣，可以用经验法检查，也可用检测仪器进行。利用离合器打滑频闪测定仪和传动系统游动角度检测仪可判断传动系统技术状况的好坏。

7.3.3　离合器打滑检测

离合器打滑会使发动机发出的动力不能有效地传递到驱动车轮上去，并使离合器自身过热、加剧磨损、烧焦甚至损坏。使用离合器打滑频闪测定仪可检测离合器是否有打滑现象。

1. 离合器打滑频闪测定仪结构与工作原理

离合器打滑频闪测定仪主要由透镜、闪光灯、电阻器、电容器、电源和传感器等组成，如图7－41所示，电源采用汽车蓄电池。

使用该仪器时，需由发动机火花塞给仪器内的高压电极输入电脉冲信号。火花塞每跳火一次，闪光灯就亮一次，且闪光频率与发动机转速成正比。离合器不打滑时，传动轴上的设定点会与闪亮点同步动作，传动轴似乎处于不转动状态，否则，轴上设定点的转速会滞后于闪亮点动作，说明离合器存在打滑现象。

2. 离合器打滑频闪测定仪使用方法

使用离合器打滑频闪测定仪时，首先把被测汽车驶上底盘测功机或车速表试验台上，

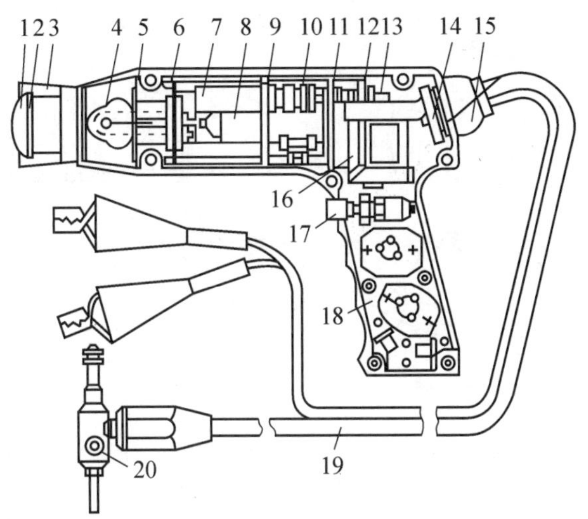

1—环；2—透镜；3—框架；4—闪光灯；5—护板；6，9，11，12，18—隔板；7—电阻器；8，10—电容器；13—二极管；14—支持器；15—座套；16—变压器；17—开关；19—导线；20—传感接头。

图7－41 离合器打滑频闪测定仪

将驱动车轮停置于两滚筒之间，降下举升装置，车轮与滚筒接触。

在传动轴上做一标记点，将变速器置入选定挡位，松开驻车制动装置，踩下加速踏板。同时，调节底盘测功机制动力矩对滚筒加载，增加驱动车轮负荷。若无底盘测功机，则可将驱动桥支起，变速器置入直接挡，踩下加速踏板使汽车原地运转，利用行车制动或驻车制动方式对车轮加载。再将闪光灯发出的闪亮点投射到传动轴上预设的标记点，通过加载改变发动机转速，在不同转速下，观察传动轴上标记点的转动是否与闪亮频率同步，从而判断离合器的打滑程度。

7.3.4 传动系统游动角度检测

当传动系统各部分磨损松旷或维护保养不当时，车辆会发生振抖和异响。而传动系统机件磨损松旷是由于各部分间隙（离合器、变速器、万向传动装置和驱动桥各总成游动角度之和）超过允许值的结果，因此传动系统游动角度可以作为评价汽车传动系统技术状况的一般性综合检测参数。

利用传动系统游动角度检测仪可以对各传动部分的游动角度进行检测。

游动角度检测仪有指针式和数字式两种，下面分别从结构与工作原理以及使用方法等方面进行介绍。

1. 指针式游动角度检测仪

（1）检测仪结构与工作原理。指针式游动角度检测仪主要由指针、刻度盘和测量扳手组成。指针固定在驱动桥主动轴上，刻度盘则固定在主减速器壳上，如图7－42（a）所示。

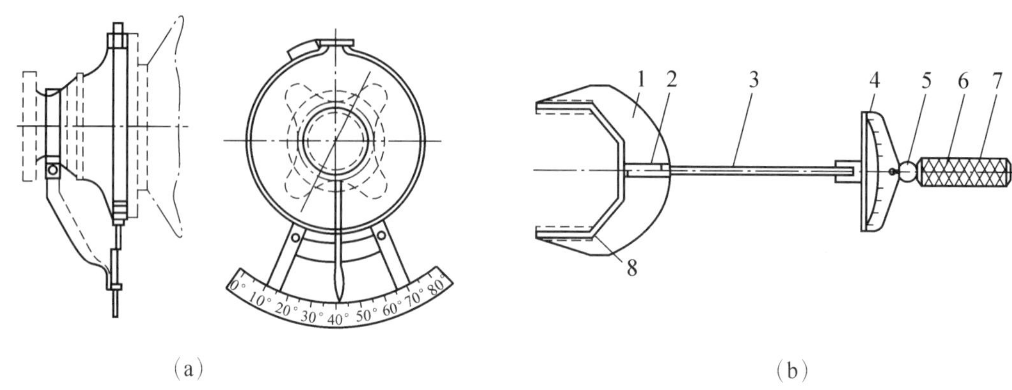

1—卡嘴；2—指针座；3—指针；4—刻度盘；5—手柄；6—手柄套筒；7—定位销；8—可换钳口。

图 7-42　指针式游动角度检测仪

（a）指针式游动角度检测仪；（b）测量扳手

测量扳手一端带有 U 形卡嘴，以使其卡在万向节上。为了适应多种车型，卡嘴上带有可更换的钳口。测量扳手另一端有指针和刻度盘，可指示转动扳手的转矩值，如图 7-42（b）所示。

检测传动系统游动角度时，将测量扳手卡在万向节上，用不小于 30 N·m 的转矩转动，使之从一个极限位置转动到另一个极限位置，刻度盘上指针转过的角度即所测游动角度。

（2）检测仪测量与使用方法。传动系统游动角度的检测应分段进行，具体检测方法如下：

①检测驱动桥的游动角度。变速器挂空挡，驻车制动器松开，驱动轮制动，将测量扳手卡在驱动桥主动轴万向节的从动叉上，即可测得驱动桥的游动角度。

②检测万向传动装置的游动角度。检测万向传动装置的游动角度的方法与检测驱动桥游动角度的方法基本相同，只是将测量扳手卡在变速器后端万向节的主动叉上。此时获得的游动角度减去驱动桥的游动角度，即万向传动装置的游动角度。

③检测离合器和变速器的游动角度。放松制动器，离合器处于接合状态，视需要支起驱动桥。测量扳手仍卡在变速器后端万向节的主动叉上，依次挂入各挡即可获得不同挡位下从离合器到变速器的游动角度。

对上述 3 段游动角度求和，即可获得传动系统总的游动角度。

2. 数字式游动角度检测仪

（1）检测仪结构与工作原理。数字式游动角度检测仪由倾角传感器和测量仪两部分组成，二者以电缆相连。其检测范围为 0～30°，使用的电源为直流 12 V。

①倾角传感器。其作用是将传感器外壳随传动轴游动的倾斜角转换为相应频率的电振荡。传感器外壳是一个长方形的壳体，其上部开有 V 形缺口，并配有带扣的尼龙带，因而可方便地固定在传动轴上。

传感器外壳内的装置如图 7-43 所示。图 7-43 中的弧形线圈固定在外壳中的夹板上，弧形铁氧体磁棒通过摆杆和心轴支撑在夹板的两轴承上，因此可绕心轴轴线摆动。在重力作用下，摆杆与重力方向始终保持某一夹角 α_0。当传感器外壳倾斜角度不同时，弧形线圈内弧形磁棒的长度亦随之不同，产生的电感量亦不同，因而也就改变了电路的振荡频率。

可见，传感器实际上是一个倾角—频率转换器。为使传感器可动部分摆动后能迅速处于平衡状态，传感器外壳内装有变压器油。

②测量仪。测量仪实际上是一台专用的数字式频率计，由于采用了与传感器特性相应的初始置数的措施，因而能直接显示传感器的倾角。

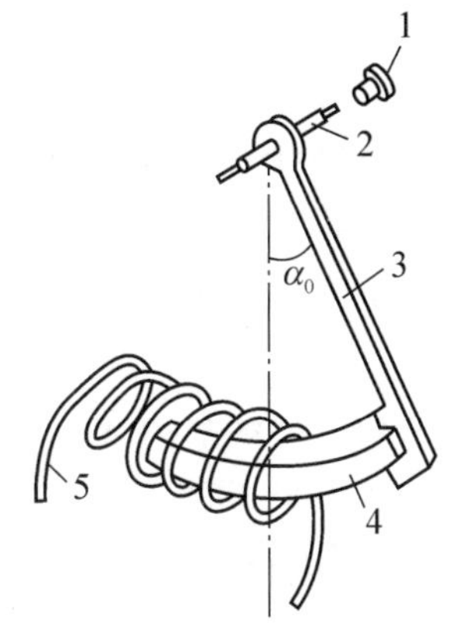

1—轴承；2—心轴；3—摆杆；4—弧形铁氧体磁棒；5—弧形线圈。

图7-43 传感器外壳内的装置

由倾角传感器和测量仪两部分组成的数字式游动角度检测仪，采用数字集成电路控制。其工作原理如下：由传感器送来的振荡信号经计数门进入主计数器，在置成的补数基础上累计脉冲数。计数结束后，在寄存器接收脉冲作用下，将主计数器的结果送入寄存器，并由荧光数码管将结果显示出来。使用中，将游动范围内两个极限位置的倾角读出，其差值即游动角度。

（2）检测仪测量与使用方法。将测量仪接好电源，用电缆把测量仪和传感器连接好，先按仪器使用说明书的要求对仪器进行自校，再将转换开关扳到“测量”位置上，就可进行检测了。

在汽车传动系统中，最便于固定倾角传感器的部位是传动轴。因此，在整个检测过程中，该传感器一直固定在传动轴上。

各部位游动角度的测量方法如下：

①检测万向传动装置的游动角度。把传动轴置于驱动桥游动范围的中间位置或将驱动桥支起，拉紧驻车制动器。

左、右旋转传动轴至极限位置，测量仪便直接显示出固定的传动轴上的传感器的倾斜角度。将两个极限位置的倾斜角度记下，其差值即万向传动装置的游动角度。此角度不包括传动轴与驱动桥之间的万向节的游动角度。

②检测离合器与变速器各挡的游动角度。放松驻车制动器，将变速器挂入选定挡位，离合器处于接合状态，再将传动轴置于驱动桥游动范围中间位置或将驱动桥支起。

左、右旋转传动轴至极限位置，测量仪便显示出传感器的倾斜角度。求出两极限位置倾斜角度的差值，便可得到游动角度值。该游动角度值减去已测得的万向传动装置的游动角度值，即离合器与变速器在该挡位下的游动角度值。

按同样方法，依次挂入各挡位，便可测得离合器与变速器各挡位下的游动角度。

③检测驱动桥的游动角度。将变速器置空挡位置，松开驻车制动器，踩下制动踏板，将驱动轮制动。左、右旋转传动轴至极限位置，即可测得驱动桥的游动角度。该角度包括传动轴与驱动桥之间万向节的游动角度。

对于多桥驱动的汽车，当需要检测每一段的游动角度时，传感器应分别固定在变速器与分动器之间的传动轴、前桥传动轴、中桥传动轴和后桥传动轴上。

在测量仪上读取数值时应注意，其显示的角度值在0～30°内有效。当出现大于30°的情况时，可将固定在传动轴上的传感器适当转过一定角度。若其中一极限位置为0，另一极限位置超过30°，则说明该段游动角度已大于30°，超出了仪器的测量范围。

截至目前，我国尚无具体的游动角度检测标准。据国外资料介绍，重型载货汽车传动系统游动角度及各分段游动角度应不大于表7－6所列数据。

表7－6　游动角度参考数据

部位	游动角度	部位	游动角度
离合器与变速器	5°～15°	驱动桥	55°～65°
万向传动装置	5°～6°	传动系统	65°～86°

本章小结

1. 底盘性能检测的常用检测设备有离合器打滑频闪测定仪、传动系统游动角度检测仪、四轮定位仪、车轮动平衡仪、转向系统检测仪、侧滑试验台、悬架装置检测台、制动试验台等。

2. 传动系统的检测项目包括离合器打滑检测，传动系统游动角度、传动效率的检测等。

3. 一般通过检测转向盘自由行程、转向角和转向力等参数来判断转向系统的技术状况。转向盘自由行程可用简易转向盘检测仪检测，也可用转向参数测量仪检测；转向力和转向角可用转向参数测量仪进行检测。

4. 行驶系统的检测项目主要有车轮平衡检测、车轮定位检测和悬架性能检测等，其中车轮定位检测又分为静态检测和动态检测。静态检测主要检测车轮定位参数，而动态检测主要检测车轮的侧滑量。

转向轮侧滑检测的目的是检测汽车转向轮外倾角与前束值的匹配情况，所用检测设备为侧滑试验台。

汽车侧滑试验台分为两类：一类是测量车轮侧滑量的滑板式侧滑试验台，另一类是测量车轮侧向力的滚筒式侧滑试验台。滑板式侧滑试验台由测量装置、指示装置和报警装置等组成，其测量装置包括框架、滑动板、杠杆机构、回位装置、滚轮装置、导向装置、锁止装置、位移传感器及信号传递装置。

车轮不平衡表现为静不平衡和动不平衡，对车轮主要进行动平衡检测。车轮平衡机用来检测车轮的平衡度，可分为离车式和就车式两类。离车式车轮平衡机由驱动装置、转轴与支承装置、显示与控制装置、制动装置、机箱和车轮防护罩等组成。就车式车轮平衡机一般由驱动装置、测量装置、指示与控制装置、制动装置和小车等组成。

汽车悬架装置中最易发生故障的元件是减振器。悬架和转向系统间隙需用检测仪进行检测。汽车悬架工作性能的检测方法有经验法、按压车体法和检测台检测法。悬架试验台可分为跌落式和谐振式两种，而谐振式悬架装置检测台根据检测参数的不同，可分为测力式和测位移式两种。测力式悬架装置检测台检测振动衰减过程中的力，而测位移式悬架装置检测台则检测振动衰减过程中的位移量。

自测题

一、单项选择题

1. 按检测方式区分，车轮平衡机可分为离车式车轮平衡机和（　　）。
   A. 固定检测式车轮平衡机　　B. 就车式车轮平衡机
   C. 动平衡机　　D. 静平衡机
2. 自动跑偏的根本原因是左、右车轮受力（　　）。
   A. 相等　　B. 过大　　C. 过小　　D. 不对称
3. 转向系统的性能直接影响汽车的（　　）和行车安全。
   A. 可靠性　　B. 动力性　　C. 操纵稳定性　　D. 综合性

二、判断题

1. 转向参数测试仪由测力和测角机构组成。（　　）
2. 转向轮定位的检测常采用道路检测法。（　　）
3. 转向盘的转动阻力是评价转向盘转动是否均匀、轻便的量化指标。（　　）

三、简答题

1. 汽车底盘性能检测的常用检测设备有哪些？
2. 车轮平衡机有几种类型？
3. 行驶系统的检测项目有哪些？

第 8 章　汽车电子控制系统检测

导　言

本章主要介绍汽车电子控制系统的检测基础、汽车电子控制系统常用检测仪器、发动机电子控制系统的检测、自动变速箱系统的检测、防抱死制动系统的检测、安全气囊系统的检测、电子控制悬架系统的检测、巡航控制系统的检测和空调系统的检测。

学习目标

1. 认知目标

（1）熟悉汽车电子控制系统的检测基础。

（2）能正确识别汽车电子控制系统的各种检测仪器。

（3）熟悉汽车电子控制系统的检测项目。

2. 技能目标

（1）能用汽车各电子控制系统的检测程序对汽车电子控制系统进行简单的检测。

（2）能正确使用汽车电子控制系统常用检测设备。

（3）能将汽车各电子控制系统的检测注意事项用于实际的检测中。

3. 情感目标

（1）初步养成自觉遵守国家标准的习惯。

（2）增强空间想象能力和思维能力，努力提高学习兴趣。

（3）培养一丝不苟、严肃认真的工作作风，注意操作安全。

高新技术的迅速发展对汽车工业产生了巨大的影响，从 20 世纪 90 年代开始，汽车已步入一个全新的电子时代，电子控制技术在现代汽车上的应用越来越广泛，汽车电子化程度越来越高。目前汽车上采用的电子控制技术可分成四大类：发动机控制系统、底盘控制系统、车身控制系统、信息与通信控制系统，各个系统采用的电子控制技术如表 8－1 所示。高新技术的运用使得汽车的使用性能越来越完善，而控制功能的增加不但使汽车的结构和工作原理日趋复杂，而且对汽车检测技术和检测仪器设备的要求越来越高。

表 8－1　汽车电子控制技术一览表

控制类型	控制系统	控制功能
发动机控制	点火控制系统	点火提前角控制；闭合角控制；限流控制；停车断电保护控制；爆燃控制
	燃油喷射控制系统	喷油量控制；喷油正时控制；燃油泵控制
	怠速控制系统	自动怠速控制
	进气控制系统	空气引导通路切换；旋涡控制阀；增压控制
	排放控制系统	排气再循环（exhaust gas recirculation，EGR）；燃油蒸发排放控制（evaporative control，EVAP）；三元催化转化器；氧传感器；二次空气喷射；活性炭罐电磁阀控制；CO 控制
	故障自诊断系统	发动机故障自诊断系统；自动变速器故障自诊断系统；ABS 故障自诊断系统；安全气囊系统（supplemental restraint system，SRS）故障自诊断系统等
	其他控制系统	发电机电压控制；电动风扇控制；警告显示；备用功能与失效保护
底盘控制	电控自动变速器（electronic control transmission，ECT）控制系统	换挡控制；主油路液压油压力控制；自动模式选择控制；锁止离合器控制；发动机制动控制；发动机转速与转矩控制
	悬架控制系统	悬架刚度控制；悬架阻尼控制；车身高度控制
	驱动防滑/牵引力控制系统（antic slip regulation/traction control system，ASR/TRC）	差速制动控制；发动机输出功率控制；综合控制
	巡航控制系统（cruise control system，CCS）	车速控制
	四轮转向控制系统	转向角的比例控制；横摆角速度比例控制
车身控制	安全控制系统	SRS；ABS；安全带控制；雷达防撞装置；倒车安全装置；防盗装置；车钥匙忘拔报警装置；语音开门（无钥匙）装置
	舒适性及方便性控制系统	自动空调系统；电动座椅；电动车窗；电动后视镜；电动天窗；中控门锁；后窗除霜；音响、音像；小冷藏柜等
信息与通信控制	信息系统	电子仪表；中央综合显示系统；电子地图；前视窗显示；电子时钟
	通信系统	语音信息；车载蜂窝电话；多路传输系统；计算机网络；导航系统；全球定位系统；故障自诊断系统

8.1 汽车电子控制系统的检测基础

8.1.1 电子控制系统的检测方法

1. 人工经验检测法

人工经验检测法是在汽车不解体的情况下，凭借检验人员丰富的实践经验和一定的理论知识，依靠直观的感觉印象，借助简单工具和仪表，采用眼观、耳听、手摸和鼻闻等手段，进行检查、试验、分析，确定汽车的技术状况，查明故障原因和故障部位的检测方法。

人工经验检测法具有简单实用、不需要专用仪器设备、投资少、见效快等特点。对于一些症状比较明显的故障，无须使用仪器检测，经过人工观察和分析，即可进行准确判断，但对复杂故障确诊速度慢、准确性差，不能进行定量分析，且需要检测人员有较高的技术水平和丰富的实践经验。

2. 仪器设备检测法

仪器设备检测法是指在汽车不解体的情况下，利用测试仪器、检测设备和检验工具，检测整车、总成或机构的参数、曲线和波形，为分析、判断汽车技术状况提供定量依据的检测方法。

仪器设备检测法是汽车电子控制系统检测的主要方法，这种方法检测速度快、准确性高、能定量分析、可实现快速检测，而且采用微机控制的现代电子仪器设备能自动分析、判断、存储并打印出汽车各项性能参数，但其投资大，检测成本高，要求检测人员有较高的专业水平。

8.1.2 电子控制系统的检测原则

电子控制系统的检测要遵守以下原则：

1. 先思后行

当汽车电子控制系统出现故障时，应先根据故障现象进行分析，在清楚可能的故障原因后再选择适当的方法和程序进行检测操作，以防止操作的盲目性，尤其是对原因比较复杂的故障现象更应如此。先思后行既可避免对无关部位做无效的检查，又不会漏检有关的故障部位，使检测准确而迅速。

2. 先外后内

在选择检测程序和操作次序时，先对电子控制系统的外部原因进行检查，如插接器松动、导线破损、元件腐蚀老化等，再对电子控制系统内部进行检测，以避免费时费力。

3. 故障码优先

当自检测系统监测到电子控制系统故障时，均会以故障码的方式储存故障信息，但并不是所有的电子控制系统故障都通过故障警告灯报警，因此无论仪表板上的故障警告灯是否亮起报警，均应先进行读取故障码操作，以便充分利用故障自检测系统迅速而又准确地排除故障。

4. 先简后繁

一些通过看、摸、听、闻等方法可以确认的故障部位优先进行简单的直观检查；即便是需要用仪器、仪表或其他专用工具进行检测的部位，也应将较易检查的安排在前面，这样可简化电子控制系统的检测过程。

5. 先熟后生

电子控制系统的一些故障现象可能存在多个故障原因，不同故障原因出现的概率是不同的，优先对常见的故障部位进行检测，往往可迅速确诊，省时省力。

6. 先备后用

电子控制系统元件性能是否良好、电路是否正常，通常用电压或电阻等参数值来判断。不了解检测标准和测量位置，往往会使电子控制系统的检测和判断变得非常困难。因此，在检测前应准备好有关的检测参数和检修资料，以保证检测结果及分析评价的准确性。

8.1.3　电子控制系统的检测程序

电子控制系统的检测程序如下：

1. 调查询问

首先和客户交流，并有针对性地向客户调查询问，了解故障出现的全过程。认真倾听客户提供的汽车故障史，包括使用、维护、故障及修理等情况，重点了解故障出现的症状、条件、发生的过程以及哪些部位进行过检修和调整，更换过哪些零部件等，并填写故障问诊表。表 8－2 为汽车发动机故障问诊表。

表 8－2　汽车发动机故障问诊表

<table>
<tr><td colspan="2">客户姓名</td><td></td><td>车型及年款</td><td></td><td>里程表读数</td><td>km</td></tr>
<tr><td colspan="2">接车日期</td><td></td><td>发动机型号</td><td></td><td></td><td></td></tr>
<tr><td colspan="2">故障发生日期</td><td></td><td>车身代码</td><td></td><td></td><td></td></tr>
<tr><td colspan="2">故障发生频次</td><td colspan="5">□一直有　□在某些条件下　□仅一次　□其他</td></tr>
<tr><td rowspan="6">故障发生条件</td><td>天气</td><td colspan="5">□晴天 □阴天 □雨天 □雪天 □潮湿 □其他</td></tr>
<tr><td>气温</td><td colspan="5">□炎热 □温暖 □凉爽 □寒冷（大约　℃）</td></tr>
<tr><td>路况</td><td colspan="5">□高速公路 □一般公路 □市内 □上坡 □下坡 □粗糙路面 □越野路 □其他</td></tr>
<tr><td>发动机温度</td><td colspan="5">□冷机 □暖机时 □暖机后 □任何温度 □其他</td></tr>
<tr><td>发动机工况</td><td colspan="5">□起动 □起动后 □怠速 □无负载 □行驶（□匀速 □加速 □减速）□其他</td></tr>
<tr><td>□不能起动</td><td colspan="5">□不能运转 □无着车征兆 □有着车征兆</td></tr>
</table>

续表

故障症状	□起动困难	□冷车起动困难 □热车起动困难 □起动时运转转速低 □其他
	□怠速不良	□怠速不稳 □怠速高 □怠速低 □怠速粗暴 □其他
	□动力不足	□加速无力 □回火 □放炮 □喘振 □敲缸 □其他
	□发动机熄火	□起动后 □怠速时 □加速时 □减速时 □空调工作时 □挂挡时 □停车时 □其他
	□其他	
故障指示灯状态		□常亮　□不亮

2. 读取故障码

汽车的电子控制系统都配备有自检测系统，自检测系统可以检测电子控制系统的故障，并将故障码存储在 ECU 的存储单元中，同时仪表盘上的故障指示灯亮。如果汽车仪表盘上的故障指示灯亮，往往在自检测系统中存储有故障码，有时故障指示灯不亮，电子控制系统也可能存在故障。根据故障码优先的检测原则，应先读取故障码，并按故障码提示进行进一步检测。

通常按“读码—清码—运行—再读码”的顺序读取故障码。首先，利用仪器读出永久性和偶发性故障码并进行记录，然后清除故障码；其次，起动发动机，待冷却液温度达到正常工作温度后，让发动机高速运转几秒钟；最后，创造故障再现条件，再次查询故障码并做记录。

故障码的读取方法有两种：仪器读码和人工读码。利用故障检测仪读取故障码的操作比较简单。现在有部分在用车辆既可以利用汽车故障检测仪读取故障码，也可以进行人工读码（注意：大部分新生产的车辆已不能进行人工读码）。人工读码的操作比较复杂，维修人员必须按规定程序操作，且车系不同、控制系统不同，其操作方法也不相同。

若发动机控制单元内存在故障码，则故障警告灯以 1 次/s 的频率闪亮，并将两位数故障码的十位数和个位数先后用故障警告灯的闪亮次数表示出来。

当控制单元内储存有几个故障码时，控制单元按故障码的大小，依次将储存的所有故障码显示出来，相邻两个故障码之间的停顿时间为 2.5 s。当所有故障码全部显示完毕后，停顿 4.5 s，再重新开始显示。如此反复，直至从故障检测接口上拔下连接导线。

读取所有的故障码后，从检测插座上拔下连接导线，关闭点火开关。将熔丝拔出 10 s 以后，或将搭铁线从蓄电池上拆下 10 s 以后，即可消除故障码。

3. 试车

如果无故障码或显示正常，则进行试车，再现汽车的故障症状，以验证故障存在的真实性。检测人员反复体验故障特征，并密切注意故障症状出现的条件，如工况、温度、路况等，还可以通过试车了解汽车的主要工作性能。对间歇性故障，可采用模拟法重现故障。

故障征兆的模拟方法主要有振动模拟法、温度模拟法、水淋模拟法、电器全接通法等。

（1）振动模拟法。当车辆在粗糙路面上行驶或发动机振动时出现故障或其症状变得更加明显，说明故障与汽车的振动有关，且多为线路接触不良所致。与振动密切相关的电子零部件有插接器、线束、传感器和继电器。如图8－1所示，模拟振动时，可在垂直和水平方向轻轻摇动插接器和线束，用手轻拍传感器或继电器。注意：不可用力拍打电气元件，否则，可能会使元件断路。

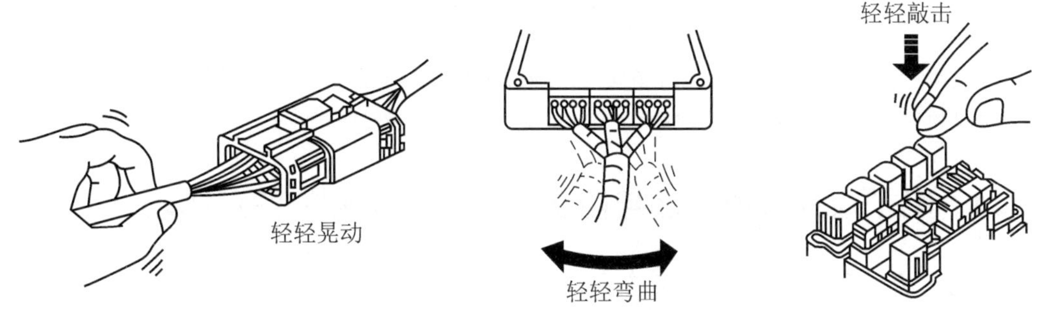

图8－1　用振动模拟法检查插接器、线束、传感器和继电器间歇故障

不同部位的电气系统接触不良的原因不同，发动机罩下的元件可能是搭铁点接触不良，插接器腐蚀或松动；仪表板后部的线路可能是布线错误或线束未固定好，使靠近支架或螺钉的线束磨损；座椅下面的线路常因座椅部件（如滑轨等）挤压或线束未固定牢靠而破损等。

（2）温度模拟法。改变环境温度的方法有加热法和冷冻法。

有时汽车在炎热天气或短暂停车之后出现故障，此时应检查电气元件的热敏感情况，通常用加热枪或类似的工具对元件进行加热。注意：不要将元件加热到60 ℃（140 ℉）以上。如果在加热该元件时产生故障，那么说明元件老化，应更换或正确隔离元件。

如果汽车在冬天温度较低时出现故障，暖机后故障消失，则可能是电气系统某部位（如插接器）结冰所致。模拟时，在气温足够低的条件下，将汽车停放在露天场所过夜，次日早晨对可能受影响的电气元件进行快速、全面检查；或将可疑元件放入冰箱内冷冻足够长的时间，直到结冰，重新将元件装回，并检查故障是否再次出现。

（3）水淋模拟法。若故障只发生在高湿度或雨雪天气，则可能是电气元件浸水所致，可以通过喷淋车辆或将车辆驶过清洗机来模拟故障情况。

注意：不得将水直接喷在任何电气元件上。

（4）电器全接通法。将空调、后车窗除雾器、收音机、雾灯等所有附件全部打开，然后试车，观察故障是否重现。

4. 读取数据流

数据流可以提供电子控制系统运转状态的实时数据，检测人员可利用通用或专用检测仪读取数据流，并进行数据流分析。对于数据流中超出正常值的数据，应参照维修手册列出的故障原因进行细致的检测。

5. 检查测量

根据故障现象、故障码内容及数据流中的相关数值确定检测项目，利用万用表、二极管测试笔、排气分析仪、燃油压力表、真空表、气缸压力表、示波器、模拟信号发生器、喷油器检测清洗仪等仪器进行相关检测。

6. 排除故障

根据检测结果，参照维修手册或相关资料进行分析，得出结论，并制订维修方案，如调整或更换元件、剥开线束查找故障点、清洁搭铁线等。

7. 验证检修结果

再次使用故障检测仪等仪器设备进行检测，确认故障是否排除。重复试车、读取故障码、读取数据流、检查测量等检测过程，反复检验，直至故障排除。

8.1.4 电子控制系统检测与电子控制单元检测的注意事项

1. 电子控制系统检测的注意事项

（1）在安装蓄电池时，应注意正、负极不可接反。不可随意拆卸蓄电池的正、负极线，以防止微机中存储的故障码与有关资料信息被清除；检测时，如果需要拆下搭铁线，那么应先读取故障码。

（2）在点火开关接通的情况下，不要拆开任何电气设备，以免电路中产生的感应电动势损坏电子元件。在拆卸各插接器时，首先要关掉点火开关。对于带安全气囊的汽车，应在拆下搭铁线 120 s 或更长一段时间后，才能开始检测。

（3）电子控制系统应用 LED 灯或高阻抗数字式万用表检查，切不可用普通试灯去测试任何与 ECU 连接的电气装置。

（4）ECU、传感器等电子元件不能承受高温、磁场作用、振动、焊接、潮湿、通信设备干扰、人体静电作用等。

（5）ECU 故障率较低，除人为因素外很少发生故障。如果怀疑 ECU 有故障，那么需请专业人员进行检修。

（6）在拆下插接器时，要注意松开锁紧弹簧或按下锁扣；在装插插接器时，应插到底并锁止，以免造成插接器接触不良或松脱。

2. 电子控制单元检测的注意事项

（1）在检测之前，应先检查控制系统各熔断器及有关的插接器是否正常。在点火开关处于开启（ON）位置时，蓄电池电压应不低于 11 V，否则，会影响测量结果。

（2）必须使用高阻抗的电压表，低阻抗的电压表可能会造成 ECU 损坏。

（3）应从插接器的线束一侧插入测笔或探针来测量各端子的电压。

（4）不可在拔下 ECU 插接器的状态下直接测量各端子的电阻，否则，可能损坏 ECU。

（5）测量控制线路时，若需拔下 ECU 的插接器，则应先拆下蓄电池搭铁线。不可在蓄电池连接完好的状态下拔下 ECU 的插接器，否则，可能导致 ECU 损坏。

（6）应牢固可靠地连接 ECU 插接器，否则，可能损坏其内部集成电路。

8.2　汽车电子控制系统常用检测仪器

汽车电子控制系统的检测仪器主要有汽车专用万用表、汽车故障检测仪（解码器）、示波器、发动机综合性能分析仪等。

8.2.1　汽车专用万用表

汽车专用万用表除检测电压、电流、电阻等基本参数外，还能检测转速、闭合角、百分比、频率、压力、时间、电容、电感、温度及半导体元件等，如笛威 TWAY9206、TWAY9406、VC400、Instructions 3000 等型号的汽车专用万用表。

此处以 Instructions 3000 型数字式汽车专用万用表为例，对汽车专用万用表进行简要介绍。

Instructions 3000 型数字式汽车专用万用表用于测量汽车的电阻、电流、电压、发动机转速、温度、闭合角等参数，并能检测二极管，除了主体外还配有表笔、速度测试感应钳、温度测试专用连线等，如图 8－2 所示。

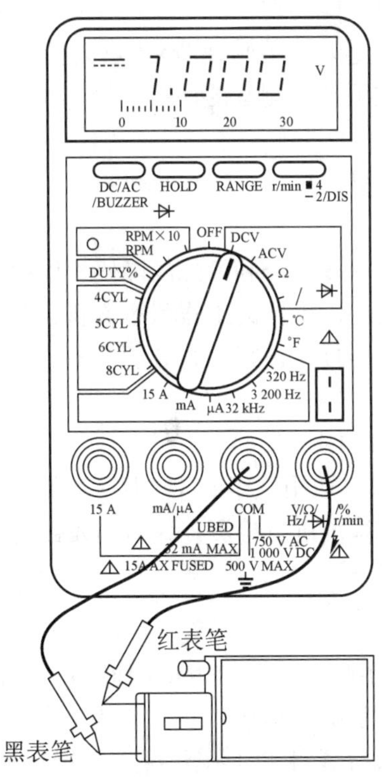

图 8－2　Instructions 3000 型数字式汽车专用万用表及直流电压测量

Instructions 3000 型数字式汽车专用万用表面板可分为控制区域、功能选择区域和线路连接区域。

（1）控制区域。控制区域包括“DC/AC/BUZZER”（直流/交流及蜂鸣器/二极管）切换控制键、“HOLD”（存储/测量）切换控制键、“RANGE”（量程）设置键、“RPM”（转速测量/点火模式）选择键。

（2）功能选择区域。功能选择区域包括关断位、直流电压测量位、交流电压测量位、电阻测量位、电路通断/二极管测量位、温度测量位、频率测量位、电流测量位、闭合角测量位、占空比测量位、转速测量位等。

（3）线路连接区域。线路连接区域有电流测试插孔（两个）、搭铁插孔、电压/电阻/占空比/闭合角/频率/二极管/转速插孔、信号拾取插孔、温度测量专用插孔。

（4）特殊测试说明。

①量程的设置。按下量程设置键可选择人工量程设置模式，在这种模式下，再按动一下量程设置键，其量程范围就会发生变化，屏幕出现新的数据。只需按下量程设置键2 s就可退出人工量程设置模式而进入自动量程设置模式。

②存储/测量切换控制键。按下存储/测量切换控制键可运行或退出存储模式。在存储模式下，所测量的数据将被定格显示。

③直流/交流及蜂鸣器/二极管切换控制键。在电流测试中，按直流/交流及蜂鸣器/二极管切换控制键即可实现直、交流电路测量功能的切换。在测量电路的导通性和二极管时，按此键也可实现二者测量功能的切换。

④不同点火模式转速的测量。按下转速测量/点火模式选择键可实现传统点火模式下转速测量和五分电器点火模式下转速测量的切换。

8.2.2 汽车故障检测仪

汽车故障检测仪可快速调取故障码和清除故障码，读取微机所存储的资料，如读取开关电路输入和输出的状态资料、传感器的工作状态资料，并可测试和存储行驶中微机的有关资料，还可与多种检测仪器连接，进行综合分析检测。

汽车故障检测仪有专用和通用之分。有些汽车厂家配备有自己的专用检测仪。例如，大众汽车的 V. A. G1551、V. A. G1552、V. A. S5051 专用检测仪，宝马系列汽车专用的 BMW System Tester 专用检测仪，通用汽车的 TECH－2 专用检测仪等。通用型汽车故障检测仪可对多种车系的电子控制系统进行检测，如深圳元征的“电眼睛”系列、笛威的红盒子（SNAP ON SCANNER）、车博士 A2800、修车王 SY－380 等。

1. V. A. G1552 故障阅读仪

V. A. G1552 故障阅读仪为大众车系专用检测设备，仪器由显示屏、测试导线插座、程序卡及插口盖板、测试线缆及键盘组成。它主要用于检测车辆控制系统存储的故障码、读取车辆数据流、测试车辆执行元件的工作状况、进行车辆基本参数的设定及清除故障码等。

（1）仪器介绍。

①键盘按键说明。“0～9”键为数字输入键；“C”键用来清除输入内容，回到前一级操作内容或终止正在运行的程序；“Q”键用来进行（或确认）输入；“→”键在程序或

文字中向前移动；“↑”和“↓”键改变功能10“修正”中的修正值以及在功能04“基本设置”和功能08“读取测量值块”中移动；“HELP”键可得到操作信息。

②测试导线。4a V. A. G1552/3 适用于带16针测试插头的车辆，4b V. A. G1552/1 适用于带2针测试插头的车辆。

③程序卡的更换。从仪器上部的壳体上拆下程序卡盖板；把夹板中的程序卡向上抽出；把新的程序卡插到安装基座的挡块处，注意安装方向。仪器的所有功能都由程序卡内的软件来控制，当检测新车型时，测试仪内的软件必须更新，即必须更换程序卡。

注意：只有当电源被切断后才可以拆下或插上程序卡。在更换过程中，请不要接触程序卡上的触头，同时要防止静电。

（2）仪器的功能及使用。

①查询控制单元版本。输入“01”，控制单元的版本信息就会显示在显示屏上。第一行左边是控制单元的零件号和相关元件的定义，右边是控制单元内使用的软件的型号；第二行显示出控制单元当前的编码。如果是存储器编码的控制单元（参见07功能），显示屏显示出编码和维修站代码（maintenance station code，MSC）。维修站代码和经销商号码是完全一样的，它显示的是最后一次在控制单元上工作过的维修站。

②查询故障储存内容。输入“02”，显示屏上首先显示出的是故障码的数量。

③终端控制检测。终端控制检测是电气测试的一部分，可以测试各个最终控制单元的电路是否完好。

终端控制检测只能在点火开关接通、发动机不运转的情况下完成。如果起动发动机，则控制单元获得转速脉冲信号，终端控制检测立即终止。在检测执行元件时，能听到元件动作的声音。要重复进行终端控制检测，必须关闭点火开关2 s后再接通。终端控制检测时，电动汽油泵连续工作，10 min后，终端控制检测自动结束。

④基本参数设定。基本参数设定对发动机控制单元和节气门控制部件进行匹配。发动机控制单元被切断电源后，必须进行基本参数设定。

基本参数设定必须满足的条件如下：发动机冷却液温度必须高于80 ℃、冷却风扇不转、空调及其他用电设备关闭、故障存储器上没有故障码存在。

发动机不运转时，通过基本参数设定功能可以完成节气门控制部件与发动机控制单元之间的匹配。发动机运转时，通过基本参数设定功能可以完成：借助λ控制功能的开、闭查找故障及进行点火正时检查。

⑤清除故障储存内容。检修完成之后必须清除故障储存内容。清除之前，应检查故障储存内容是否已经被查询。

⑥结束输出。输入“06”，阅读仪返回到原始操作状态。

⑦控制单元编码。控制单元编码没有显示或更换控制单元之后，都必须对控制单元编码。本功能可以改变控制单元，使其适合各种不同的工作状况。输入“07”，屏幕将有显示。

输入编码，按“Q”键确认，控制单元做出响应并显示控制单元的识别代码和相应的维修站代码。关闭点火开关，然后再打开点火开关，此时新输入的编码起作用。

⑧读测量数据流。输入“08”，屏幕将有显示。

当输入了显示组别并按“Q”键确认之后，屏幕就会显示测量值。

在发动机控制单元中，每个测量值的意义如下（在显示屏上从左到右）：发动机转速（在显示屏上是 850 r/min）、发动机负载（17%）、节气门开启角度（<21°）、点火提前角（12.7°上止点），所选显示组别号码被显示在显示屏的上面一行。此时可以按“C”键，然后输入所需显示的组别号码来读取不同的测量值组，如表 8 - 3 所示。也可以通过按“↓”键或“↑”键（显示组别号减 1 或加 1）在各测量值组之间快速切换。

如果想显示那些没有具体单位的测量值，则可输入显示组别号“00”。

表 8 - 3　发动机显示组一览表

显示组号	屏幕显示	说明
00 基本功能	Read measuring value block　0 1　2　3　4　5　6　7　8　9　10	1—冷却液温度； 2—发动机负荷； 3—发动机转速； 4—蓄电池电压； 5—节气门角度； 6—怠速空气质量控制值； 7—怠速空气质量测量值； 8—混合气成分控制值（λ 控制值）； 9—混合气成分测量值（λ 测量值）
01 基本功能	Read measuring value block　1 1　2　3　4	1—发动机转速； 2—发动机负荷（曲轴每转喷射持续时间）； 3—节气门角度； 4—点火提前角
02 基本功能	Read measuring value block　2 1　2　3　4	1—发动机转速； 2—发动机负荷（曲轴每转喷射持续时间）； 3—发动机每循环喷射持续时间； 4—进气质量
03 基本功能	Read measuring value block　3 1　2　3　4	1—发动机转速； 2—蓄电池电压； 3—冷却液温度； 4—进气温度
04 怠速稳定	Read measuring value block　4 1　2　3　4	1—节气门角度； 2—怠速空气质量测量值（空挡位置）； 3—怠速空气质量测量值（自动变速器驱动挡）； 4—工作状况 Leerlauf 怠速 Teillast 部分负荷 Vollast 全负荷 Schub 加浓 Anreicherung 超速

续表

显示组号	屏幕显示	说明
05 怠速稳定	Read measuring value block　5 1　2　3　4	1—怠速转速（测量值）； 2—怠速转速（规定值）； 3—怠速控制； 4—进气质量
06 怠速稳定	Read measuring value block　6 1　2　3　4	1—怠速转速； 2—怠速控制； 3—混合气 λ 控制； 4—λ 点火提前角
07 λ 控制和 ACF 阀系统	Read measuring value block　7 1　2　3　4	1—混合气 λ 控制； 2—氧传感器电压； 3—活性炭罐电磁阀 N80 占空比； 4—油箱净化系统动作时混合气修正因素
08 λ 调节值	Read measuring value block　8 1　2　3　4	1—发动机每循环喷射持续时间； 2—怠速时 λ 调节值； 3—部分负荷时 λ 调节值； 4—油箱净化系统 TE active　活性炭罐电磁阀动作 TE not active　活性炭罐电磁阀关闭 Adaption　活性炭罐电磁阀关闭 λ 调节起作用
09 λ 调节值	Read measuring value block　9 1　2　3　4	1—发动机转速（测量值）； 2—混合气 λ 控制； 3—氧传感器电压； 4—怠速时 λ 调节值
10 λ 调节值	Read measuring value block　10 1　2　3　4	1—活性炭罐电磁阀 N80 占空比； 2—油箱净化系统动作时混合气修正因素； 3—活性炭罐过滤器充满水平； 4—ACF 阀供应空气的比例
11 汽油消耗	Read measuring value block　11 1　2　3　4	1—发动机转速； 2—发动机负荷（曲轴每转喷射持续时间）； 3—车速； 4—汽油消耗
12 汽油消耗	Read measuring value block　12 1　2　3　4	1—发动机转速； 2—蓄电池电压； 3—汽油消耗； 4—点火提前角

续表

显示组号	屏幕显示	说明
13 爆燃控制	Read measuring value block 13 1 2 3 4	1—第 1 缸爆燃控制点火滞后角； 2—第 2 缸爆燃控制点火滞后角； 3—第 3 缸爆燃控制点火滞后角； 4—第 4 缸爆燃控制点火滞后角
14 爆燃控制	Read measuring value block 14 1 2 3 4	1—发动机转速； 2—发动机负荷（曲轴每转喷射持续时间）； 3—第 1 缸爆燃控制点火滞后角； 4—第 2 缸爆燃控制点火滞后角
15 爆燃控制	Read measuring value block 15 1 2 3 4	1—发动机转速； 2—发动机负荷（曲轴每转喷射持续时间）； 3—第 3 缸爆燃控制点火滞后角； 4—第 4 缸爆燃控制点火滞后角
16 爆燃控制	Read measuring value block 16 1 2 3 4	1—第 1 缸爆燃传感器信号电压； 2—第 2 缸爆燃传感器信号电压； 3—第 3 缸爆燃传感器信号电压； 4—第 4 缸爆燃传感器信号电压
17 三元催化 转化器加热	Read measuring value block 17 1 2 3 4	1—发动机转速； 2—发动机负荷（曲轴每转喷射持续时间）； 3—三元催化转换器加热能量平衡； 4—点火提前角（目前三元催化转换器未装）
18 海拔高度 适配	Read measuring value block 18 1 2 3 4	1—发动机转速； 2—发动机负荷（没有高度修正）； 3—发动机负荷（有高度修正）； 4—按空气密度来修正的高度修正因素
19 转矩减小	Read measuring value block 19 1 2 3 4	1—发动机转速； 2—发动机负荷（曲轴每转喷射持续时间）； 3—变速器挡位信号； 4—点火提前角
20 工作状态	Read measuring value block 20 1 2 3 4	1—发动机转速； 2—变速杆位置； 3—空调开关； 4—空调压缩
21 λ 控制工作 状态	Read measuring value block 21 1 2 3 4	1—发动机转速； 2—发动机负荷（曲轴每转喷射持续时间）； 3—冷却液温度； 4—λ 控制关闭/打开

续表

显示组号	屏幕显示	说明
23 节气门控制部件	Read measuring value block 23 1 2 3 4	1—节气门控制部件工作状态； 2—节气门定位器最小停止位置； 3—节气门定位器紧急运行停止位置； 4—节气门定位器最大停止位置
24 爆燃控制	Read measuring value block 24 1 2 3 4	1—发动机转速； 2—发动机负荷（曲轴每转喷射持续时间）； 3—点火提前角； 4—第 1 至第 4 缸总点火滞后角平均值
98 节气门控制部件匹配	Read measuring value block 98 1 2 3 4	1—节气门电位计电压； 2—节气门定位电位计电压； 3—工作状态：怠速/部分负荷； 4—匹配状态：正在匹配、匹配完成、匹配未完成、匹配错误
99 λ 控制	Read measuring value block 99 1 2 3 4	1—发动机转速； 2—冷却液温度； 3—混合气成分 λ 控制； 4—λ 控制关闭/打开

⑨读取独立通道数据。输入“09”读取单个测量数据，可以在修理手册中查到控制单元支持的通道号码。按“C”键后选择另一个通道。

⑩匹配。更换发动机控制单元后，必须重新与防盗器控制单元进行匹配。匹配功能必须通过读出匹配值、删除已知值、输入匹配值 3 步进行。此功能应查找相关维修资料来进行操作，切忌在无资料的情况下盲目操作。

（3）使用注意事项。

①开机前，确保每个元件之间连接情况良好，以免出现故障。

②点火开关转到“ON”位置时，不得随意拔下传感器插接器或仪器测试线。

③对于需开机测试的项目，首先连接仪器及其他接线，然后打开点火开关。

④不得在测试过程中随意起动或加速，应严格按照测试要求进行。

⑤不得随意更改基本参数设置，以免破坏发动机的工作性能。

2. TECH－2 专用检测仪

TECH－2 是通用车系专用检测仪器，用于查找 OBD－Ⅱ（第二代车载检测系统）的故障并检测各系统的数据流、对各系统控制单元进行设定及读取故障码等，其外形及键盘布置如图 8－3 所示。

TECH－2 键盘功能如下。

（1）软键：这 4 个键对应于可显示在屏幕底部的 4 个选择图框。当一个软键对应某一功能时，会显示命名该功能的图框。若无显示图框，则表示该键没有可用功能。

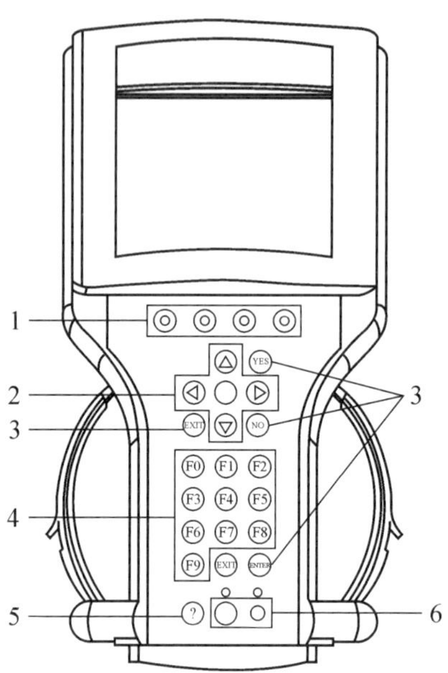

1—软键；2—选择键（箭头键）；3—作用键（YES、NO、ENTER 和 EXIT）；4—功能键（F0 ~ F9）；
5—帮助键（?）；6—控制键（PWR 和 SHIFT）。

图 8－3　TECH－2 键盘布置

（2）选择键（箭头键）：上、下箭头键控制突出显示带的滚动，从而可从屏幕上进行选择；左、右箭头键可将屏幕向前、后“翻页”；屏幕右侧和底部的小箭头显示是否有后续屏幕可看。

（3）作用键（YES、NO、ENTER 和 EXIT）：用于启用某一动作、应答特定问题或通过各种菜单向前、后运行。

（4）功能键（F0 ~ F9）：用于启用特定的菜单功能，所有菜单项都有说明并引用一个 F 数字键；通过突出显示选项并按“ENTER”键选用菜单项；用 F 数字键可激活选项。

（5）帮助键（?）：无论当时正在使用 TECH－2 系统的哪一部分，都可使用帮助键来激活帮助功能。

（6）控制键（PWR 和 SHIFT）：按电源键（PWR）可打开和关闭 TECH－2；“SHIFT”键与上、下箭头键配合使用可改变屏幕显示对比度；当“SHIFT”功能被启用时，键盘的其他部分被锁止。

8.2.3　示波器

示波器用于检测传感器和执行器的信号波形，如 VANTAGE－MT2400、MT3500、OTC3850 等汽车专用示波器等。

1. 车博士 A2800 汽车解码器

车博士 A2800 汽车解码器的结构如图 8－4 所示。仪器的功能如下。

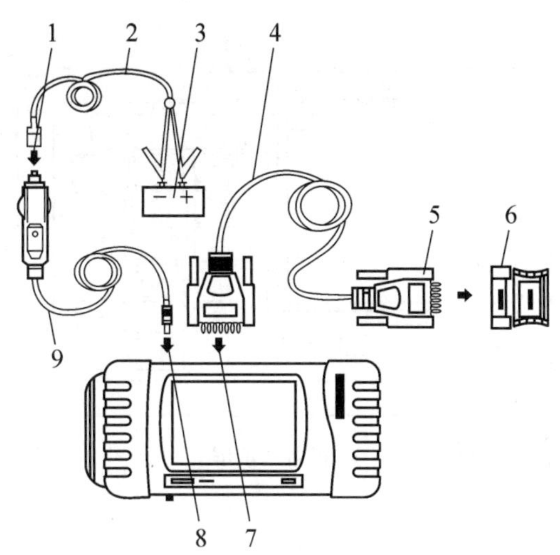

1—插接器；2—蓄电池夹；3—汽车蓄电池；4—主测试线；5—检测插头；6—车型插头；7—点烟器线；8—电源口；9—检测端口。

图8－4　车博士A2800汽车解码器的结构

①解码器功能：主要用于不同车系、不同车型、不同电子控制系统的故障码读取与清除、数据流检测、元件测试等。

②示波器功能：初级点火、次级点火、通用示波器功能、专用示波器功能、发动机分析、数字万用表功能。

a. 初级点火可测试的点火系统形式为分电器点火（外部线圈）、分电器点火（内部线圈）、单缸独立点火（线圈在火花塞上）。

b. 次级点火可测试的点火系统形式为传统点火（有高压总线）、传统点火（无高压总线）、直接点火（有分缸线）、直接点火（无分缸线）、双缸点火。

c. 通用示波器同时观察四通道信号，可以自动设置示波器参数，对任何汽车控制系统进行测试。

d. 专用示波器同时观察四通道信号，可快速测试汽车上的传感器输出信号、执行器输入信号和电气设备的工作信号。仪器根据不同的测试对象进行了预设置，使用时只要在菜单中选定相应的对象即可。

e. 发动机分析主要是通过对发动机的充电、起动测试，来反映各气缸的密封性好坏及工作状态，从而迅速地判断出故障发生在哪个气缸。

f. 数字万用表可测试DC电压、AC电压、DC电流、大电流、频率、占空比、转速、电阻、脉冲宽度。

2. MT3500汽车专用示波器

MT3500汽车专用示波器采用双轨示波器，可直观测出直流电压、交流电压、频率、脉宽、占空比等信号的波形及参数，并具有数字万用表功能、元件测试功能、数据文件管理功能及系统设置功能。MT3500汽车专用示波器主机面板和接线端口如图8－5所示。

MT3500汽车专用示波器主机面板上的按键功能说明如下。

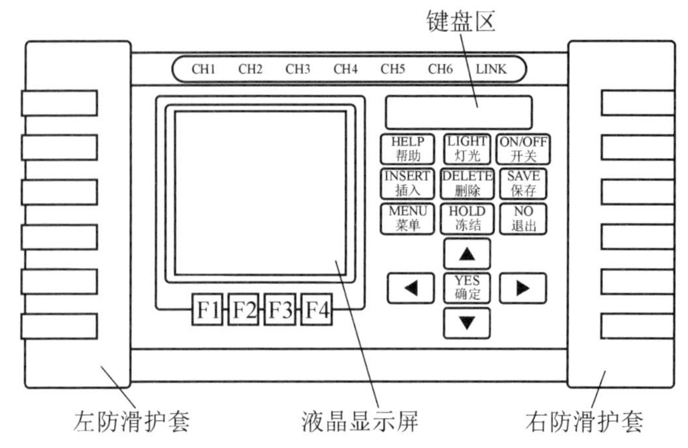

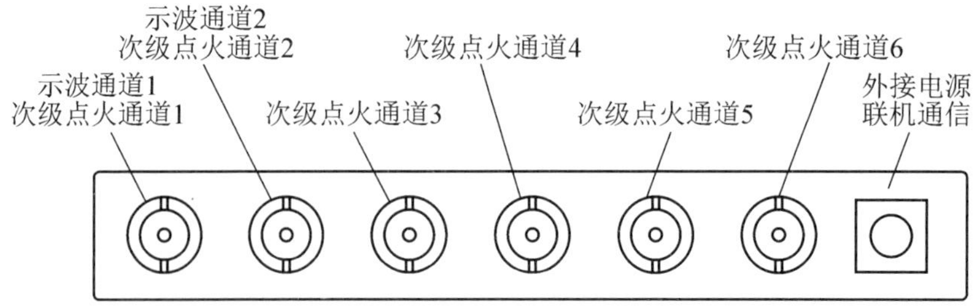

图 8-5　MT3500 汽车专用示波器主机面板和接线端口

① [ON/OFF]：开关，打开或关闭仪器（按下 1 s 以上）。

② [LIGHT]：灯光，开、关显示屏的背景灯光。

③ [HELP]：帮助，随时提供实时帮助信息。

④ [INSERT]：插入，进行文本编辑时插入字符。

⑤ [DELETE]：删除，进行文本编辑时删除字符。

⑥ [SAVE]：保存，保存屏幕上所显示的测试数据及信号波形等。

⑦ [MENU]：菜单，弹出应用程序的主菜单。

⑧ [HOLD]：冻结，冻结或继续显示动态波形及数据。

⑨ [NO]：退出，退出当前操作或退出应用程序。

⑩ [YES]：确定，确定当前的选择项目。

⑪ [▲] [▼] [◀] [▶]：方向，光标的移动、位置移动或焦点移动。

⑫ [F1] [F2] [F3] [F4]：功能，对应于屏幕上的功能指示。

MT3500 汽车专用示波器的菜单可分为主菜单及子菜单两种。若需要使用菜单上的功能，则只需按键盘上的方向键，将光标移至显示屏上所需功能的选项上并按下“YES”键即可。MT3500 汽车专用示波器的菜单内的功能包括专业示波器、简易示波器、数字电表、元件测试、次级点火分析及其他功能。

（1）专业示波器。将连线接到仪器及测试元件上，起动仪器，在主菜单中选择“专业示波器”，按“YES”键，屏幕将显示出波形，如图 8-6 所示。屏幕中各图标的作用含义及其设定方法如下。

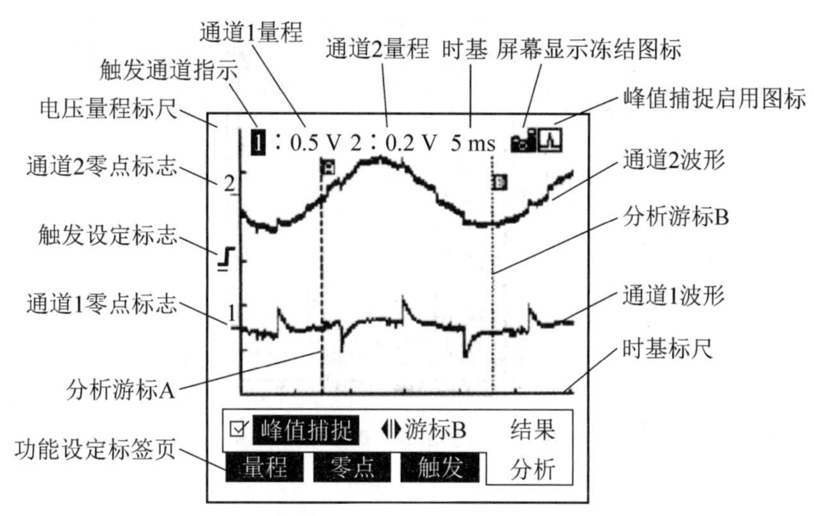

图8－6　专业示波器屏幕显示图例

①功能选项。屏幕最下方为功能选项，按下与功能相对应的F数字键按钮切换功能选项。

a. 量程。设置项目包括通道1量程设置、时基设置、通道2量程设置。

b. 零点设置。设置项目包括通道1和通道2零点设置。

c. 触发设置。设置项目包括触发沿设置、触发通道选择、触发电平设置。

d. 分析设置。设置项目包括峰值捕捉设定、分析游标设置、显示分析结果。

②菜单功能。按下“MENU”键将显示出专用示波器的主菜单，再次按下“MENU”或按数下“NO”键（视进入菜单的层次而定）可退出菜单操作。在菜单的标题栏使用左、右按钮选择项目，选定后按“YES”键或下方向键弹出下拉菜单项列表，在下拉列表中使用上、下方向键选择项目，按“YES”键确认。

③屏幕冻结功能。使用“HOLD”键可冻结显示的波形。波形被冻结后，屏幕右上角将显示出“屏幕显示冻结图标”，再次按下“HOLD”键将取消显示冻结。在启用了峰值捕捉功能后，如果捕捉到符合设定条件的峰值脉冲，系统也会自动冻结显示画面。

④保存波形。若需要保存屏幕上显示的波形，则可在菜单中选择“保存波形”或直接按下“SAVE”键。系统会自动为即将存储的文件起一个文件名，如果需要自定义文件名则可按下“YES”键更改文件名。确定文件的名称后按“F1”保存，按“F2”取消。

⑤测试。起动仪器，选择专业示波器，按“YES”键进入，根据要测试的内容选择适当的量程和时基。连接测试导线到被测元件，红表笔接信号线，黑表笔搭铁。此时屏幕上所显示的波形即被测元件的波形，将其与标准波形相对照来分析波形是否正常。

（2）简易示波器。将连线接到仪器和要测试的元件上，起动仪器，在主菜单中选择“简易示波器”，按下“YES”键，屏幕将显示出波形，如图8－7所示。屏幕中各图标的作用含义如下：

①功能选项。

a. 通道1设置。设置项目包括最大显示电压、最小显示电压、手动触发设置、时间

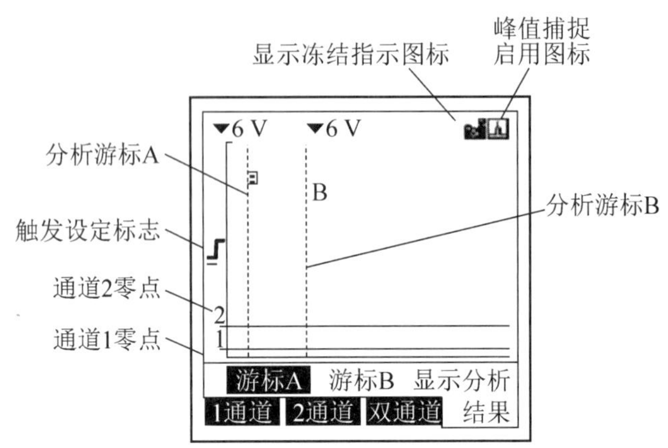

图 8-7　简易示波器屏幕显示图例

设置。

b. 通道 2 设置。与“通道 1 设置”相同，所有设置对通道 2 有效。

c. 双通道设置。设置项目包括通道 1 最大和最小显示电压、通道 2 最大和最小显示电压、手动触发设置、时间设置。

d. 分析设置。设置项目包括分析游标 A、分析游标 B、显示分析结果。

②测试。起动仪器，选择简易示波器，按“YES”键进入，根据要测试的内容选择适当的量程和时基。连接测试导线到被测元件，红表笔接信号线，黑表笔搭铁。此时屏幕上所显示的波形即被测元件的波形，将其与标准波形相对照来分析波形是否正常。

8.2.4　发动机综合性能分析仪

发动机综合性能分析仪能在发动机不解体的情况下，对柴油机和汽油机的诸多参数进行检测，具有完整的检测、查询、统计报表、联网等功能，并可将检测结果进行存储、重显、打印和输出。其系统内设有标准数据库，存有大量的标准数据，可随时调用进行比较分析。例如，元征 EA1000/2000/3000 系列、FLUKE98、HMS990、博世 FSA740 综合分析仪等都是汽车发动机综合性能分析仪。

现以元征 EA2000 发动机综合性能分析仪为例，对发动机综合性能分析仪进行简要介绍。

元征 EA2000 发动机综合性能分析仪可检测发动机各系统的工作状态、运行参数及排放性能，可实时采集一、二次点火信号，喷油信号，电控传感器信号，进、排气系统等动态波形，同时可进行性能分析、波形存储与回放、测试结果查询等，还具有强大的在线帮助系统。

元征 EA2000 发动机综合性能分析仪由信号提取系统（由十二组拾取器组成）、前端处理器、主电缆、机柜、PC 主机（内置高速采集卡、通信卡）、17" 彩色显示器、喷墨打印机、VEA-501 排气分析仪（选配）等组成。其检测菜单如图 8-8 所示。

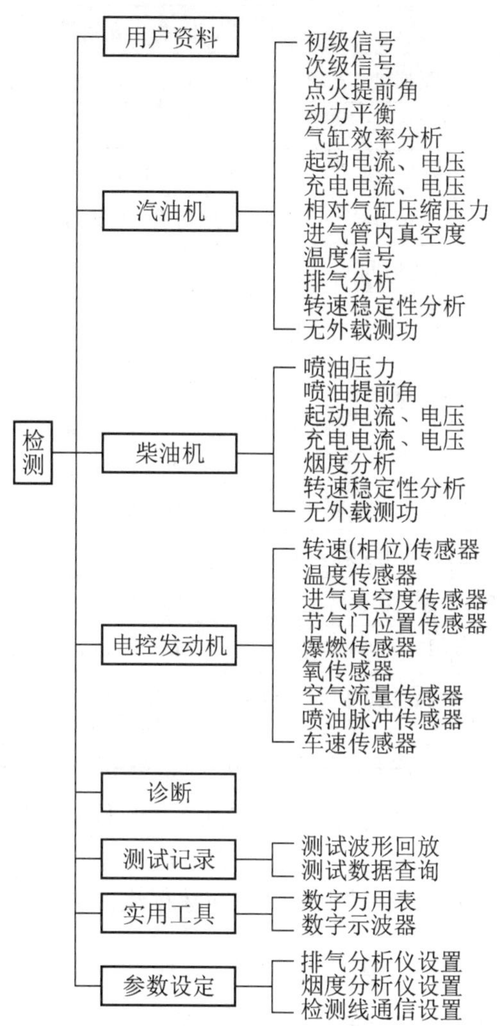

图 8－8　元征 EA2000 发动机综合性能分析仪检测菜单

EA2000 发动机综合性能分析仪具有强大的技术指导和汽车数据库帮助系统，随时可以为检测人员提供技术操作上的指引和汽车有关技术数据。检测人员单击“技术指导”图标链接，再点击相应的章节进入，即可获得帮助。

另外，在具体操作过程中，检测人员可随时点击界面下面的帮助图标，进入帮助系统的相关部分，还可查阅部分车型的保养数据。

8.3　发动机电子控制系统的检测

发动机电子控制系统主要由信号输入装置（传感器）、ECU、执行器等组成，其在汽油机和柴油机上的应用见表 8－4。

表 8-4　发动机电子控制系统

控制系统或装置	控制项目	控制系统或装置	控制项目
电控汽油喷射 (electronic fuel injection，EFI)	喷油量	警告提示	涡轮指示灯
	喷射定时		催化剂过热报警
	汽油停供	自检测	
	汽油泵	备用功能与失效保护	
电控点火装置 (electronic spark advance，ESA)	通电时间	燃油喷射控制	喷油量控制
	爆燃防止		喷油正时控制
怠速控制 (idle speed control，ISC)			喷油压力控制
排放控制	排气再循环	怠速控制	
	氧传感及三元催化转化器	进气控制	
	二次空气喷射	增压控制	
	活性炭罐电磁阀控制	排放控制	
进气控制	空气引导通路切断	起动控制	
	旋涡控制阀	故障自检测与失效保护	
增压控制			

目前，检测发动机电子控制系统的常用手段如下：元件及其控制线路的常规检测，即利用通用仪表（如万用表等）检测元件及电路的工作参数或工作状态；利用故障检测仪（解码器）或发动机综合性能分析仪读取故障码和数据流；利用示波器或发动机综合性能分析仪检测元件波形。

8.3.1　发动机电子控制系统的常规检测

在电子控制系统的检测过程中，常常使用万用表测量电子元件的信号电压或控制电压、电阻及线路的搭铁情况，利用汽车专用万用表还可以测量转速、点火提前角等其他参数值。

1. 汽油机电子控制系统的检测

汽油机发动机电子控制系统的组成如图 8-9 所示。

汽油机电子控制系统的检测项目如下：空气流量计及进气温度传感器检测、节气门位置传感器检测、冷却液温度传感器检测、曲轴转速（Ne 信号）和凸轮轴位置（G1 和 C2 信号）传感器检测、爆燃传感器检测、氧传感器检测、怠速空气控制阀（ISC 阀）检测、喷油器检测、燃油泵检测等。

2. 柴油机电子控制系统的检测

柴油机电子控制系统由转速传感器、冷却液温度传感器、进气歧管温度传感器、燃油

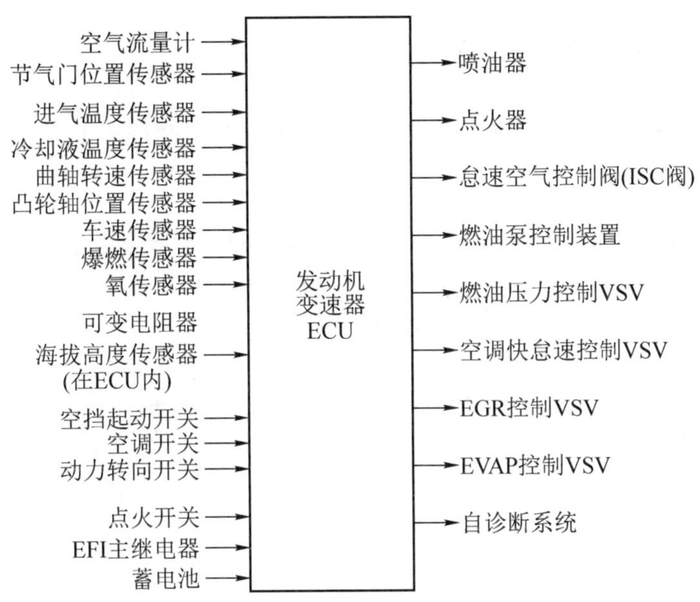

图 8－9　汽油机发动机电子控制系统的组成

温度传感器、调节活塞位移传感器、油温调节器、针阀升程传感器、喷油始点信号阀、控制单元及各种开关等组成，需要对这些组件进行检测。

8.3.2　发动机电子控制系统的数据流检测

发动机电子控制系统的数据流检测项目包括空气流量计的检测、节气门体的检测、氧传感器的检测、冷却液温度传感器的检测、进气温度传感器的检测、发动机转速传感器的检测、ECU 电源的检测。

连接专用检测仪 V. A. G1551 或 V. A. G1552，输入地址码“01”，选择“发动机电子控制单元”（发动机怠转），选择“02”功能查询故障存储；若无故障，则按“0”和“8”键选择功能“读取测量数据块”，按“Q”键确认，然后输入相应的显示组号，按“Q”键，观察显示屏对应显示区域的数据流，并进行故障分析。

8.4　自动变速器系统的检测

自动变速器主要由液力变矩器、齿轮变速器、液压控制系统和电子控制系统等几部分组成，首先，各种传感器将发动机转速、节气门开度、车速、发动机冷却液温度、自动变速器油温等参数转变为电信号，并输入控制单元；其次，控制单元按照设定的换挡规律，向换挡电磁阀、油压电磁阀、锁止电磁阀等执行元件发出控制信号；最后，电磁阀改变阀板中各个控制阀的油路和油压，进而控制换挡执行元件的动作，实现自动换挡。

8.4.1 自动变速器的检测方法

自动变速器的常用检测方法有人工经验检测法和仪器设备检测法。

1. 人工经验检测法

人工经验检测法就是在自动变速器不解体的情况下，凭借检验人员丰富的实践经验，询问驾驶员后，通过眼看、耳听、手摸、鼻闻等手段观察自动变速器的运行状况，并对其技术状况进行定性分析和判断。基本方法如下：

（1）问。调查询问自动变速器的使用、维护、故障及修理等情况。例如：了解故障出现时的车速或负荷，汽车常在什么条件下运行，常在城市道路还是乡间道路行驶，经常低速行驶还是高速行驶，常用挡位、汽车行驶里程等；了解自动变速器是否按规定定期维护、进行了哪些项目的维护作业；曾出现过何种故障，更换了哪些零部件，是否是正规厂家的配件等，最重要的是了解与现故障现象有关的零部件近期是否进行过修理或更换，维修后故障症状是否完全消失，有无其他异常现象等。

（2）看。观察汽车和自动变速器的型号、外部状况及运行时有无异常症状等。例如，检查自动变速器是否漏油，油底壳是否变形，导线插接器是否松动，搭铁线连接是否牢固，故障灯是否亮，油面是否合适，油中是否有杂质、气泡等。

（3）听。监听自动变速器异响，区分响声类型，找出异响的规律和特征。

（4）摸。通过触摸来感觉自动变速器及电子元件的温度变化情况，主要检查自动变速器油底壳、散热器及电磁阀、导线插接器和搭铁部位的温度。

（5）闻。辨别自动变速器运行时有无异常气味。例如，导线过热熔化、绝缘皮烧焦产生焦臭味，变速器油过热、变质散发的气味，机械部件不正常摩擦产生的异味等。

（6）试。进行道路试验及其他一些相关试验。有些故障只有在汽车运行或特定条件下才能显现，修前试验可验证故障现象，找出故障规律；修后试验可检测故障是否排除，并检验维修质量和技术水平。

2. 仪器设备检测法

现代汽车故障检测仪、解码器、示波器等仪器设备均可对自动变速器进行检测。

8.4.2 自动变速器电子控制系统的检测

如图8－10所示，自动变速器电子控制系统由各种传感器、执行元件、控制开关及控制单元等组成。车型不同，自动变速器电子控制系统的组成元件略有差异，但其工作原理基本相同。

1. 传感器的检测

自动变速器电子控制系统中的主要传感器包括节气门位置传感器、车速传感器、冷却液温度传感器（发动机）、油温传感器（变速器）、输入轴传感器（变速器）等。不同自动变速器采用的传感器类型有所区别，但同类型传感器的检测方法完全相同。

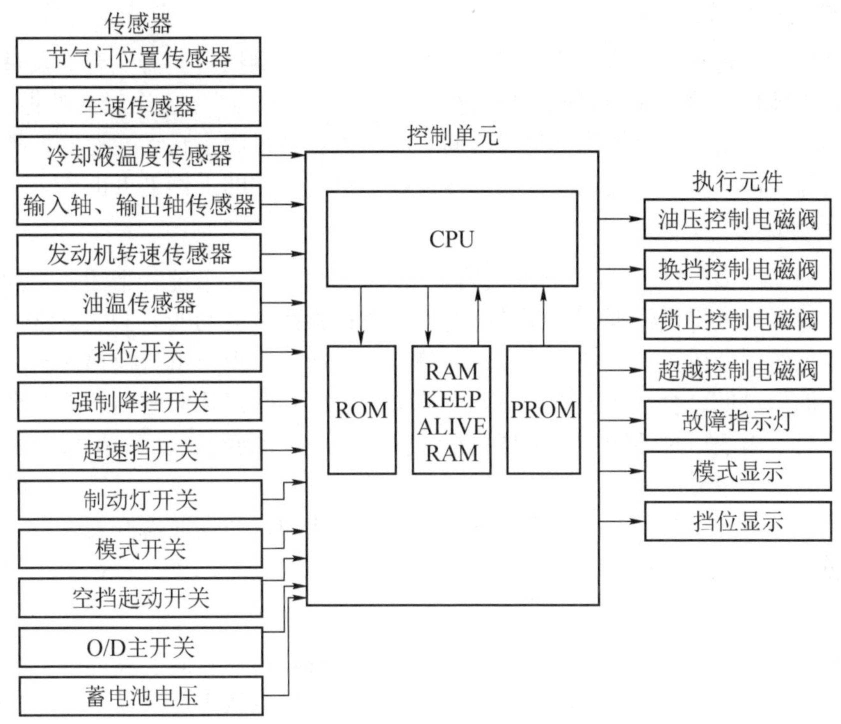

图 8－10 自动变速器电子控制系统框图

2. 执行元件的检测

自动变速器电子控制系统中的执行元件是各种电磁阀，常见的有开关式电磁阀和脉冲线性式电磁阀两种。

3. 控制开关的检测

不同车型的自动变速器设置有不同的控制开关，主要有超速挡开关、模式开关、空挡起动开关、强制降挡开关、制动灯开关等。

8.4.3 自动变速器的性能检测

自动变速器的性能检测包括基础检查、失速试验、时滞试验、油压试验、道路试验和手动换挡试验。

1. 自动变速器的基础检查

自动变速器的基础检查包括油质和液面高度的检查，节气门拉索和变速杆的检查，怠速、空挡起动开关及强制降挡开关的检查等。

2. 自动变速器的失速试验

自动变速器的失速试验是检查发动机、液力变矩器及自动变速器中有关的换挡执行元件的工作是否正常的一种常用方法。

3. 自动变速器的时滞试验

在发动机怠速运转时，将变速杆从空挡拨至前进挡或倒挡后，需要有一段短暂时间的迟滞或延时才能使自动变速器完成挡位的变换（此时汽车会产生一个轻微的振动），这一短暂的时间称为自动变速器换挡的迟滞时间。时滞试验就是测出自动变速器换挡的迟滞时间，根据迟滞时间的长短来判断主油路油压及换挡执行元件的工作是否正常。

4. 自动变速器的油压试验

自动变速器的油压试验是在自动变速器工作时，测量控制系统各个油路中的油压，为分析自动变速器故障提供依据，以便有针对性地进行检修。自动变速器能正常工作的先决条件是控制系统的油压正常，油压过高，会使自动变速器出现严重的换挡冲击，甚至损坏控制系统；油压过低，会造成换挡执行元件打滑，加剧其摩擦片的磨损，甚至会烧毁换挡执行元件。对于因油压过低而造成换挡执行元件烧毁的自动变速器，如果仅仅更换烧毁的摩擦片而没有找出故障的真正原因并加以修复，那么更换后的摩擦片经过一段时间的使用后往往会再次烧毁。因此，在分解修理自动变速器之前和自动变速器修复之后，都要对自动变速器做油压试验，以保证自动变速器的修理质量。

5. 自动变速器的道路试验

自动变速器的道路试验是检测、分析自动变速器故障的最有效手段之一，此外，自动变速器在修复之后，也应进行道路试验，以检验其工作性能和修理质量。道路试验包括检查换挡车速、换挡质量及换挡执行元件有无打滑现象等。在进行道路试验之前，应先让汽车以中低速行驶5～10 min，使发动机和自动变速器都达到正常工作温度。在试验中，如无特殊需要，通常应将超速挡开关置于“ON”位置（“OD OFF”指示灯熄灭），并将模式开关置于普通模式或经济模式位置。

6. 自动变速器的手动换挡试验

自动变速器可以通过手动换挡试验来确定故障在电子控制系统还是自动变速器其他部位。所谓手动换挡试验就是脱开自动变速器所有换挡电磁阀的插接器，此时控制单元不能通过换挡电磁阀来控制换挡，自动变速器的挡位取决于变速杆的位置。不同的自动变速器在脱开换挡电磁阀插接器后的挡位和变速杆的关系有所不同。表8－5为丰田轿车自动变速器挡位与变速杆的关系。

表8－5　丰田轿车自动变速器挡位与变速杆的关系

变速杆位置	挡位	变速杆位置	挡位
P	停车挡	D	超速挡
R	倒挡	2	3挡
N	空挡	L	1挡

8.5 防抱死制动系统的检测

防抱死制动系统（ABS）由车轮转速传感器、制动力调节装置（由电动泵、储液器和电磁阀组成）、电子控制装置和制动警告装置等组成。车轮转速传感器将各车轮的转速信号输入ECU，ECU对各个车轮的运动状态进行监测和判定，并形成相应的控制指令，通过制动压力调节装置对各个制动轮缸的制动压力进行调节，将车轮的滑移率控制在10%～30%。当电子控制系统发生故障时，警告灯会立即报警，系统自动关闭，返回到常规制动状态。

8.5.1　防抱死制动系统的常规检查

1. 制动踏板的检查与调整

（1）检查和调整制动踏板高度。

（2）检查和调整制动踏板行程。

（3）检查和调整制动踏板自由行程。

2. 储液器液面的检查

制动主缸储液器中应有足够的制动液，以保证制动系统实施有效制动。在储液器中装有一个液面传感器，液面较低时传感器会发出警报，应及时添加制动液。注意：添加的制动液液面不要超过储液器上的“MAX”线。

3. 制动助力器的检测

（1）检查制动助力器的工作状况。

（2）检查制动助力器的密封性。

4. 制动系统的排气

在拆检和更换轮缸、制动钳、制动管路等零部件后应进行制动系统的排气。大部分轿车的制动系统可采用传统的排气方式，部分轿车可借助仪器排气。

5. 驻车制动踏板行程的检查

将驻车制动踏板踩到底，在30 N力的作用下，对于如丰田雷克萨斯LS400轿车应听到5～7次“嗒嗒”声；别克轿车应听到4次，若不正常，则需进行调整。其他型号汽车的ABS的响声不同。

8.5.2　防抱死制动系统自诊断

ABS均具有自诊断功能，如检测到故障，将给出故障码，其故障码的提取方式与其他系统相似。例如，丰田雷克萨斯LS400轿车的ABS自诊断功能如下：

（1）检查指示灯。

（2）读取故障码。

（3）车速传感器检测。

（4）清除检测故障码。

8.5.3 防抱死制动系统电子控制系统的检测

（1）IG（ignition signal，点火信号）电源电路的检测。若IG电源电路有故障，将出现故障码，故障部位可能在蓄电池、充电电路、蓄电池与ECU及ECU与车身搭铁线之间的配线或插接器。

（2）ABS执行器电磁继电器电路的检测。若ABS执行器电磁继电器电路有故障，将出现故障码，故障部位可能在ABS执行器电磁继电器电路。

（3）ABS执行器电动泵继电器电路的检测。若ABS执行器电动泵继电器电路有故障，将出现故障码，故障部位可能在电动泵继电器、ABS执行器与ECU之间的配线或插接器MR、MT配线开路或短路、MT配线与+B短路、ECU等。

（4）ABS执行器电磁阀电路的检测。若ABS执行器电磁阀电路有故障，将出现故障码，故障部位可能在ABS执行器、执行器与ECU之间的配线或插接器、ECU等。

（5）ABS电动泵电路的检测。若ABS电动泵电路有故障，将出现故障码，故障部位可能在ABS执行器、ABS执行器托架、ECU等。

（6）车轮转速传感器电路的检测。若车轮转速传感器电路有故障，将出现故障码，故障部位可能在各车轮转速传感器、传感器与ECU之间的配线或插接器、ECU等。

（7）ABS制动警告灯电路的检测。ABS制动警告灯不亮或常亮均表明ABS制动警告灯电路有故障。

（8）传感器检查电路的检测。

①测量检测用插接器内端子触点之间的电压，应为10 V左右。

②检查ECU与插接器之间、插接器与车身搭铁之间的配线和插接器、ECU等，若不正常，则进行维修或更换。

8.6 安全气囊系统的检测

安全气囊系统主要由安全气囊传感器、防撞安全气囊及ECU等组成。汽车在行驶过程中发生碰撞时，传感器接收撞击信号，只要达到规定的强度，传感器即产生动作并向ECU发出信号，ECU接收到信号后进行比较。若达到气囊展开条件，则由驱动电路向气囊组件中的气体发生器发送起动信号，气体发生器接收到信号后引燃气体发生剂，产生大量气体，经过滤并冷却后进入气囊，使气囊在极短的时间内突破衬垫迅速展开，在驾驶员或乘客的前部形成弹性气垫，并及时卸能、收缩，吸收冲击能量，从而有效地保护人的头部和胸部，使之免于伤害或减轻伤害程度。

8.6.1 安全气囊系统检测注意事项

（1）在拆卸安全气囊时，应将缓冲垫软面朝上，上面不可叠置物品；气囊存放的环境温度不可高于93 ℃，湿度也不可过高。安全气囊不能用清洗剂清洗，不可涂润滑油，只能用布或湿布擦拭。

（2）设置在组合开关内的螺旋电缆要处于中间位置，否则，会引起电缆脱落或其他故障。

（3）SRS 的线束和插接器一般套有特殊颜色的套管，借以和其他系统线束相区别。电焊作业前，要摘开转向柱下多功能开关附近的安全气囊插接器，以防插接器失去安全功能。

（4）不可对控制模块进行敲击、使其跌落及振动或使其受到酸碱、油、水的侵蚀，如果发现控制模块有凹陷、裂纹、变形或生锈等情况，则要更换新件，控制模块的安装方向一定要与模块上标定的方向一致。

（5）在拆下蓄电池负极电缆之前，务必要检查故障码，并记录下音响系统的设置和内容，以便在维修结束后重新设置。将安全气囊系统安装完成后，切忌用万用表测量引发器的电阻，以防气囊误爆。

（6）不可使用其他型号车辆的安全气囊零件进行更换，不可重新使用分解、修理过的安全气囊及转向盘衬垫。

（7）中央安全气囊传感器总成含有水银，更换之后，不要将换下的旧零件扔掉。当报废车辆或只更换中央安全气囊传感器总成本身时，应拆下中央安全气囊传感器总成并将其作为有害废物处置。

（8）检测电路时应使用高阻抗（至少 10 kΩ/V）的万用表。

（9）移动安全气囊时，安全气囊和盖不可指向身体；放置于工作台或其他表面时，要使微调盖朝上；膨开安全气囊时，需戴手套和防护眼镜；安全气囊表面可能沉积有 NaOH，若接触皮肤，可用水冲洗。

（10）与安全气囊有关的全部检查，必须在 SRS 正确拆除后进行；安装安全气囊时，不要试探任何连接处。如果在车上检修 SRS，那么在安全拆除前，不要坐在安全气囊附近。

（11）传感器定向是 SRS 发挥正常功能的关键，应将其恢复到原来位置。

（12）检修作业完成后，不要急于将安全气囊接入电路，应先进行电气检查，确认无误后，再将安全气囊接入。

8.6.2　安全气囊系统的自检测

轿车均设置有自检测系统，可通过仪表板上的安全气囊（或 AIRBAG）警告灯读取故障码。

1. SRS 警告灯的检查

将点火开关转到“ACC”或“ON”位置，观察仪表板上的安全气囊警告灯是否点亮。若警告灯亮 6 s 后熄灭，则系统正常；若警告灯常亮，则说明中央安全气囊传感器总成已储存故障码；若警告灯亮 6 s 后有时也会亮或点火开关转到“OFF”位置时也亮，则可能是由于警告灯电路发生短路；若警告灯一直不亮，则多为警告灯线路出现故障。

2. 故障码的读取

将点火开关转到“ACC”或“ON”位置，等待 20 s 后用跨接线短接 TDCL（trouble

diagnosic communication link，故障诊断通讯接口）的端子触点，通过仪表板上的 SRS 警告灯的闪亮规律读取故障码。若警告灯以 2 次/s 的频率闪烁，则表示没有故障码存储；若中央安全气囊传感器总成内存在故障码，则 SRS 警告灯将按从小到大的顺序依次点亮。

3. 故障码的清除

将点火开关转到“OPP”位置，拔下安全气囊与 ECU 的熔丝，或断开蓄电池负极线 30 s 即可清除故障码。

8.6.3 安全气囊系统主要元件的检测

1. SRS 相关元件的检测参数

SRS 相关元件的检测参数应符合表 8－6 的要求。

表 8－6 SRS 相关元件的检测参数

组件	检测条件	电压/V			电阻/Ω	
		“+”	“－”	读数	两端子	读数
前传感器	将点火开关转到“LOCK”位置，拔开前传感器插接器，检测传感器各端子				+S 和 +A	755～885
					+S 和 －S	∞
					+S 和 －A	≥1
螺旋电缆	将点火开关转到“LOCK”位置，拔开螺旋电缆和中央传感器的插接器，再拔下转向盘衬垫	D_+	搭铁	0	D_+ 和搭铁	∞
					D_- 和搭铁	∞

2. 中央传感器总成的检测

中央传感器总成由中央传感器、安全传感器、点火控制及驾驶电路和检测电路组成，该总成具有从安全传感器接收信号、判断气囊是否必须起动和 SRS 检测等功能。若中央传感器总成出现故障，则给出故障码。其检测过程如下：

（1）若输出故障码的同时输出另外的故障码，则首先排除其他故障。

（2）清除存储器中的故障码，将点火开关转到“LOCK”位置。

（3）20 s 后将点火开关转到“ACC”或“ON”位置。

（4）20 s 后再次将点火开关转到“LOCK”位置。

（5）反复操作步骤（3）、（4）五次以上后，进行读码操作。

（6）若不输出故障码，则中央传感器总成工作正常，否则应更换。

8.7 电子控制悬架系统的检测

电子控制悬架系统根据车辆的运动状况和路面状况主动做出反应，以抑制车身的振动和摆动，使悬架始终处于最佳的减振状态。轿车的电子控制悬架系统主要由传感器（车速传感器、节气门位置传感器、车身位移传感器和转向盘转角传感器）、电子控制器和执行机构（电磁阀、步进电动机）3 部分组成。传感器将汽车行驶时的路面情况（汽车的振动）和车速及起动、加速、转向、制动等工况转变为电信号，输送给电子控制器；电子控制器将传感器送入的电信号进行综合处理，然后输出对悬架的刚度、阻尼及车身高度进行调节的控制信号；执行机构则准确、及时地调节悬架的刚度、阻尼系数及车身高度。

电子控制悬架有半主动式和主动式之分，不同的车型所采用的悬架类型也不相同。

根据悬架高度控制原理，悬架 ECU 根据车身高度传感器及高度开关输入的信号，检测出车身实际高度与目标高度是否一致。若车身实际高度低于目标高度，则 ECU 将使悬架气缸充气，悬架变长，将车身升高；若实际高度高于目标高度，则 ECU 将使高度控制阀的排气阀打开，放出悬架气缸里的压缩空气，使悬架变短，车身下降。

8.7.1　电子控制悬架系统的自诊断

（1）指示灯检查。

（2）故障码的读取。

（3）清除故障码。故障码清除方法有两种：

①在关闭点火开关的情况下，拆下接线盒中的 ECU－B 熔丝 30 s 以后，便可清除故障码。

②将点火开关转到“ON”位置，用跨接线跨接 TDCL 的端子的两个触点，或检查器的端子的两个触点，然后在 8 s 之内开、关车门 3 次便可清除故障码。

（4）输入信号的检查。输入信号的检查主要是动态检查各传感器和开关信号能否正常输入悬架控制单元。

8.7.2　悬架电控元件的检测

（1）悬架高度控制传感器的检测。

（2）悬架高度控制开关的检测。

（3）悬架高度控制阀和排气阀的检测。

（4）悬架高度控制继电器的检测。

（5）悬架节气门位置传感器的检测。

（6）悬架转向传感器的检测。

（7）悬架加速传感器的检测。

（8）悬架控制执行器的检测。

8.7.3　电子控制悬架系统功能的检查

（1）车辆高度的检查与调整。

（2）车辆高度调整功能的检查。

（3）溢流阀的检查。

8.8 巡航控制系统的检测

巡航控制系统（cruise control system，CCS）是减轻驾驶员的驾驶操纵强度，提高舒适性的汽车自动行驶装置，主要由主控开关、车速传感器、电子控制器和执行元件等组成。

CCS 主控开关一般为组合式开关，由主开关和控制开关组成。主开关为巡航控制系统的电源开关；控制开关一般有 3 个开关、5 种控制功能，即 SET/COAST（设置/减速）、RES/ACC（恢复/加速）和 CANCEL（取消）。接通主开关，当汽车行驶速度在 40～200 km/h 范围内时，压下 SET/COAST 开关并松开，巡航控制 ECU 使汽车以松开开关时的车速稳定行驶；此时，再压下 SET/COAST 或 RES/ACC 开关，汽车将减速或加速，并以松开开关时的速度稳定行驶。压下 CANCEL 开关或安全系统起作用后，巡航控制系统取消；再压下 RES/ACC 开关，汽车将恢复取消前设定的速度稳定行驶。执行元件有电动和气动两种控制方式：电动控制方式一般采用步进电动机控制，而气动控制方式多利用进气歧管真空度进行控制。电子控制器接受驾驶员设定的指令速度信号和车速反馈信号，检测出这两个输入信号之间的误差后，将控制信号送至节气门执行器，由节气门执行器调节发动机节气门开度，使车速保持恒定。

8.8.1 巡航控制系统的自检测

1. 巡航控制系统状态指示的检查

（1）接通点火开关，再接通巡航控制主开关，巡航指示灯应亮；关闭巡航控制主开关，巡航控制指示灯应熄灭。

（2）如果巡航控制 ECU 检测出系统有故障，巡航指示灯将闪烁 5 次，每次闪烁时指示灯亮 0.5 s，灭 1.5 s，同时 ECU 将故障码存储在存储器内。

2. 读取故障码

接通点火开关，用跨接线将检测座 TDCL 的端子触点短接，根据仪表板上的“CRUISE MAIN”指示灯的闪烁情况读取故障码。

如果系统没有存储故障码，则巡航指示灯将以亮 0.25 s、灭 0.25 s 的方式持续闪烁。

3. 清除故障码

拆下位于发动机室的熔断器/继电器盒内的“DOME”熔断器 10 s 以后，即可清除故障码。

4. 输入信号检查

输入信号检查即检查速度传感器和其他开关信号能否正常被输送到巡航控制 ECU。

（1）接通点火开关，将巡航控制开关置于 SET/COAST 位置保持不动，接通巡航控制主开关，巡航指示灯应反复闪烁。

（2）放松巡航控制开关使 SET/COAST 开关关闭，操纵每一个开关，观察仪表板上的巡航主指示灯（CRUISE MAIN），其应在 3 s 后以相应的方式闪烁。

（3）根据巡航指示灯的闪烁情况读取故障码。

5. 取消信号检查

（1）接通点火开关，将巡航控制开关置于 CANCEL 位置保持不动，接通巡航控制主开关，巡航控制 ECU 即进入取消信号检查模式。

（2）观察巡航控制主指示灯的闪烁方式，读取故障码。指示灯显示的故障码即取消巡航控制系统工作的取消信号故障码，也是发生故障的取消开关的故障码。

8.8.2　电子控制巡航系统的检测

（1）执行器电动机电路的检测。

（2）执行器电磁离合器电路的检测。

（3）执行器位置传感器电路的检测。

（4）车速传感器电路的检测。

（5）巡航控制开关电路的检测。

8.9　空调系统的检测

汽车空调系统按控制精度的不同分为半自动控制空调系统和全自动控制空调系统；按执行元件的不同分为电控气动空调系统和微机控制空调系统。半自动控制空调系统无自我检测功能，不能提供故障码；全自动控制空调系统具有自我检测功能，传感器数量多，控制精度高，控制范围广。

如图 8－11 所示，微机控制空调系统由控制面板、配气系统和电子控制系统 3 部分组

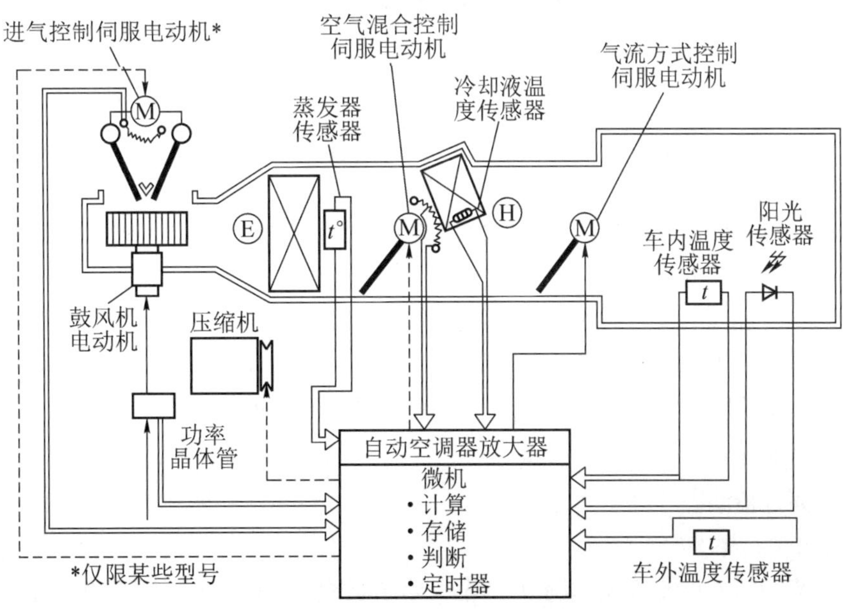

图 8－11　微机控制空调系统

成。其电子控制系统主要由传感器、ECU 和执行器组成，ECU 接受和计算各种传感器输入的信号，根据环境的变化输出控制信号，控制各执行器的动作。传感器信号主要包括驾驶员控制面板设定的温度信号和功能选择信号，车内温度传感器、车外温度传感器、阳光传感器等各种传感器输入的信号，各风门的位置反馈信号；执行器信号包括控制风门位置的各种风门驱动信号，控制鼓风机转速的信号和控制压缩机开停的信号。

8.9.1　空调系统的常规检测

1. 制冷剂数量的检查

制冷剂数量及工作状态可利用储液干燥器玻璃观察窗口进行检查。检查前，关闭所有车门，温度控制开关在最冷（COOL）位置，鼓风机控制开关在最高（H1）位置，进气控制开关在内循环（REC）位置。打开空调开关（A/C），发动机以 1 500 r/min 的转速运转，观察窗迹象如图 8－12 所示。

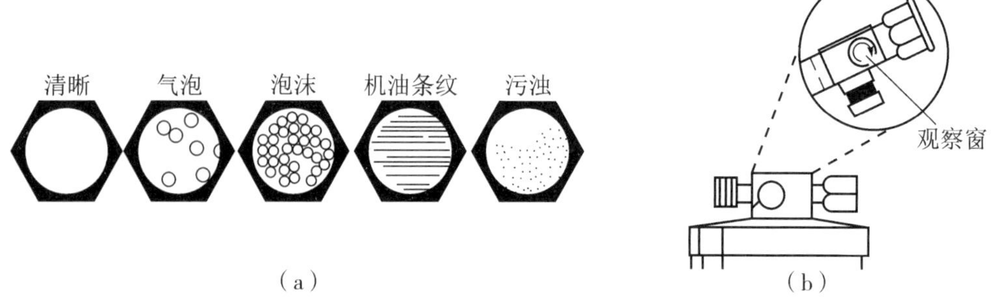

图 8－12　储液干燥器观察窗迹象

（1）清晰、无气泡。交替开、关空调，若开、关的瞬间制冷剂出现泡沫，然后变澄清，则说明制冷剂适量；若观察不到任何现象，且出风口不冷，压缩机进、出口没有温度差，则说明制冷剂已漏光；若出风口冷度不够，而且关闭压缩机后无气泡、无流动现象，则说明制冷剂过多。

（2）有气泡且气泡不断流过，说明制冷剂不足；如果泡沫很多，则说明制冷剂中可能有空气。

（3）偶尔出现气泡，且时而伴随有膨胀阀结霜，说明制冷剂中有水分；若无膨胀阀结霜现象，则可能是制冷剂略少或有空气。

（4）有长串油纹，玻璃窗上也有条纹状的油渍，说明润滑油过多。

2. 空调系统检漏

（1）试漏灯检漏。

①试漏灯的调整。

a. 打开节气门，点燃气体，调节火焰，火焰高度应在反应板上 12.7 mm 左右为宜。

b. 火焰高度应烧至铜反应板变成樱红色为止。

c. 降低火焰高度，使其在反应板上 6.35 mm 或与反应板平齐。

②泄漏程度的判定。若有制冷剂出现，则反应板上火焰的颜色将发生变化，可根据火焰颜色来判定泄漏程度。火焰呈淡蓝色表明无制冷剂泄漏；火焰边缘呈淡黄色，表明制冷剂有轻微泄漏；火焰呈黄色表明有少量泄漏；火焰由红紫色变成蓝色，表明制冷剂有大量泄漏；火焰呈紫色，表明制冷剂严重泄漏。制冷剂泄漏量过大时，可能使火焰熄灭。

③漏点的查找。移动导漏软管，使其开口依次放在系统各接头、密封件和控制装置下部，检查其密封性。断开和系统连接的真空软管，检查真空软管接口处有无制冷剂蒸气出现。若发现漏点，则需予以修复。

（2）电子检漏仪检漏。电子检漏仪能检测出空气中浓度为 0.001% ~0.005% 的氟利昂。它由一对电极组成，电极由白金制成。白金被加热器加热，放在空气中加上电压，就有阳离子打到阴极，产生电流。如果有制冷剂流过，回路中的电流就会明显增大，根据此信号即可检测出制冷系统的泄漏情况。

①电子检漏仪结构。如图 8 –13 所示，圆筒状白金阳极内设有电热器，并把其加热到 800 ℃左右。阳极的外侧设有阴极，在两电极之间加有 12 V 直流电压。为了使气体在两电极间流动，在电极的前面设有吸气孔，在其后面设有风扇。当有卤族元素的阳离子出现时，就会产生几个微安的电流，由直流放大器把检测出的电流放大，使电流计的表针摆动或音程振荡器发出声响，以示制冷剂泄漏程度的大小。

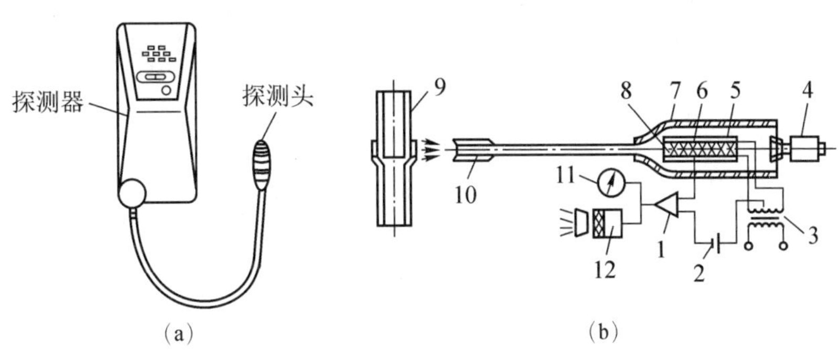

1—电流计；2—阳极电源；3—变压器；4—风扇；5—阳极；6—阴极；7—外壳；8—电热器；9—管路；10—吸气孔；11—直流放大器；12—音程振荡器。

图 8 –13　电子检漏仪外形和结构

（a）电子检漏仪外形；（b）电子检漏仪结构

②电子检漏仪的使用方法。各种电子检漏仪的使用方法不完全相同，一般使用方法如下：

a. 将电子检漏仪的电源开关接上，预热 10 min 左右。

b. 将开关拨至校核挡，确认指示灯和警铃正常。

c. 将仪器调到所要求的灵敏度范围。

d. 将开关拨至检测挡，并将探头放至检测部位。如果泄漏量超过灵敏度范围，则警铃会发出声响。

一旦查出泄漏部位，探头应立即离开此部位，以免缩短仪器寿命及影响灵敏度。如果制冷系统严重泄漏或刚经过维修，周围空间有大量制冷气体，则应先吹净周围含有制冷剂的空气，然后再进行检查，否则会影响检查的正确性。

（3）皂泡检漏。有些漏点局部凹陷，试漏灯或电子检漏仪很难进入，这时要确定泄漏的确切位置，应用皂泡检漏。

①调好皂泡溶液，溶液的浓度要黏稠到用刷子一抹就可形成气泡的程度。

②在全部接头或可疑区段抹上皂液，观察是否出现皂泡，皂泡出现处就是漏点所在。

（4）染料检漏。把黄色或红色的染料引入空调系统，可以确定泄漏点和压力漏点。染料能显示出漏点的准确位置，在漏点周围有红色或黄色染料积存，并且不会影响系统正常运行，有的制冷剂中就含有染料。

（5）真空检漏。真空检漏是对制冷系统抽真空，然后保持一段时间，观察检测系统中真空压力表的指针变化，判断空调系统有无泄漏的方法。

注意：真空检漏只能检查制冷系统有无泄漏，而不能确定泄漏的具体部位。

3. 压缩机内冷冻机油量的检查

通过压缩机上安装的玻璃镜，可以观察压缩机内冷冻机油量。如果压缩机内冷冻机油油面达到视镜高度的80% 的位置，一般认为是合适的。如果油面在此界限以上，应放出多余的冷冻机油；若油面在此之下，则应添加冷冻机油。

未装观察镜的压缩机，可用油尺检查其油量，油面应在上、下限之间。这种压缩机有的只有一个油塞，油塞下面装有油尺。有的油塞没有油尺，需另外用专用油尺插入检查。

4. 空调系统的性能检测

（1）冷气系统性能检测程序。冷气系统性能检测是为了检验冷气系统的效率，通常用压力表测量其高、低压力值和用温度计测量空调器吹出的空气温度。其检测程序如下：

①将车辆停放在阴凉处，关闭汽车所有门窗。

②将压力表组与压缩机上的高、低压检修阀或充、排气阀相连。

③起动发动机，使发动机转速维持在较高转速。

④将温度控制开关调整到最冷（COOL）位置，把冷气窗口全部打开。当车厢内温度为25～35 ℃时，压力表读数应为高压侧1.37～1.57 MPa，低压侧0.15～0.25 MPa。

⑤测量冷气出口处的温度，用湿球温度计求相对湿度。观察玻璃窗口，进行分析判断。

（2）压力检测。空调系统的压力用歧管压力表进行检测。歧管压力表又称压力表组，是维修汽车空调制冷系统必不可少的工具，它与制冷系统相接可以检测压力、排空、抽真空、加注制冷剂、加冷冻机油及检测制冷系统故障等。

①歧管压力表的结构。如图8－14所示，歧管压力表由1个表座，2个压力表（低压表和高压表），2个手动阀（低压手动阀和高压手动阀），3个软管接头，外接3根橡胶软管［一根接低压维修阀（蓝管）、一根接高压维修阀（红管）、一根接制冷剂罐或真空泵吸入口或制冷剂回收装置（黄管或白管）］组成。工作时，高、低压接头分别通过软管与压缩机高、低压维修阀相接，中间接头与真空泵或制冷剂罐相接，分别完成检测压力、抽真空、充注制冷剂及排空回收操作。低压表用于检测制冷系统低压侧的压力，既可以显示

压力，也可用来显示真空度。其真空度读数范围为0～0.10 MPa，压力刻度从0开始，量程不小于0.42 MPa。高压表用于检测制冷系统高压侧的压力，测量的压力范围从0开始，量程不小于2.11 MPa。

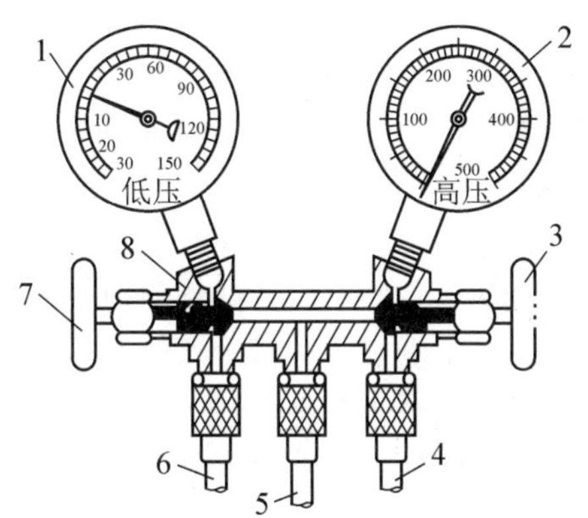

1—低压表（蓝）；2—高压表（红）；3—高压手动阀（Hi）；4—高压侧软管（红）；5—维修用软管（黄或白）；6—低压侧软管（蓝）；7—低压手动阀（Lo）；8—表座。

图8－14　歧管压力表

②歧管压力表的功能。

a. 检测制冷系统高、低压侧压力，如图8－15（a）所示。当高压手动阀和低压手动阀同时关闭时，则可对高压侧和低压侧进行压力检查，检测制冷系统的高、低压侧的压力。

b. 制冷系统抽真空，如图8－15（b）所示。当高压手动阀和低压手动阀同时打开时，全部管路接通，在中间接头接上真空泵，便可以对制冷系统进行抽真空。

c. 加注制冷剂或冷冻机油，如图8－15（c）所示。当高压手动阀关闭，低压手动阀打开，中间接头接到制冷剂罐上或冷冻机油瓶上时，则可以从低压侧向系统加注制冷剂或冷冻机油。当高压手动阀打开，低压手动阀关闭时，可以从高压侧加注制冷剂或冷冻机油。

d. 制冷系统放空或排出制冷剂，如图8－15（d）所示。先打开高压手动阀，当压力下降到350 kPa时，再打开低压手动阀，则可使系统向外放空或排出制冷剂。

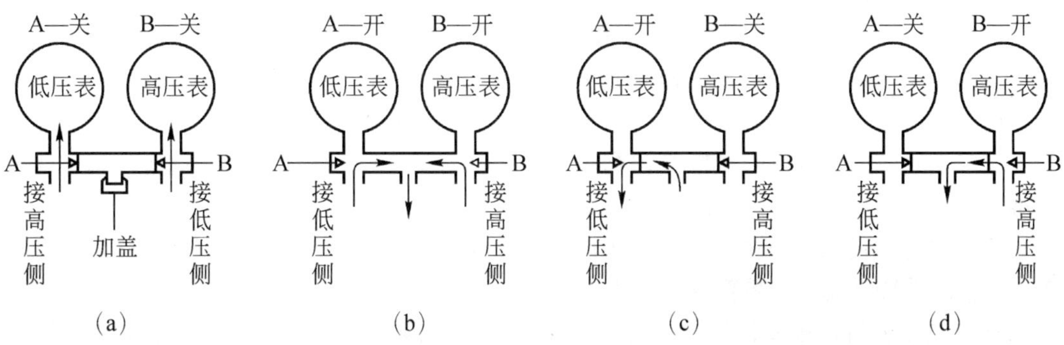

图8－15　歧管压力表装置的功能

（a）检测压力；（b）抽真空；（c）加注制冷剂或冷冻机油；（d）放空或排出制冷剂

③表座用软管。加注制冷剂用的软管，应能承受3.5 MPa以上的压力，爆裂压力应高达13.8 MPa。软管的颜色有白、黄、红、蓝4种。制冷剂（R134a）低压软管为蓝底带黑色条纹，高压软管为红底带黑色条纹，中间软管为黄或白底带黑色条纹的管子，以免接错。软管长度已标准化，最常用的长度为0.914 m，其他长度依次为0.61 m、1.22 m、1.52 m等。

标准充注制冷剂软管与表座和压缩机进口接头的配合均用6.35 mm坡口连接，并装有可更换的尼龙、氯丁橡胶或橡胶垫片（这些垫片通常是泄漏的根源，应定期更换）。软管的一端装有销子，应接气门阀或检修阀，无销子的一端应接表座。如果软管上没有装销子的一端，则应加气门阀接头。

④压力测试方法。把歧管压力表的高、低压两侧分别接在压缩机的检修阀或高、低压管路的充、排气阀上；发动机预热后，在下列特定条件下，从歧管压力表读取压力值（由于环境的影响，表上指示值可能有轻微的变化）：将开关设定在内循环状态、空气进口处温度为30～35 ℃、发动机以1 500 r/min的转速运转、鼓风机转速控制开关位于最高挡、温度控制开关处于最冷位置。

⑤检测结果分析。通常R134a制冷剂空调系统低压侧压力值应为0.15～0.25 MPa，高压侧压力值应为1.37～1.57 MPa。

（3）制冷效果的检测。对系统压力检测之后，用温度计检测车厢内的降温效果。将干、湿球温度计放在制冷系统进风口处，把玻璃棒温度计放在冷气的出口处。

①测量车厢内的相对空气湿度。

②测量制冷系统进气口和排气口的温度差。

③评定制冷性能。

8.9.2 自动空调电子控制系统的检测

1. 自动空调电子控制系统的自检测

自动空调电子控制系统的自检测包括故障码的读取、故障码的清除及故障分析。

（1）故障码的读取。

①接通点火开关ON（Ⅱ），将温度控制按钮先旋到MAX COOL（最冷）位置，然后再旋到MAX HOT（最热）位置。

②1 min后，同时按下AUTO按键和OFF按键。

③在按下两按键时，若系统检测到故障，则温度显示器将以不同的显示段（A～N）指示相应的故障部件；若无故障，则温度显示器将间隔1 s重复显示“88”（全部字段）。若出现多个故障，则相应的指示灯都会亮；若指示灯A、C、E、G、I和L同时亮，则传感器公共搭铁可能存在断路故障。

（2）故障码的清除。关闭点火开关即可清除故障码。维修竣工后，应按上述方法再次起动自检测系统功能，并重新读取故障码。

（3）故障分析。故障检测前，应检查发动机冷却液位，使发动机预热至正常工作温度，检查发动机室盖下熔断器/继电器盒内熔断器是否熔断。读取故障码后，根据自检测指示灯的闪亮情况进行故障检测。

①自检测指示灯 A、B、C、D、E、F、G、H 亮，分别表示车内温度传感器、车外温度传感器、阳光传感器、蒸发器温度传感器及其控制电路有故障。

②自检测指示灯 I、J、K、L、M 亮，分别表示混合门电动机、模式门电动机及其控制电路有故障。

③自检测指示灯 N 亮，表示鼓风机及其控制电路有故障。

2. 自动空调电子控制系统主要元件的检测

（1）车内、车外温度传感器的检测。车内温度传感器一般安装在仪表板后面，其作用是检测车内空气温度；车外温度传感器一般安装在前保险杠内或散热器之前，其作用是检测车外环境温度。ECU 根据此信号控制出风口空气温度、鼓风机转速、气流方式、进气模式等。检测项目如下：

①检查电源线。

②检查搭铁线。

③检查传感器电阻。

④检查传感器信号电压。

（2）阳光传感器的检测。阳光传感器安装在仪表板上面，靠近前风窗玻璃的底部，其作用是检测阳光强弱，修正混合门的位置与鼓风机的转速。检测项目如下：

①检查传感器电阻。

②检查传感器信号电压。

（3）蒸发器温度传感器的检测。蒸发器温度传感器安装在蒸发器的表面，其作用是检测蒸发器表面的温度，修正混合门的位置，调节车内温度；控制压缩机，防止蒸发器表面结冰。检测项目如下：

①检查传感器电阻。

②检查传感器信号电压。

（4）冷却液温度传感器的检测。冷却液温度传感器安装在暖风装置内，其作用是检测暖风装置加热芯温度，修正混合门的位置，控制压缩机和鼓风机。

冷却液温度传感器的检测方法与车内、外温度传感器相同，只是电阻值和信号电压的测量数据不同。

（5）空调压缩机转速传感器的检测。空调压缩机转速传感器又称为压缩机同步传感器，安装在压缩机壳体上，其作用是检测压缩机的转速，送到空调 ECU 或空调控制器，再与发动机转速进行比较，判断压缩机传动带是否打滑或断裂。当压缩机传动带打滑或断裂时，空调 ECU 或空调控制器控制压缩机停转，防止损坏压缩机。

空调压缩机转速传感器多为磁电式，其电阻一般为 100～1 000 Ω；压缩机运转时，其输出交流信号电压，一般不低于 5 V。

（6）混合门伺服电动机的检测。混合门安装在进气风道中，其开度决定了进入车内的冷气和热气的比例，从而决定送风温度、车内空气温度。混合门的位置稍有变化，车内空气温度就会发生很大的变化。

混合门按驱动方式的不同可分 3 种：直流电动机驱动型、步进电动机驱动型、内含微芯片的伺服电动机驱动型。

①直流电动机驱动型。直流电动机驱动型主要用在早期的福特、丰田、本田、三菱、日产等车型上，其中混合门位置传感器位于直流电动机内部。

②步进电动机驱动型。步进电动机驱动型主要用在宝马、雷克萨斯等车型上。步进电动机的电阻应符合规定要求。例如，丰田雷克萨斯 LS400 步进电动机的电阻为 16 ~ 18 Ω。

③内含微芯片的伺服电动机驱动型。内含微芯片的伺服电动机与空调 ECU 的连接方式有两种：

a. 伺服电动机通过数据线与空调 ECU 相连，普遍用在新款车型上，如风度、新款奔驰等车型。

b. 伺服电动机不通过数据线与空调 ECU 通信，主要用在通用车系上。

（7）模式门伺服电动机的检测。模式门的作用是调节出风口出风方式。模式门有吹脸、双层、吹脚 3 种，可以组织吹脸、双层、吹脚、吹脚/除雾、除雾 5 种出风类型。其在手动挡时可控制实现 5 种出风类型，在自动挡时 ECU 控制模式门实现吹脸、双层、吹脚 3 种类型。

按控制方式的不同，模式门伺服电动机可分为内置模式门位置传感器的直流电动机驱动型（应用于 JEEP、三菱等车型）、内置位置开关的直流电动机驱动型（应用于本田、马自达、日产等车型）、内含微芯片的伺服电动机驱动型（新款车型上普遍采用，如风度、新款奔驰等车型）、真空伺服电动机驱动型和专用模式门伺服电动机。电动机类型不同，检测方法也不相同。

（8）进气门伺服电动机的检测。进气门的作用是调节新鲜空气的循环量，其控制电路如图 8 - 16 所示。伺服电动机端子 1 为电源线，当端子 3 搭铁时，进气门应运行到新鲜位置；当端子 2 搭铁时，进气门应运行到内循环位置。

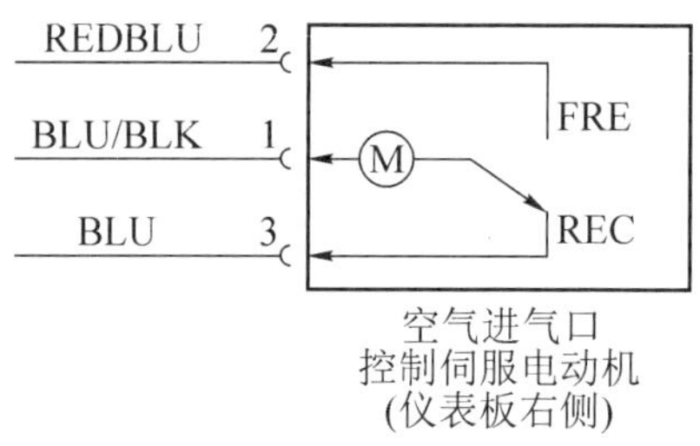

图 8 - 16　空调系统进气门伺服电动机控制电路

本章小结

目前汽车上采用的电子控制系统可分成四大类：发动机控制系统、底盘控制系统、车身控制系统、信息与通信系统，各个系统采用的电子控制技术越来越完善，而控制功能的增加对汽车检测技术和检测仪器设备的要求越来越高。

1. 汽车电子控制系统常用的检测方法有人工经验检测法和仪器设备检测法。

2. 汽车电子控制系统的检测诊断仪器主要有汽车专用万用表、汽车故障检测仪

(解码器)、示波器、发动机综合性能分析仪等。

3. 发动机电子控制系统的检测方式以常规检测、数据流检测和波形检测为主。

4. 自动变速器的常用检测方法有人工经验检测法和仪器设备检测法，汽车故障检测仪、解码器、示波器、自动变速器专用检测仪等仪器设备均可用于自动变速器电控系统的检测。

5. 防抱死制动系统的检测包括常规检查和电控元件的检测，其主要元件（车轮转速传感器、电动泵、电磁阀）的检测方式、方法与发动机及自动变速器电控系统相同。

6. 安全气囊系统的检测以自检测和元件检测为主，其主要元件包括安全气囊传感器、防撞安全气囊及ECU。安全气囊系统有特殊的检测要求，应格外注意。

7. 电子控制悬架系统主要由传感器（车速传感器、节气门位置传感器、车身位移传感器和转向盘转角传感器)、电子控制器和执行机构（电磁阀、步进电动机）3部分组成。

8. 巡航控制系统主要由主控开关、车速传感器、电子控制器和执行元件等组成，通常利用自诊断系统检查系统状态、输入信号及取消信号，并利用万用表和检测仪检测系统元件及控制电路。

9. 空调系统的常规检查包括制冷剂数量的检查、空调系统检漏、压缩机内冷冻机油量的检查、空调系统的性能检测等项目，其控制信号包括传感器信号和执行器信号。可利用各种检测仪器对电控元件及其控制电路进行检查。

自测题

一、单项选择题

1. 汽车电子控制系统的检测方法有仪器设备检测法和（　　）。

A. 就机试验法　　B. 道路试验法

C. 台架试验法　　D. 人工经验检测法

2. 自动变速器的常用检测方法有人工经验检测法和（　　）。

A. 基础检查　　B. 仪器设备检测法　　C. 怠速检测法　　D. 起动测试法

3. 电子控制悬架系统主要由传感器、（　　）和执行机构组成。

A. 主控开关　　B. ABS　　C. 电子控制器　　D. 电磁阀

二、判断题

1. 人工经验检测法具有简单实用、需要用专用仪器设备、见效快等特点。（　　）

2. 故障征兆的模拟方法主要有振动模拟法、温度模拟法、水淋模拟法、电器全接通法等。（　　）

3. 汽车电子控制系统的检测仪器主要有汽车专用万用表、汽车故障检测仪（解码器)、示波器、发动机综合性能分析仪等。（　　）

三、简答题

1. 汽车电子控制系统的检测诊断仪器有哪些？

2. 汽车专用万用表有哪些功能？

3. 汽车解码器有哪些功能？

参考文献

［1］王秀贞．汽车检测技术［M］．北京：机械工业出版社，2011.

［2］方锡邦．汽车检测技术与设备［M］．3版．北京：人民交通出版社，2012.

［3］郝风伦．汽车检测技术［M］．北京：机械工业出版社，2013.

［4］李晓．汽车检测技术［M］．北京：机械工业出版社，2005.

［5］李婕．汽车检测技术［M］．北京：机械工业出版社，2008.

［6］蒋红梅，吴国强．汽车检测与诊断技术［M］．北京：人民交通出版社股份有限公司，2017.

［7］刘宣传，梁钢．汽车检测设备的使用与维护［M］．北京：人民交通出版社股份有限公司，2017.

［8］张金柱．新能源汽车技术［M］．北京：机械工业出版社，2014.

［9］赵振宁，柴茂荣．新能源汽车技术［M］．2版．北京：人民交通出版社股份有限公司，2017.

［10］官海兵．汽车检测诊断技术［M］．2版．北京：人民交通出版社股份有限公司，2017.

［11］凌永成．汽车检测诊断技术［M］．2版．北京：清华大学出版社，2016.

［12］张君智．汽车检测与诊断技术［M］．长春：吉林大学出版社，2015.

［13］庞宏，程慧民，张岸松，等．汽车检测与诊断技术［M］．北京：金盾出版社，2014.

［14］陈焕江．汽车检测与诊断：上册［M］．3版．北京：机械工业出版社，2012.

［15］丁在明．汽车检测技术［M］．北京：北京理工大学出版社，2015.